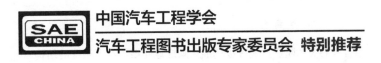

中国汽车工程学会
汽车工程图书出版专家委员会 特别推荐

汽车传动系统检修
（第 3 版）

主 编 韩 东

北京理工大学出版社
BEIJING INSTITUTE OF TECHNOLOGY PRESS

内容简介

本书以职业能力培养为主线，结合"1+X"职业技能等级标准，系统地介绍了汽车系统的结构原理、部件检修与调整等内容。本书主要包括5个项目：离合器检修、手动驱动桥检修、自动变速器检修、直接换挡（DSG）变速器检修和电控机械无级自动变速器检修，下设15个任务，每个任务明确了知识目标与技能目标，通过案例引入、学习基本知识、练习操作技能，使学生掌握相关知识，学会部件检修与调整的技术。

本书可作为高等职业院校汽车类专业教材，也可供汽车相关行业技术人员使用。

版权专有　侵权必究

图书在版编目（CIP）数据

汽车传动系统检修 / 韩东主编. — 3 版. --北京：北京理工大学出版社，2021.8（2021.11重印）

ISBN 978-7-5763-0243-1

Ⅰ. ①汽… Ⅱ. ①韩… Ⅲ. ①汽车-传动系-车辆检修-高等职业教育-教材 Ⅳ. ①U472.41

中国版本图书馆 CIP 数据核字（2021）第 176745 号

出版发行 / 北京理工大学出版社有限责任公司

社　　址 / 北京市海淀区中关村南大街5号

邮　　编 / 100081

电　　话 /（010）68914775（总编室）

　　　　　（010）82562903（教材售后服务热线）

　　　　　（010）68944723（其他图书服务热线）

网　　址 / http://www.bitpress.com.cn

经　　销 / 全国各地新华书店

印　　刷 / 涿州市新华印刷有限公司

开　　本 / 787 毫米×1092 毫米　1/16

印　　张 / 16　　　　　　　　　　　　　　　责任编辑 / 孟祥雪

字　　数 / 376 千字　　　　　　　　　　　　文案编辑 / 孟祥雪

版　　次 / 2021 年 8 月第 3 版　2021 年 11 月第 2 次印刷　责任校对 / 周瑞红

定　　价 / 45.00 元　　　　　　　　　　　　责任印制 / 李志强

图书出现印装质量问题，请拨打售后服务热线，本社负责调换

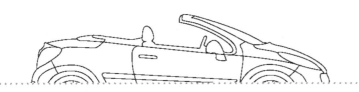 

前言

  随着汽车工业的迅猛发展，汽车保有量以惊人的速度增长，特别是一些新结构、新技术、新工艺、新材料等在汽车上的应用越来越多。因而对于汽车后市场而言，急需大量的技能型汽车维修人员。为适应紧缺型维修人才培养的需要，我们对多年来的教学、培训与实践成果进行了系统的总结，编写了此教材。

  本教材的编写，坚持以职业能力培养为主线，结合"1+X"职业技能等级标准，体现了教学内容的先进性、实用性和针对性。编者在对汽车维修企业市场调研及维修案例分析的基础上，参阅了大量的文献资料，并结合自己多年的教学、培训及实践经验，系统地阐述了汽车传动系统的结构原理、部件检修与调整等内容，做到了理论与实际的紧密结合，突出了对学生综合职业能力的培养。本书共包括5个项目：离合器检修、手动驱动桥检修、自动变速器检修、直接换挡（DSG）变速器检修和电控机械无级自动变速器检修，下设15个任务，每个任务明确了知识目标与技能目标，通过案例引入、学习基本知识、练习操作技能，使学生掌握相关知识，学会部件检修与调整的技术。

  本书具有以下特点：

  （1）项目引领任务驱动。以典型工作任务为载体组织教学，通过典型工作任务将各系统的结构、工作原理、检修调整等内容融为一体，理论与实践紧密结合。

  （2）教材内容与时俱进。将汽车市场的主导车型，如大众、奥迪、丰田等轿车的新技术融入教材，如09G、02E、0AM、01J、A760E等内容。

  （3）注重安全意识、法律意识、环保意识的建立，必要时通过"提示""注意"加深印象，通过任务实施，培养学生团队意识，强化学生沟通能力。

  （4）教材结构完整。设有【项目简介】【知识目标】【技能目标】【案例导入】【基本知识】【任务实施】【实训工单】【考核工单】【项目小结】【自测练习】等环节，方便学生学习、理解、自我测试等。

  （5）教材配套资源丰富。实现"互联网+新形态教材"，为教师及学生提供了教学课件、教学短视频、教学进度计划、电子教案等。

  本教材编写人员：马建新（项目一）、冯茹（项目二）、韩东（项目三）、李明清（项目四）、佟得利（项目五），本教材由韩东主编。

  在本书编写过程中，编者参阅了许多参考文献，特别是一汽大众公司和一汽丰田公司的维修与培训资料，在此一并表示感谢。

  由于编者水平有限，书中可能存在不妥或错漏之处，恳请读者批评指正。

编　者

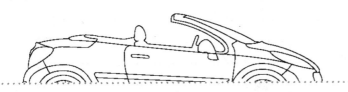

目 录
CONTENTS

项目一 离合器检修

任务一　离合器的维护与保养 ·· 001
　【基本知识】 ··· 001
　　一、汽车传动系统检修基础 ··· 001
　　二、离合器的维护与保养 ·· 005
　【任务实施】 ··· 007
　　一、任务实施准备 ··· 007
　　二、任务实施步骤 ··· 007

任务二　离合器从动盘的更换 ·· 010
　【基本知识】 ··· 010
　　一、离合器概述 ·· 010
　　二、离合器从动盘的更换 ·· 012
　【任务实施】 ··· 015
　　一、任务实施准备 ··· 015
　　二、任务实施步骤 ··· 016

任务三　膜片弹簧离合器的检查 ·· 019
　【基本知识】 ··· 019
　　一、膜片弹簧离合器的结构与工作原理 ······························ 019
　　二、膜片离合器检查项目及检查方法 ································· 026
　【任务实施】 ··· 028
　　一、任务实施准备 ··· 028
　　二、任务实施步骤 ··· 028

项目二 手动驱动桥检修

任务四　手动驱动桥的维护与保养 ··· 032
　【基本知识】 ··· 032

一、检查齿轮油渗漏……………………………………………………………… 032
　　二、检查手动变速器油位……………………………………………………… 033
　　三、更换手动变速器齿轮油…………………………………………………… 033
　【任务实施】……………………………………………………………………… 033
　　一、任务实施准备……………………………………………………………… 033
　　二、任务实施步骤……………………………………………………………… 034

任务五　手动变速器检修………………………………………………………… 037
　【基本知识】……………………………………………………………………… 037
　　一、变速器概述………………………………………………………………… 037
　　二、手动变速器的变速传动机构……………………………………………… 040
　　三、同步器……………………………………………………………………… 043
　　四、手动变速器的操纵机构…………………………………………………… 045
　　五、手动变速器的部件检修…………………………………………………… 051
　【任务实施】……………………………………………………………………… 056
　　一、任务实施准备……………………………………………………………… 056
　　二、任务实施步骤……………………………………………………………… 056

任务六　驱动桥检修……………………………………………………………… 059
　【基本知识】……………………………………………………………………… 059
　　一、驱动桥概述………………………………………………………………… 059
　　二、主减速器…………………………………………………………………… 060
　　三、差速器……………………………………………………………………… 060
　　四、主减速器与差速器的检修与调整………………………………………… 063
　　五、四轮驱动系统……………………………………………………………… 065
　　六、万向传动装置……………………………………………………………… 071
　【任务实施】……………………………………………………………………… 076
　　一、任务实施准备……………………………………………………………… 076
　　二、任务实施步骤……………………………………………………………… 076

项目三
自动变速器检修

任务七　自动变速器的使用与保养……………………………………………… 082
　【基本知识】……………………………………………………………………… 082
　　一、自动变速器概述…………………………………………………………… 082
　　二、自动变速器的使用………………………………………………………… 086
　　三、自动变速器的保养………………………………………………………… 087
　【任务实施】……………………………………………………………………… 089
　　一、任务实施准备……………………………………………………………… 089
　　二、任务实施步骤……………………………………………………………… 089

任务八　液力变矩器检修 092
【基本知识】 092
一、液力变矩器的功用 092
二、液力变矩器的结构 092
三、液力变矩器的工作特性 093
四、液力变矩器的检修 097
【任务实施】 098
一、任务实施准备 098
二、任务实施步骤 098

任务九　齿轮变速系统检修 101
【基本知识】 101
一、单排行星齿轮行星排 101
二、双排行星齿轮行星排 104
三、换挡执行机构 104
四、四速行星齿轮系统举例 107
五、六速行星齿轮系统举例 116
六、平行轴式齿轮传动系统 121
七、齿轮变速系统检修 123
【任务实施】 125
一、任务实施条件 125
二、任务实施步骤 125

任务十　液压控制系统检修 128
【基本知识】 128
一、液压控制系统的基本组成 128
二、主要部件的结构与工作原理 128
三、典型液压油路分析 132
四、液压控制系统检修 135
【任务实施】 136
一、任务实施准备 136
二、任务实施步骤 136

任务十一　电子控制系统检修 139
【基本知识】 139
一、信号输入装置 139
二、电磁阀 141
三、ECU 142
【任务实施】 145
一、任务实施准备 145
二、任务实施步骤 145

任务十二　自动变速器性能检测 148

【基本知识】 …… 148
一、初步检查 …… 148
二、道路试验 …… 149
三、故障自诊断 …… 150
四、失速试验 …… 150
五、油压试验 …… 151
六、换挡延时试验 …… 153
【任务实施】 …… 154
一、任务实施准备 …… 154
二、任务实施步骤 …… 154

项目四
直接换挡（DSG）变速器检修

任务十三　0AM 型 7 挡 DSG 变速器检修 …… 159
【基本知识】 …… 159
一、DSG 变速器概述 …… 159
二、0AM 型 7 挡 DSG 变速器 …… 161
三、0AM 型 7 挡 DSG 离合器 …… 163
四、0AM 型 7 挡 DSG 机械变速器 …… 165
五、0AM 型 7 挡 DSG 变速器的控制系统 …… 170
【任务实施】 …… 178
一、任务实施准备 …… 178
二、任务实施步骤 …… 179

任务十四　02E 型 6 挡 DSG 变速器检修 …… 182
【基本知识】 …… 182
一、湿式双离合器 …… 182
二、齿轮变速机构 …… 184
三、换挡操纵机构 …… 189
四、控制系统 …… 190
【任务实施】 …… 202
一、任务实施准备 …… 202
二、任务实施步骤 …… 203

项目五
电控机械无级自动变速器检修

任务十五　01J 型 CVT 变速器检修 …… 210
【基本知识】 …… 210

一、电控机械无级自动变速器概述 ………………………………………… 210
二、电控机械无级自动变速器结构及工作原理 …………………………… 211
三、无级自动变速器的检修 ………………………………………………… 236
【任务实施】 …………………………………………………………………… 237
一、任务实施准备 …………………………………………………………… 237
二、任务实施步骤 …………………………………………………………… 237

参考文献 …………………………………………………………………… 243

项目一

离合器检修

项目简介

离合器是装备手动变速器汽车传动系统的重要组成部分，常见故障为离合器打滑、分离不彻底等，本项目通过对三个任务（离合器的维护与保养、离合器从动盘的更换和膜片弹簧离合器的检查）的学习，使学生更好地掌握离合器检修知识与技能，完成离合器检修。

任务一　离合器的维护与保养

知识目标

1. 了解汽车传动系统的作用及组成。
2. 了解不同类型汽车传动系统的布置形式。
3. 能够说明汽车行驶的充分必要条件。

技能目标

1. 能够对离合器踏板进行检查。
2. 能够对离合器液面高度进行检查。
3. 能够进行离合器液更换。
4. 能够进行离合器系统排气。

案例导入

现有一辆 2014 年生产的装备手动变速器的捷达轿车，已行驶 8.5 万 km，在行驶中突然出现换挡困难、离合器分离不彻底的故障，有朋友说可能是离合器故障，需要进行离合器检查。这位朋友说得对不对？是否需要进店维修？

【基本知识】

一、汽车传动系统检修基础

1. 汽车传动系统的作用、组成与布置

1）汽车传动系统的作用

汽车一般是由发动机、底盘、车身和电气设备组成的，底盘由传动系统、行驶系统、转向系统和制动系统四大系统组成。

汽车传动系统是从发动机到驱动车轮之间所有动力传递装置的总称。其功用是将发动机的动力传递给驱动车轮。

2) 汽车传动系统的组成

不同类型汽车的传动系统组成稍有不同：载货汽车及部分乘用车的底盘一般是由离合器、手动变速器、万向传动装置（万向节和传动轴）、驱动桥（主减速器、差速器、半轴、桥壳）等组成的，如图1-1所示；而现在乘用车中采用自动变速器的越来越多，其底盘包括自动变速器、万向传动装置、驱动桥等，即自动变速器取代了离合器和手动变速器；如果是越野汽车（包括SUV，即运动型多功能车），还应包括分动器。

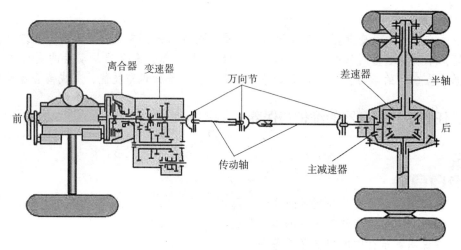

图1-1 汽车传动系统的组成

传动系统各组成部分的功用如下：

(1) 离合器：保证换挡平顺，必要时中断动力传递。
(2) 变速器：变速、变矩、变向、中断动力传递。
(3) 万向传动装置：实现有夹角和相对位置经常发生变化的两轴之间的动力传递。
(4) 主减速器：将动力传给差速器，并实现降速增矩、改变传动方向。
(5) 差速器：将动力传给半轴，并允许左右半轴以不同的转速旋转。
(6) 半轴：将差速器的动力传给驱动车轮。

3) 汽车传动系统的布置

汽车传动系统的总体布置主要是根据发动机与驱动车轮的位置划分的，一般有发动机前置后轮驱动、发动机前置前轮驱动、发动机后置后轮驱动、发动机前置全轮驱动等。

发动机前置的优点是操纵性好、发动机散热性好；发动机后置的优点是乘客舱发动机运转噪声小、空气污染小。驱动轮的布置主要是考虑整车的驱动能力及加速能力，即负荷较大的车轮为驱动轮。

发动机前置后轮驱动简称前置后驱，英文简称FR。如图1-2所示，发动机布置在汽车前部，动力经过离合器、变速器、万向传动装置、驱动桥，最后传到驱动车轮，使汽车行驶。这种布置形式应用广泛，适用于除越野汽车外的各类型汽车，大多数的货车、部分乘用车和部分客车都采用这种布置形式。

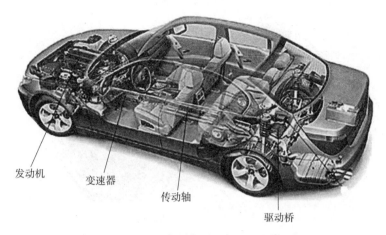

图 1-2　发动机前置后轮驱动示意

　　发动机前置前轮驱动简称前置前驱，英文简称 FF。如图 1-3 所示，发动机布置在汽车前部，动力经过离合器、变速器、前驱动桥，最后传到前驱动车轮，这种布置形式在变速器与驱动桥之间省去了万向传动装置，使结构简单紧凑，整车质量小，高速行驶时操纵稳定性好。大多数乘用车采用这种布置形式，但采用这种布置形式的乘用车的爬坡性能差，豪华乘用车一般不采用，而是采用发动机前置后轮驱动。

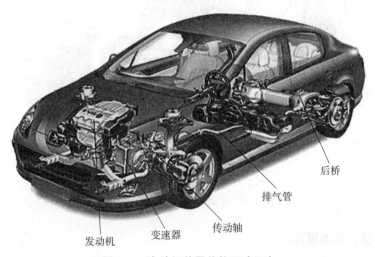

图 1-3　发动机前置前轮驱动示意

　　发动机后置后轮驱动简称后置后驱，英文简称 RR。如图 1-4 所示，发动机布置在汽车后部，动力经过离合器、变速器、角传动装置、万向传动装置、后驱动桥，最后传到后驱动车轮，使汽车行驶。这种布置形式便于车身内部的布置，减小了室内发动机传入的噪声，一般用于大型客车。

　　发动机前置全轮驱动简称全轮驱动，英文简称 XWD。如图 1-5 所示，发动机布置在汽车前部，动力经过离合器、变速器、分动器、万向传动装置分别到达前后驱动桥，最后传到前后驱动车轮，使汽车行驶。由于所有的车轮都是驱动车轮，故充分利用了整车质量，提高了汽车的驱动能力和越野性能，这种布置形式主要用于越野汽车。

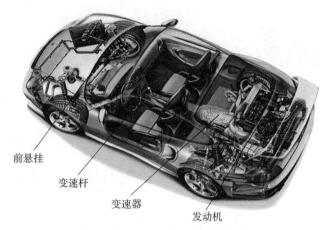

图 1-4　发动机后置后轮驱动示意

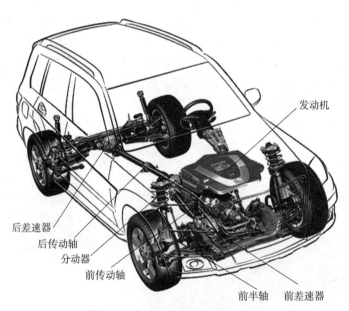

图 1-5　发动机前置全轮驱动示意

2. 汽车行驶的基本原理

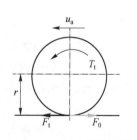

图 1-6　汽车驱动轮受力示意

发动机的转矩经由传动系统在驱动轮上施加了一个驱动力矩,力图使驱动轮旋转,如图 1-6 所示。在 T_t 的作用下,驱动车轮将对地面施加一个与汽车行驶方向相反的圆周力 F_0,根据作用力与反作用力原理,地面也将对驱动车轮施加一个与 F_0 大小相等、方向相反的反作用力 F_t,F_t 就是使汽车行驶的驱动力,或称牵引力。驱动力作用在驱动轮上,再通过车桥、悬架、车架等行驶系统传到车身上,使汽车行驶。

汽车在行驶的过程中受到各种行驶阻力的作用。汽车在水平道路上匀速行驶时,必须克服来自地面的滚动阻力 F_f 和来自空气的空气阻力 F_ω。当汽车在坡道上上坡行驶时,还必须克服重力沿坡道的分力 F_i,F_i 称为上坡阻力。汽车加速行驶时还需要克服其惯性力 F_j，F_j 称为加速阻力。

汽车驱动力与行驶阻力之间的关系式为 $F_t=F_f+F_\omega+F_i+F_j$，这一关系式称为汽车的驱动力平衡方程。若 $F_t>F_f+F_\omega+F_i$，汽车将加速行驶；若 $F_t=F_f+F_\omega+F_i$，汽车将匀速行驶；若 $F_t<F_f+F_\omega+F_i$，汽车将无法起步或减速行驶直至停车。可见，汽车行驶的必要条件是

$$F_t \geq F_f+F_\omega+F_i$$

地面对轮胎切向反作用力的极限值称为附着力 F_φ，它与驱动轮法向作用力 F_z 成正比，常写成

$$F_\varphi = F_z\varphi$$

式中，φ 称为附着系数，地面的切向反作用力不得大于附着力，否则会发生驱动轮滑转，即

$$F_t \leq F_\varphi$$

上式称为汽车的附着条件。

汽车行驶的驱动—附着条件，即汽车行驶的充分必要条件为

$$F_f+F_\omega+F_i \leq F_t \leq F_\varphi$$

二、离合器的维护与保养

离合器的维护与保养主要包括检查离合器踏板的自由行程、检查离合器的工作情况、检查离合器储液罐液面高度等。

1. 离合器储液罐液面高度检查

检查离合器储液罐内离合器液（制动液）面的高度，如果其低于"MIN"的标记，则应补加，并要进一步检查离合器液压操纵机构是否有泄漏的部位，如图1-7所示。

图 1-7　液面高度及泄漏检查

如果离合器液溅到油漆表面，应立即用水漂洗，否则，离合器液将损坏油漆表面。

2. 离合器液压操纵机构泄漏检查

液压操纵机构泄漏检查主要是检查主缸与油管、工作缸与油管及油封等部位是否有离合器液的痕迹。

3. 离合器踏板检查

（1）踩下离合器踏板，检查踏板响应性。
①踏板回弹是否无力；
②是否有异常响动；
③踏板是否过度松动；
④踏板是否沉重。

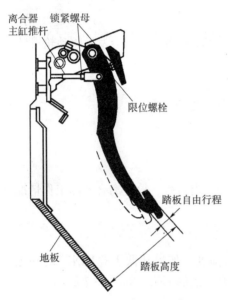

图1-8　离合器踏板、踏板自由行程及其调整

（2）检查离合器踏板高度。

离合器踏板高度的检查如图1-8所示，掀起地毯或地板革，用直尺测量地面到离合器踏板上表面的距离，如果超出标准，则应调整踏板高度。

离合器踏板高度可以通过踏板后的限位螺栓进行调整。

（3）检查离合器踏板自由行程。

踏板自由行程的检查如图1-8所示，用一个直尺抵在驾驶室地板上，先测量踏板完全放松时的高度，再用手轻按踏板，当感到阻力增大时再测量踏板高度，两次测量的高度差即为踏板的自由行程。

踏板自由行程的调整如图1-8所示，液压式操纵机构一般是调整主缸推杆的长度，先将主缸推杆锁紧螺母旋松，然后转动主缸推杆，从而调整踏板自由行程，调整后应将锁紧螺母旋紧。

有些车辆的操纵机构具有自调装置，如捷达乘用车，可以免除离合器踏板自由行程的调整。

（4）离合器分离点的检查。

起动发动机，使发动机怠速运转。在没有踩下离合器踏板时慢慢地换挡到倒挡。逐渐踩下离合器踏板，测量踏板的自由行程到齿轮噪声停止而进入啮合位置的行程量。如图1-9所示。

4. 离合器工作情况检查

车辆可靠驻停，拉起驻车制动手柄。起动发动机，发动机怠速运转，踩下离合器踏板，换到1挡或倒挡，检查是否有噪声、是否换挡平稳。如果有噪声或换挡不平稳，说明离合器分离不彻底。

5. 离合器液压系统中空气的排出

离合器液压系统在经过检修之后，管路内可能进入空气，在添加制动液时也可能使液压系统中进入空气。空气进入后，由于缩短了主缸推

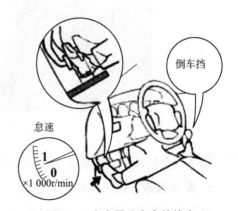

图1-9　离合器分离点的检查

杆行程即踏板工作行程，从而使离合器分离不彻底。因此，液压系统检修后或怀疑液压系统进入空气时，就要排除液压系统中的空气。排除方法如下：

（1）将主缸储液罐中的制动液加至规定高度，升起汽车。

（2）在工作缸的放气阀上安装一软管，接到一个盛有制动液的容器内。

（3）排空气需要两个人配合工作，一人慢慢地踏离合器踏板数次，感到有阻力时踏住不动，另一人拧松放气阀直至制动液开始流出，然后再拧紧放气阀。

（4）按上述方法连续操作几次，直到流出的制动液中不见气泡为止。

（5）空气排除干净之后，需要再次检查及调整踏板自由行程。

（6）再次检查主缸储液罐液面高度，必要时添加制动液。

注意：

（1）排出的制动液要进行收集，集中处理。

（2）制动液对漆面具有腐蚀性，如滴落漆面应及时用清水冲洗。

【任务实施】

一、任务实施准备

（1）场地：理论实训一体化多媒体教室；

（2）车辆：装备手动变速器的车辆；

（3）车辆维修手册；

（4）工具：通用54件组合扳手；

（5）量具：钢板尺；

（6）备品：工作服、工作鞋、手套、座椅套、转向盘套、脚垫、变速杆套、翼子板布、前盖、车轮挡块、盛制动液的容器、透明橡胶管、工作台；

（7）实训工单。

二、任务实施步骤

（1）组织学生对基本知识进行学习；

（2）组织学生分组制订离合器维护与保养的工作计划；

（3）学生小组汇报工作计划；

（4）教师对学生工作计划进行点评；

（5）组织学生在装备手动变速器的车辆上按工作计划进行实操训练，教师对不正确的操作给予指导；

（6）组织学生查询该车的检测标准，参照检测标准对检测结果进行分析，填写实训工单；

（7）教师接收学生完成的实训工单，利用考核单进行考核，对该实训任务进行总结，包括教师答疑、学生总结、教师总结。

离合器的维护与保养　实训工单

车辆品牌：＿＿＿＿＿＿＿＿＿＿＿　车辆 VIN 码：＿＿＿＿＿＿＿＿＿＿＿

学生姓名：＿＿＿＿＿＿＿＿　班级：＿＿＿＿＿＿＿＿＿　实训日期：＿＿＿＿＿＿＿＿＿

序号	检查项目	检查结果
1	离合器液位	
2	液体渗漏	
3	踏板是否回弹无力	
4	踏板是否有异常噪声	
5	踏板是否过度松动	
6	是否感觉踏板沉重	
7	踏板高度	标准值：　　测量值：
8	踏板自由行程	标准值：　　测量值：
9	离合器分离点	标准值：　　测量值：
10	离合器是否有噪声	
11	离合器是否沉重	
12	离合器是否磨损	
13	离合器排气	
实训总结	实训结论	实训收获与反思

离合器的维护与保养 **考核单**

学生姓名：　　　　　　考核项目：　　　　　　考核成绩：

序号	项目	分值	扣分标准	得分
1	实训准备工作	5	每缺少1项扣1分	
2	工量具正确使用	5	每错误1次扣1分	
3	设备正确使用	5	每错误1次扣1分	
4	维修手册正确使用	5	每错误1次扣1分	
5	操作规范性	60	每错误1次扣1分	
6	测量准确性	5	每错误1次扣1分	
7	实训工单填写	5	未填写扣5分	
8	车辆保护	5	每缺少1项扣1分	
9	5S	5	每缺少1项扣2分	
10	是否出现危险行为		出现人身危险总成绩0分；出现车辆危险扣20分；出现工具设备危险扣10分	
	合计	100		

教师评语	

考核教师：

　　　　年　　月　　日

任务二　离合器从动盘的更换

1. 了解汽车离合器的作用及组成。
2. 能够说明离合器的工作原理。

1. 能够将变速器从车上拆下。
2. 能够将离合器总成从车上拆下。
3. 能够将离合器总成正确安装到车上。
4. 能够将变速器正确安装到车上。

现有一辆2015年生产的装备手动变速器的捷达出租车，行驶了11.5万km，在行驶中突然出现加速无力、挂1挡拉手刹发动机不熄火的故障，有朋友说可能是离合器打滑，需要更换离合器片。这位朋友说得对不对？是否需要进店维修？

【基本知识】

一、离合器概述

1. 离合器的功用

（1）保证汽车平稳起步。

汽车起步时，驾驶员缓慢抬起离合器踏板，使离合器的主、从动部分逐渐接合，与此同时，逐渐踩下加速踏板，以增加发动机的输出转矩，这样发动机的转矩便可由小到大传给传动系统。当牵引力足以克服汽车起步时的行驶阻力时，汽车便由静止开始缓慢加速，实现平稳起步。

（2）保证变速器换挡平顺。

汽车在行驶过程中，由于行驶条件的变化，需要不断地变换挡位。对于普通齿轮变速器，换挡时不同的齿轮副要退出啮合或进入啮合，这就要求换挡前踩下离合器踏板，中断发动机的动力传动，便于退出原有齿轮副的啮合、进入新齿轮副的啮合。如果没有离合器或离合器分离不彻底使动力不能完全中断，原有齿轮副之间会因压力大而难以脱开，而待啮合齿轮副之间因圆周速度不同而难以进入啮合，勉强啮合也会产生很大的冲击和噪声，甚至会打齿。

（3）防止传动系统过载。

汽车紧急制动时，如果发动机与传动系统刚性连接，发动机转速将急剧下降，其所有的零件将产生很大的惯性力矩，这一力矩作用于传动系统，会造成传动系统过载而使其机件损坏。有了离合器，当传动系统承受载荷超过离合器所能传递的最大转矩时，离合器会通过主、从动部分之间的打滑来消除这一危险，从而起到过载保护的作用。

2. 离合器基本组成

摩擦离合器的基本组成示意如图1-10所示。一般将离合器分为主动部分、从动部分、压紧机构和操纵机构4个部分。

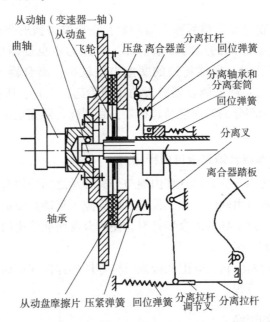

图1-10　摩擦离合器的基本组成示意

主动部分包括飞轮、离合器盖和压盘。离合器盖用螺栓固定在飞轮上，压盘后端圆周上的凸台伸入离合器盖的窗口中，并可沿窗口轴向移动。这样，当发动机转动时，动力便经飞轮、离合器盖传到压盘，使其一起转动。

从动部分包括从动盘和从动轴。从动盘带有双面的摩擦衬片，离合器正常接合时分别与飞轮和压盘相接触；从动盘通过花键毂装在从动轴的花键上，从动轴是手动变速器的输入轴（一轴），其前端通过轴承支承在曲轴后端的中心孔中，后端支承在变速器壳体上。

压紧机构由若干根沿圆周均匀布置的压紧弹簧组成，它们装在压盘与离合器盖之间，用来将压盘和从动盘压向飞轮，使飞轮、从动盘和压盘三者压紧在一起。操纵机构由离合器踏板、分离拉杆、调节叉、分离叉、分离套筒、分离轴承、分离杠杆和回位弹簧等组成。

3. 离合器工作原理

1）接合状态

离合器在接合状态下，操纵机构各部件在回位弹簧的作用下回到图1-10所示的位置，分离杠杆内端与分离轴承之间保持有一定的间隙，压紧弹簧将飞轮、从动盘和压盘三者压紧在一起，发动机的转矩经过飞轮及压盘通过从动盘两摩擦面的摩擦作用传给从动盘，再由从动轴输入变速器。

2）分离过程

分离离合器时，驾驶员踩下离合器踏板，分离套筒和分离轴承在分离叉的推动下，先消除分离轴承与分离杠杆内端之间的间隙，然后推动分离杠杆内端前移，使分离杠杆外端带动压盘克服压紧弹簧作用力后移，摩擦作用消失，离合器的主、从动部分分离，中断动力传递。

3）接合过程

接合离合器时，驾驶员缓慢抬起离合器踏板，在压紧弹簧的作用下，压盘向前移动并逐渐压紧从动盘，使接触面间的压力逐渐增加，摩擦力矩也逐渐增加；当飞轮、压盘和从动盘之间接合还不紧密时，所能传递的摩擦力矩较小，离合器的主、从动部分有转速差，离合器处于打滑状态；随着离合器踏板的逐渐抬起，飞轮、压盘和从动盘之间的压紧程度逐渐紧密，主、从动部分的转速也渐趋相等，直到离合器完全接合而停止打滑，接合过程结束。

4. 离合器自由间隙和离合器踏板自由行程

离合器在正常接合状态下，分离杠杆内端与分离轴承之间应留有一个间隙，一般为几毫米，这个间隙称为离合器自由间隙。如果没有自由间隙，从动盘摩擦片磨损变薄后压盘将不能向前移动压紧从动盘，这将导致离合器打滑，使离合器所能传递的转矩下降，车辆行驶无力，而且会加速从动盘的磨损。

为了保持合适的离合器的自由间隙和操纵机构零件的弹性变形而所需要的离合器踏板的行程称为离合器踏板自由行程。

二、离合器从动盘的更换

以装备在速腾、迈腾轿车上的OA4型变速器为例来介绍离合器从动盘的更换。

（1）首先检查是否安装了已编码的收音机，如有必要请查询防盗编码。

（2）关闭点火装置后断开蓄电池接地线。

（3）从发动机上拆下盖板。

（4）拆卸整个空气滤清器罩壳。

（5）拆下蓄电池、蓄电池盖板和蓄电池架。

（6）如图1-11所示，将换挡拉线的防松垫片（箭头1）从变速箱换挡杆（A）上拆下；将选挡拉线的防松垫片（箭头2）从转向杆（B）上拆下；将选挡拉线和换挡拉线从销轴上拔出；将防松垫片（箭头3）从转向杆（B）上拔出，然后拆下转向杆；拆下变速箱换挡杆（A），并拧下螺母（箭头4）。

（7）如图1-12所示，将拉线托架从变速箱上拆下（箭头），然后把换挡拉线和选挡拉线绑高，将支架（B）从变速箱上拆下，然后将其从组合管（A）上拔下。

（8）如图1-13所示，拆下变速箱支撑（箭头A）；拆下从动缸（箭头B）并置于一侧，用金属丝固定，不要打开管路系统；将接地线从发动机/变速箱上部连接螺栓上拆下。

（9）如图1-14所示，拔出倒车灯的插头（箭头1）；把插头（箭头2）和导线（箭头3）从起动机上拆下。

（10）拆下起动机上的固定螺栓。

（11）拆下发动机和变速箱上部的连接螺栓。

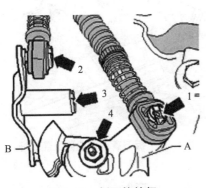

图 1-11 拆下换挡杆

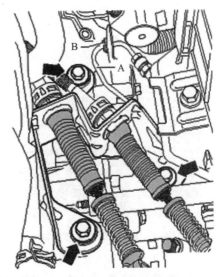

图 1-12 拆下支架

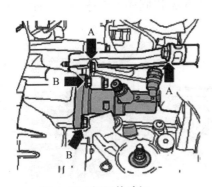

图 1-13 拆下从动缸

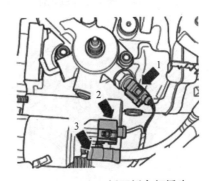

图 1-14 拆下倒车灯插头

(12) 如果在支撑工装 10-222A 的发动机固定环的区域内有软管和导线连接，现在必须将它们拆下。

(13) 如图 1-15 所示，将支撑工装 10-222A 连同适配接头 10-222A/3 以及适配接头 10-222A/8 置于前发动机舱盖充气支撑杆前，通过丝杆将发动机和变速箱机组略微预紧。

(14) 升起汽车。

(15) 拆下隔声垫。

(16) 拆下左前轮罩内板下部。

(17) 将变速箱上所有的管路拆下。

(18) 如图 1-16 所示，将内部右侧等速万向节的护板从发动机上拆下（箭头）。脱开双卡圈上的排气装置并将排气管支架从副车架上拧下。

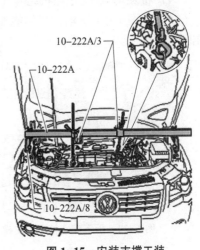

图 1-15 安装支撑工装

（19）从法兰轴上拆下传动轴，并尽可能地将其绑到高处，不要损坏其表面保护层。

（20）如图1-17所示，将汽车高度传感器（箭头）拆下，将左右连接杆从稳定杆上拆下。

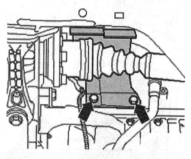

图1-16　拆下万向节护板

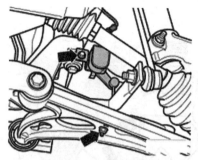

图1-17　拆下高度传感器及连接杆

（21）如图1-18所示，将控制臂上的转向节螺母（箭头）拧下。

（22）如图1-19所示，将变速箱的摆动支撑拆下，即拆下螺栓2和螺栓3；将转向器从副车架上拆下并绑到高处，拆卸前，将副车架固定；将副车架连同摆动支撑、稳定杆、托架和控制臂一起拆下。

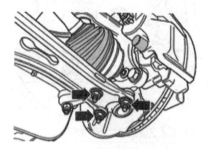

图1-18　拆下转向节螺母

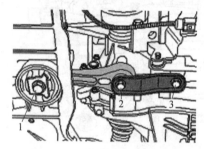

图1-19　拆下变速箱摆动支撑

（23）如图1-20所示，将左侧总成支撑的六角螺栓（箭头）从变速箱支座中拆下。

（24）将发动机/变速箱机组置于倾斜位置，并用支撑工装10-222A的丝杆将其降下。

（25）如图1-21所示，必须能够方便地拆卸和安装变速箱托架A的紧固螺栓（箭头），拆卸变速箱托架A（箭头）。

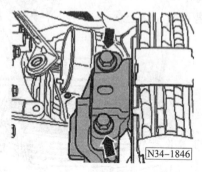

图1-20　拆下变速箱左侧支撑

图1-21　拆卸变速箱托架

（26）如图 1-22 所示，拆下右侧法兰轴后部飞轮的小盖板 A（箭头）。

（27）如图 1-23 所示，将排气装置挺杆 1 从变速箱和排气装置上拆下。

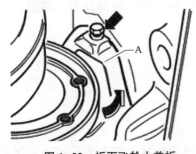 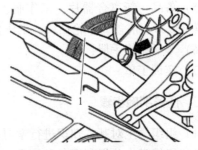

图 1-22　拆下飞轮小盖板　　　　　　图 1-23　拆下排气装置挺杆

（28）如图 1-24 所示，拆卸变速箱"OA4"时，使用调整板 3282/39 调整变速箱支架 3282，将变速箱定位件 3282 装到发动机和变速箱举升装置 V. A. G1383A 上，将变速箱支架的托臂对准调整板上对应的孔，旋入定位元件 A 和 C，将发动机和变速箱举升装置放置在车辆下面，调整板上的箭头符号 B 指向汽车行驶方向，将调整板与变速箱平行放置，并将定位件锁定在变速箱上，将销子 3282/29 旋入变速箱摆动支撑固定螺栓孔中，拆下发动机与变速箱下部的连接螺栓。

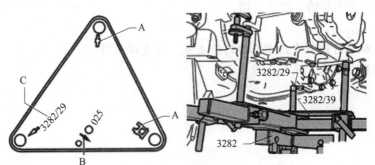

图 1-24　安装变速箱定位件 3282

29. 从定位套上按下变速箱并且小心地将其降下。
30. 用变速箱支架 3282 的丝杆来降低变速箱的位置。
31. 分次对角拆下离合器总成安装在飞轮上的螺栓。
32. 取下离合器盖总成及离合器从动盘。
33. 更换新的离合器从动盘。
34. 按拆卸相反次序安装离合器、变速器及其附属件。
35. 试车。

【任务实施】

一、任务实施准备

（1）场地：理论实训一体化多媒体实训室；
（2）车辆：每个小组一台装有手动变速器的实训用车；

(3) 设备：举升机、变速器举升架、发动机固定支架；

(4) 工具：通用 54 件组合扳手、芯轴；

(5) 备品：新离合器片、工作服、工作鞋、手套、座椅套、转向盘套、脚垫、变速杆套、翼子板布、前盖、车轮挡块、工作台；

(6) 车辆维修手册；

(7) 实训工单。

二、任务实施步骤

(1) 组织学生对基本知识进行学习；

(2) 组织学生分组利用各种资源（维修手册、网络维修技术平台等）查询实训车辆的维修标准方法，制订更换离合器的工作计划；

(3) 学生小组汇报工作计划；

(4) 教师对学生工作计划进行点评；

(5) 组织学生在装备手动变速器的车辆上按工作计划进行实操训练，教师对不正确的操作给予指导；

(6) 填写实训工单；

(7) 教师接收学生完成的实训工单，利用考核单进行考核，对该实训任务进行总结，包括教师答疑、学生总结、教师总结。

注意：

(1) 在车辆举升过程中注意正确选择支点，使支撑稳固；

(2) 车下操作注意车辆及人身安全。

离合器从动盘更换 实训工单

车辆品牌：_____ 车辆 VIN 码：_____

学生姓名：_____ 班级：_____ 实训日期：_____

序号	实训项目	完成状况
1	工具准备	
2	设备检查	
3	车辆防护	
4	外围件拆卸	
5	附属件拆卸	
6	连接件拆卸	
7	变速器下车	
8	离合器总成拆卸	
9	离合器总成安装	
10	变速器安装	
11	附属件安装	
12	工具整理	
13	试车	

	实训结论	实训收获与反思
实训总结		

离合器从动盘更换 考核单

学生姓名： 考核项目： 考核成绩：

序号	项目	分值	扣分标准	得分
1	实训准备工作	5	每缺少1项扣1分	
2	工量具正确使用	5	每错误1次扣1分	
3	设备正确使用	5	每错误1次扣1分	
4	维修手册正确使用	5	每错误1次扣1分	
5	操作规范性	60	每错误1次扣1分	
6	SST的正确使用	5	每错误1次扣1分	
7	实训工单填写	5	未填写扣5分	
8	车辆保护	5	每缺少1项扣1分	
9	5S	5	每缺少1项扣2分	
10	是否出现危险行为		出现人身危险总成绩0分；出现车辆危险扣20分；出现工具设备危险扣10分	
	合计	100		

教师评语

考核教师：

_____年___月___日

任务三　膜片弹簧离合器的检查

1. 了解膜片弹簧离合器的结构组成。
2. 了解膜片弹簧离合器的工作原理。

1. 能够对压盘总成进行检修。
2. 能够判断离合器从动盘能否继续使用。
3. 能够对离合器故障进行分析并排除。

现有一辆 2015 年生产的装备手动变速器的捷达出租车，已行驶 11.5 万 km，现在行驶中突然出现加速无力、挂一挡拉手刹发动机不熄火的故障，有朋友说可能是离合器打滑，需要更换离合器片。拆下离合器后不知目前的离合器片状况能否继续使用，压盘总成是否需要更换。

【基本知识】

一、膜片弹簧离合器的结构与工作原理

膜片弹簧离合器在现代汽车上得到了广泛应用，不仅在轿车上采用，而且在轻型、中型货车，甚至在重型货车上也得到了应用。

1. 膜片弹簧离合器的分类

膜片弹簧离合器根据分离指内端的受力方向不同，可分为推式膜片弹簧离合器和拉式膜片弹簧离合器，如图 1-25 所示。当分离离合器时，分离指内端受力方向指向压盘时，称为推式膜片弹簧离合器，而分离指内端受力方向离开压盘时，则称为拉式膜片弹簧离合器。

上述两种膜片弹簧离合器的结构特点：装配时，推式膜片弹簧离合器的推片锥顶朝后（离开压盘方向），大端靠在压盘上，对压盘施加压力，如图 1-25（a）所示。拉式膜片弹簧的安装与推式相反，膜片弹簧的锥顶朝前（指向压盘方向），其大端靠在离合器盖上，膜片弹簧的中部对压盘施加压力，如图 1-25（b）所示。

分析这两种膜片弹簧离合器可知，在同样压盘尺寸下，拉式膜片弹簧离合器可采用直径较大的膜片弹簧，从而可提高压紧力和转矩容量；或者在传递相同转矩的情况下，尺寸较小的拉式膜片弹簧离合器可以代替尺寸较大的推式膜片弹簧离合器。因此，拉式膜片弹簧离合器的结构更紧凑、简单，质量更小，从动盘转动惯量也小，可以减少换挡时齿轮轮齿间的冲击，更便于换挡。拉式膜片弹簧离合器在提高转矩容量、分离效率，减轻操作强度、冲击和

噪声以及提高寿命等方面都比推式膜片弹簧离合器好。所以，拉式膜片弹簧离合器是一种很有发展前景的结构。一汽大众生产的捷达、高尔夫轿车的离合器就是拉式膜片弹簧离合器，如图 1-26 所示。

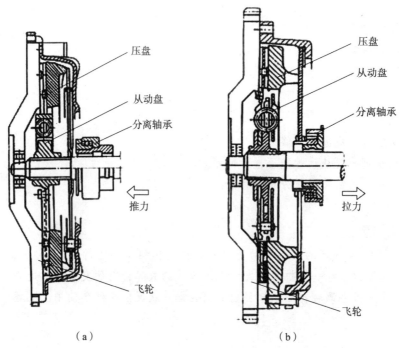

图 1-25　推式膜片弹簧离合器和拉式膜片弹簧离合器

（a）推式膜片弹簧离合器；（b）拉式膜片弹簧离合器

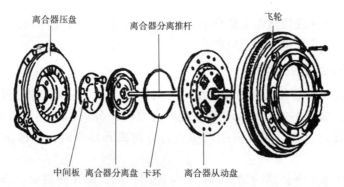

图 1-26　捷达轿车拉式膜片弹簧离合器零部件分解

2. 膜片弹簧离合器的结构

1）推式膜片弹簧离合器的结构

目前，推式膜片弹簧离合器在各种类型的汽车上都被广泛应用，其构造如图 1-27、图 1-28 和图 1-29 所示。

推式膜片弹簧离合器由主动部分、从动部分、压紧机构和操纵机构组成。

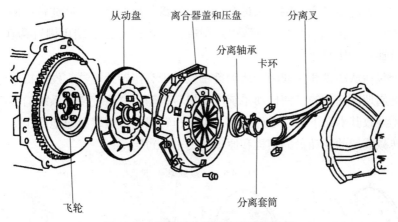

图 1-27 推式膜片弹簧离合器的构造

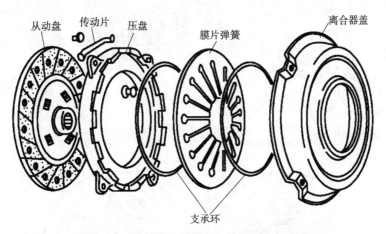

图 1-28 推式膜片弹簧离合器盖和压盘分解

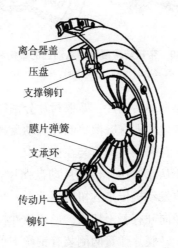

图 1-29 推式膜片弹簧离合器盖和压盘示意

主动部分由飞轮、离合器盖和压盘组成。离合器盖通过螺栓固定在飞轮上,为了保持正确的安装位置,离合器盖通过定位销进行定位。压盘与离合器盖之间通过周向均布的 3 组或 4 组传动片来传递转矩。传动片用弹簧钢片制成,每组两片,一端用铆钉铆在离合器盖上,另一端用螺钉连接在压盘上。

从动部分包括从动盘和从动轴,从动盘一般都带有扭转减震器。发动机传到传动系统的转速和转矩是周期性变化的,使传动系统产生扭转振动,这将使传动系统的零部件受到交变性冲击载荷,导致其寿命下降、零件损坏。采用扭转减震器可以有效地防止传动系统的扭转振动。带扭转减震器的从动盘的结构和原理如图 1-30 所示。

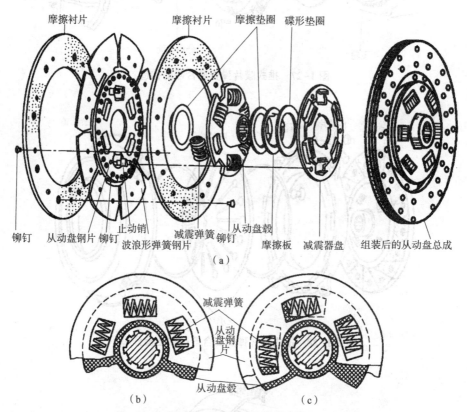

图 1-30 带扭转减震器的从动盘的结构和原理
(a) 结构;(b) 不工作时;(c) 工作时

从动盘钢片周围铆接有波浪形弹簧钢片,摩擦衬片分别铆接在弹簧钢片上,从动盘钢片与减震器盘铆接在一起,这两者之间夹有摩擦垫圈和从动盘毂。从动盘毂、从动盘钢片和减震器盘上都有 6 个圆周均布的窗孔,减振弹簧装在窗孔中。

当从动盘收到转矩时,转矩从摩擦衬片传到从动盘钢片,再经减振弹簧传给从动盘毂,此时减振弹簧将被压缩,以吸收发动机传来的扭转振动。

压紧机构是膜片弹簧,其径向开有若干切槽,形成弹性杠杆。切槽末端有圆孔,固定铆钉穿过圆孔并固定在离合器盖上。膜片弹簧两侧装有钢丝支承环,这两个钢丝支承环是膜片弹簧工作时的支点。膜片弹簧的外缘通过分离钩与压盘联系起来。

2) 推式膜片弹簧离合器的工作原理

推式膜片弹簧离合器的工作原理如图 1-31 所示。当离合器盖未安装到飞轮上时，膜片弹簧不受力而处于自由状态，此时离合器盖与飞轮之间有一距离 S，如图 1-31（a）所示。当离合器盖通过螺栓固定在飞轮上时，膜片弹簧在支承环处受压产生弹性变形，此时膜片弹簧的外圆周对压盘产生压紧力使离合器处于接合状态，如图 1-31（b）所示。当踩下离合器踏板时，分离轴承推动膜片弹簧使膜片弹簧以支承环为支点外圆周向右翘起，通过分离钩拉动压盘后移使离合器分离，如图 1-31（c）所示。

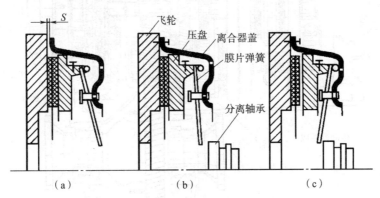

图 1-31　推式膜片弹簧离合器的工作原理
（a）安装前位置；（b）安装后（接合）位置；（c）分离位置

从上面的介绍中可以看出，膜片弹簧既是压紧弹簧，又是分离杠杆，使结构简化了。另外，膜片弹簧的弹簧特性优于圆柱螺旋弹簧，工作可靠，操纵轻便，所以膜片弹簧离合器的应用越来越广泛，在各种车型上都有应用。

3) 拉式膜片弹簧离合器的结构

捷达轿车离合器是推式操纵无支承环的拉式膜片弹簧离合器，如图 1-32 所示。离合器盖通过螺栓和中间板固定在发动机曲轴上。离合器分离盘通过卡环卡在膜片弹簧的三个定位爪上。从动盘的花键毂与传动器输入轴配合，输入轴为空心轴，分离推杆从中穿过。分离推杆的左端与离合器分离轴承 1 接触，右端则顶在分离盘的中央凹坑内。飞轮用 9 个螺栓反装在离合器盖上。

4) 拉式膜片弹簧离合器的工作原理

当踩下离合器踏板时，通过一系列操纵机构，如图 1-32 所示，使离合器分离臂转动，推压分离轴承右移，并使穿过输入轴的分离推杆向右轴向移动，推动分离盘右移，则分离盘推压膜片弹簧分离指右移（分离指内端受力方向为离开压盘方向），迫使压盘与从动盘分开，从而完成离合器的分离。

3. 膜片弹簧离合器的操纵机构

离合器的操纵机构是驾驶员借以使离合器分离，又使之柔和接合的一套机构，它起始于离合器踏板，终止于分离杠杆。

液压式操纵机构示意如图 1-33 所示，它主要由离合器踏板、储液罐、离合器主缸、离合器工作缸、油管总成、分离叉、分离轴承等组成。它具有摩擦阻力小、质量小、布置方便及接合柔和等优点，目前在各类型车上广泛应用。

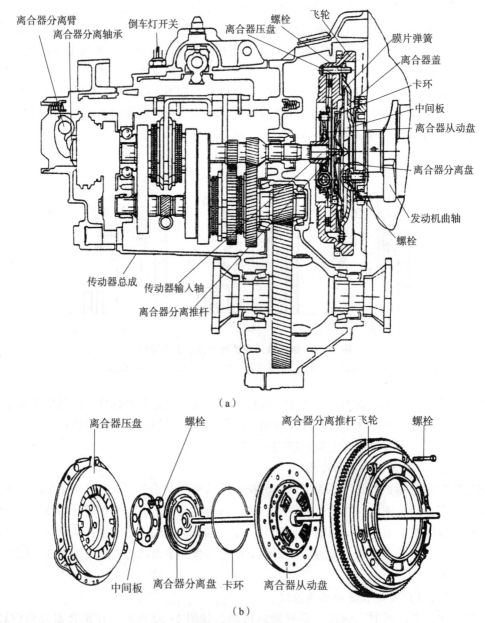

图 1-32 捷达轿车拉式膜片弹簧离合器
(a) 传动器与离合器结构;(b) 离合器零部件分解

储液罐通常为制动液储液罐,有两个出油孔,分别把制动液供给制动主缸和离合器主缸。

离合器主缸的结构如图 1-34 所示,主缸体借补偿孔 A、进油孔 B 通过进油软管与储液罐相通。主缸内装有活塞,活塞中部较细,且为"十"字形断面,使活塞右方的主缸内腔形成油室。活塞两端装有皮碗。活塞左端中部装有单向阀,经小孔与活塞右方主缸内腔的油室相通。当离合器踏板处于初始位置时,活塞左端皮碗位于补偿孔 A 与进油孔 B 之间,两孔均开放。

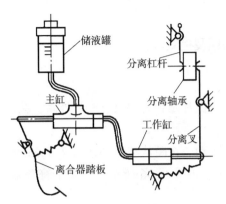

图 1-33 液压式操纵机构示意

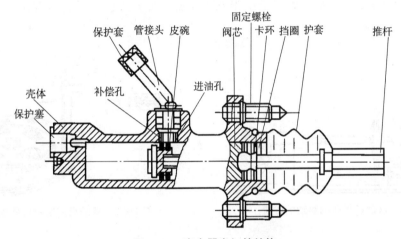

图 1-34 离合器主缸的结构

离合器工作缸的结构如图 1-35 所示，工作缸内装有活塞、皮碗和推杆等，缸体上还设有放气螺塞。当管路内有空气而影响操纵时，可拧松放气螺塞进行放气。工作缸活塞直径略大于主缸活塞直径，故液压系统稍有增力作用，以补偿液流通道的压力损失。

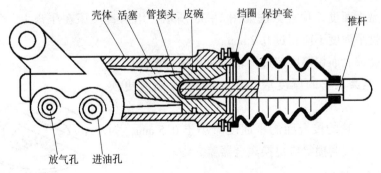

图 1-35 离合器工作缸的结构

当踩下离合器踏板时，通过主缸推杆使主缸活塞向左移动，如图 1-34 所示，当将补偿孔关闭后，管路中油液受压，压力升高。在油压作用下，工作缸活塞被推动向右移动，如图 1-35 所示。推动推杆，使分离叉转动，如图 1-33 所示，从而带动分离轴承、分离杠杆等使离合器分离。

二、膜片离合器检查项目及检查方法

1. 从动盘的检查

先目视检查，看从动盘摩擦片是否有裂纹、铆钉外露、减震器弹簧断裂等情况，如果有则更换从动盘。

再检查从动盘的端面圆跳动。在距从动盘外边缘 2.5 mm 处测量，离合器从动盘最大端面圆跳动为 0.4 mm，测量方法如图 1-36 所示。如果不符合要求，可用扳钳校正或更换从动盘。

最后检查从动盘摩擦片的磨损程度。摩擦片的磨损程度可用游标卡尺进行测量，如图 1-37 所示。铆钉头埋入深度应不小于 0.20 mm。如果检查结果超过要求，则应更换从动盘。

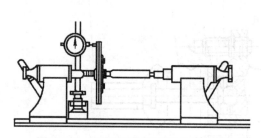

图 1-36　从动盘端面圆跳动的检查

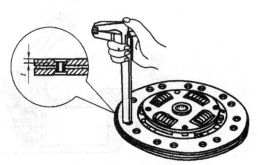

图 1-37　从动盘摩擦片磨损的检查

2. 压盘和离合器盖的检修

压盘损伤主要是翘曲、破裂或过度磨损等。

先检查压盘表面粗糙度。压盘表面不应有明显的沟槽，沟槽深度应小于 0.3 mm。轻微的磨损可用油石修平。

再检查压盘平面度。检查方法如图 1-38 所示，用钢直尺压在压盘上，然后用塞尺测量。离合器压盘平面度不应超过 0.2 mm。

压盘平面度或表面粗糙度超过要求时可用平面磨床磨平或车床车平，但磨、车的厚度应小于 2 mm，否则应更换压盘。

离合器盖与飞轮的接合面的平面度应小于 0.5 mm，如有翘曲、裂纹、螺纹磨损等应更换离合器盖。

3. 膜片弹簧的检查

先检查膜片弹簧的磨损程度。如图 1-39 所示，用游标卡尺测量膜片弹簧与分离轴承接触部位磨损的深度和宽度。深度应小于 0.6 mm，宽度应小于 5 mm，否则应更换。

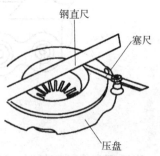

图 1-38　压盘平面度的检查

再检查膜片弹簧的变形。如图 1-40 所示,用专业工具盖住弹簧分离指内端（小端）,然后用塞尺测量弹簧分离指内端与专用工具之间的间隙。弹簧分离指内端应在同一平面内,间隙不应超过 0.5 mm。否则用维修工具将变形过大的弹簧分离指翘起以进行调整。

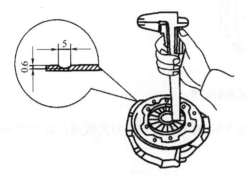
图 1-39　膜片弹簧磨损的检查

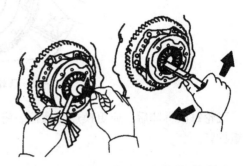
图 1-40　膜片弹簧变形的检查与调整

4. 分离轴承的检查

如图 1-41 所示,用手固定分离轴承内圈,转动外圈,同时在轴向施加压力,如有阻滞或有明显间隙感,应更换分离轴承。

分离轴承通常是一次性加注润滑脂。维护时切勿随意拆卸清洗。若有脏污,可用干净抹布擦净表面。

5. 飞轮的检查

首先进行目视检查,检查齿圈轮齿是否磨损或打齿,检查飞轮端面是否有烧蚀、沟槽、翘曲和裂纹等,如果有应修理或更换飞轮。

其次检查飞轮上的轴承。如图 1-42 所示,用手转动轴承,在轴向加力,如果有阻滞或有明显间隙感,则应更换轴承。

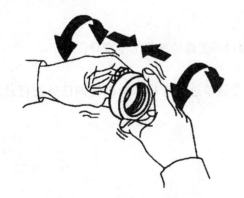
图 1-41　分离轴承的检查

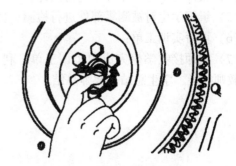
图 1-42　飞轮上轴承的检查

最后检查飞轮端面的圆跳动。如图 1-43 所示,将百分表安装在发动机机体上,百分表测量触头抵在飞轮的最外圈,转动飞轮,测量飞轮的端面圆跳动,其值应小于 0.1 mm。如果端面圆跳动超过标准,应修磨或更换飞轮。

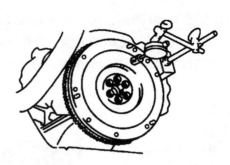

图 1-43 飞轮端面圆跳动的检查

飞轮每次拆卸后,应更换连接螺栓。将飞轮安装到曲轴上时,应按对角线逐次以规定的力矩拧紧。

【任务实施】

一、任务实施准备

(1) 场地:理论实训一体化多媒体实训室;
(2) 量具:游标卡尺、钢板尺、塞尺、百分表、磁力表座等;
(3) 被测零部件:离合器从动盘、分离轴承、离合器压盘总成、飞轮;
(4) 车辆维修手册;
(5) 实训工单。

二、任务实施步骤

(1) 组织学生对基本知识进行学习;
(2) 组织学生分组利用各种资源(维修手册、网络维修技术平台等)查询离合器的检测标准,制订离合器检测的工作计划;
(3) 学生小组汇报工作计划;
(4) 教师对学生工作计划进行点评;
(5) 组织学生对被测零部件进行检测,教师对不正确的操作给予指导;
(6) 填写实训工单;
(7) 教师接收学生完成的实训工单,利用考核单进行考核,对该实训任务进行总结,包括教师答疑、学生总结、教师总结。

离合器检测 实训工单

学生姓名：_____ 班级：_____ 实训日期：_____

序号	实训项目	完成状况及检测结果
1	工具准备	
2	维修手册准备	
3	从动盘检测	
4	压盘和离合器盖检测	
5	膜片弹簧检测	
6	飞轮检测	
7	分离轴承检查	
8	工量具整理	
9		
10		
11		
12		
13		
实训总结	实训结论	实训收获与反思

离合器检测 考核单

学生姓名：　　　　　考核项目：　　　　　考核成绩：

序号	项目	分值	扣分标准	得分
1	实训准备工作	5	每缺少1项扣1分	
2	工量具正确使用	10	每错误1次扣2分	
3	维修手册正确使用	5	每错误1次扣1分	
4	操作规范性	60	每错误1次扣1分	
5	实训工单填写	10	未填写扣10分	
6	5S	10	每缺少1项扣2分	
7	是否出现危险行为		出现人身危险总成绩0分；出现车辆危险扣20分；出现工具设备危险扣10分	
	合计	100		

教师评语	

考核教师：

　　　　年　　月　　日

(1) 离合器分为主动部分、从动部分、压紧机构和操纵机构4个部分。

(2) 为了保持合适的离合器自由间隙和操纵机构零件的弹性变形，所需要的离合器踏板行程称为离合器踏板自由行程。

(3) 膜片弹簧离合器根据分离指内端的受力方向不同，可分为推式膜片弹簧离合器和拉式膜片弹簧离合器。

(4) 液压式操纵机构主要由离合器踏板、储液罐、离合器主缸、离合器工作缸、油管总成、分离叉和分离轴承等组成。

(5) 膜片弹簧离合器总成的检修包括从动盘的检查、压盘和离合器盖的检修、膜片弹簧的检查、分离轴承的检查和飞轮的检查。

1. 在什么情况下需要更换离合器片？
2. 离合器的检查项目有哪些？
3. 怎样区分是变速器响还是离合器响？

项目二

手动驱动桥检修

手动驱动桥是汽车传动系统的重要组成部分，常见故障为换挡困难、驱动桥异响等，本项目通过对手动驱动桥的维护与保养、手动变速器的检修和驱动桥的检修的学习，使学生能够更好地掌握手动驱动桥检修的知识与技能，完成手动驱动桥的检修。

任务四　手动驱动桥的维护与保养

1. 能够正确选用齿轮油。

1. 能够进行齿轮油渗漏的检查。
2. 能够进行齿轮油油位的检查。
3. 能够进行手动变速器齿轮油的更换。

一辆1.6 L宝来轿车，装备OA4型手动变速器，已行驶5万km，现到店保养，售后服务顾问说需要更换齿轮油。齿轮油也需要更换吗？应该什么时候更换？怎样更换？

【基本知识】

手动驱动桥的维护与保养主要是进行齿轮油渗漏的检查、油位的检查以及齿轮油的加注与排放。

一、检查齿轮油渗漏

检查手动变速驱动桥（包括手动变速器、差速器和分动器）的下述区域是否漏油：
(1) 壳接触面；
(2) 轴和拉索伸出的区域；

(3) 油封；
(4) 排放塞和加注塞。

二、检查手动变速器油位

(1) 检查变速器齿轮油油面高度时，应使汽车处于水平状态，待变速器冷却至常温后，清除变速器加油孔周围的油垢，拧下加油孔螺塞。

(2) 将手指由加油孔伸进变速器内触摸油面，油面高度应不低于加油孔下边缘 5~10 mm。

(3) 如果变速器齿轮油达不到规定的高度，应及时添加。

在检查齿轮油液面高度时，还应注意同时检查齿轮油是否变质。将变速器内的齿轮油放在手上捻搓，并与新齿轮油对比，如果有明显变色、稀释、发涩、结胶，则应更换。

三、更换手动变速器齿轮油

应该根据厂家说明书要求的里程更换，一般轿车采用 GL-4、GL-5，行驶 5 万~6 万 km 应进行更换。

也有一些厂家手册上介绍终生不用更换手动变速箱齿轮油，如果家庭用车需要更换手动变速箱齿轮油，建议尽量使用 API75W-90 的 GL-4、GL-5 全合成型齿轮油。

应先起动车辆，运转或行驶一定距离，使变速器齿轮油升温。在齿轮油还处于温热状态时：

(1) 举升车辆，拆卸加注塞、排放塞和两个垫片，排放手动变速器齿轮油。
(2) 将油排放之后，用新垫片重新安装排放塞。
(3) 从加注口重新加注规定量的齿轮油。
(4) 更换新垫片重新安装加注塞。

注意：
(1) 在车辆举升过程中注意支点选择正确，使支撑稳固；
(2) 车下操作注意车辆及人身安全；
(3) 排出的齿轮油要集中收集，统一处理，不可随意丢弃。

【任务实施】

一、任务实施准备

(1) 场地：理论实训一体化多媒体教室；
(2) 车辆：装备手动变速器的车辆；
(3) 车辆维修手册；
(4) 工具、设备：通用 54 件组合扳手、机油泵、举升机；
(5) 备品：工作服、工作鞋、手套、座椅套、转向盘套、脚垫、变速杆套、翼子板布、前盖、车轮挡块、麻布、接油盆、工作台；
(6) 实训工单。

二、任务实施步骤

（1）组织学生对基本知识进行学习；

（2）组织学生分组制订手动驱动桥维护与保养的工作计划；

（3）学生小组汇报工作计划；

（4）教师对学生工作计划进行点评；

（5）组织学生查询该车的齿轮油型号及更换量；

（6）组织学生在装备手动变速器的车辆上按工作计划进行实操训练，教师对不正确的操作给予指导；

（7）填写实训工单；

（8）教师接收学生完成的实训工单，利用考核单进行考核，对该实训任务进行总结，包括教师答疑、学生总结、教师总结。

手动变速驱动桥的维护与保养 实训工单

学生姓名：_____ 班级：_____ 实训日期：_____

序号	实训项目	完成状况及检测结果
1	工具准备	
2	维修手册准备	
3	检查齿轮油渗漏	
4	手动变速器的油位检查	
5	差速器的油位检查	
6	更换手动变速器齿轮油	
7	齿轮油型号	
8	齿轮油更换量	
9		
10		
11		
12		
13		
实训总结	实训结论	实训收获与反思

手动变速驱动桥的维护与保养　考核单

学生姓名：　　　　　考核项目：　　　　　考核成绩：

序号	项目	分值	扣分标准	得分
1	实训准备工作	5	每缺少1项扣1分	
2	车辆保护	5	每错误1次扣1分	
3	设备正确使用	10	每错误1次扣1分	
4	维修手册正确使用	5	每错误1次扣1分	
5	操作规范性	60	每错误1次扣1分	
6	油料的正确选择	5	每错误1次扣1分	
7	实训工单填写	5	未填写扣5分	
8	5S	5	每缺少1项扣2分	
9	是否出现危险行为		出现人身危险总成绩0分；出现车辆危险扣20分；出现工具设备危险扣10分	
	合计	100		

教师评语

考核教师：

　　　　年　　月　　日

任务五　手动变速器检修

1. 了解手动变速器的作用。
2. 了解手动变速器的结构组成。
3. 了解同步器的组成及工作原理。
4. 掌握手动变速器变速原理。
5. 了解手动变速器操纵系统的结构及工作原理。

1. 能够对手动变速器进行挡位动力传递分析。
2. 能够正确分解手动变速器。
3. 能够对手动变速器零部件进行检修。
4. 能够正确组装手动变速器。

一辆 1.6 L 宝来轿车，装备 OA4 手动变速器，已行驶 9.8 万 km，现原地停车，发动机怠速运转时噪声大，当踩下离合器踏板时噪声减小，在行驶中的噪声与怠速时相同。经诊断需要分解变速器，如何分解呢？需要检查哪些项目呢？如何检查呢？

【基本知识】

一、变速器概述

1. 变速器的功用

（1）实现变速、变矩。

汽车上所应用的发动机具有转矩变化范围小、转速高的特点，这与汽车实际的行驶状况是不相适应的。如果没有变速器而直接将发动机与驱动桥连接在一起，首先发动机由于转矩小，不能克服汽车的行驶阻力，使汽车根本无法起步；其次即使汽车行驶起来，也会由于车速太高而不实用，甚至无法驾控。所以必须改造发动机的转矩、转速特性，使发动机的转矩增大、转速下降以适应汽车实际行驶的要求。变速器是通过不同的挡位来实现这一功能的。

（2）实现倒车。

发动机的旋转方向从前往后看为顺时针方向，且不能改变，为了实现汽车的倒向行驶，变速器中设置了倒挡。

（3）实现中断动力传动。

在发动机起动、怠速运转、变速器换挡、汽车滑行和暂时停车等情况下，都需要中断发动机的动力传递，因此变速器中设有空挡。

2. 变速器的类型

现代汽车上所采用的变速器有多种结构形式，一般可以按照传动比和操纵方式进行分类。

1) 按传动比的变化方式分类

变速器按传动比的级数可分为有级式、无级式和综合式三种。

（1）有级式变速器。

有级式变速器采用齿轮传动，具有若干个定值传动比。乘用车和轻、中型货车的变速器多采用 4~6 个前进挡和一个倒挡，每个挡位对应一个传动比。重型汽车行驶的路况复杂，变速器的挡位较多，可有 8~20 个挡位。

齿轮式变速器具有结构简单、易于制造、工作可靠和传动效率高等优点。

齿轮式有级变速器按照结构不同又可以分为二轴式和三轴式变速器。二轴式变速器广泛应用于发动机前置前轮驱动的乘用车，而三轴式变速器可应用于其他各类型车辆。

常见的手动变速器、DSG 变速器等属于齿轮式有级变速器。

（2）无级式变速器。

无级式变速器英文缩写为 CVT，它的传动比的变化是连续的。目前，无级式变速器一般都采用金属带传递动力，通过主、从动带轮直径的变化实现无级变速。这种变速器在中、高级乘用车上的应用越来越多，如奥迪 A6L、日产天籁和斯巴鲁力狮。

（3）综合式变速器。

综合式变速器是由液力变矩器和有级齿轮式变速器组成的，一般都是由微处理器来自动控制换挡的，所以多把这种变速器称为自动变速器。这种变速器的传动比可在最大值与最小值之间的几个间断的范围内作无级变化，目前其应用较多。

2) 按变速器操纵方式分类

按变速器操纵方式，可分为手动变速器、自动变速器和手动自动一体变速器三种。

（1）手动变速器。

手动变速器的英文缩写为 MT。它是通过驾驶员用手操纵变速杆来选定挡位的，并且它直接操纵变速器的换挡机构进行挡位变换。齿轮式有级变速器大多数都采用这种换挡方式。

（2）自动变速器。

这种变速器的自动控制系统根据发动机的负荷和车速的变化情况自动地选定挡位，并进行挡位变换，即自动地改变传动比。驾驶员只需要操纵加速踏板控制车速即可，如常见的 AT 变速器、DSG 变速器和 CVT 变速器。

（3）手动自动一体变速器。

这种变速器可以自动换挡，也可以手动换挡。

3. 普通齿轮变速器的工作原理

1) 变速变矩原理

普通齿轮变速器是利用不同齿数的齿轮啮合传动来实现转矩和转速的改变的。

齿轮传动的基本原理如图 2-1 所示，一对齿数不同的齿轮啮合传动时可以实现变速，而且两齿轮的转速比与其齿数成反比。设主动齿轮转速为 n_1，齿数为 z_1，从动齿轮转速为 n_2，齿数为 z_2。主动齿轮（输入轴）转速与从动齿轮（输出轴）转速之比值称为传动比，用字母 i_{12} 表示。

即由齿轮 1 传到齿轮 2 的传动比

$$i_{12} = \frac{n_1}{n_2} = \frac{z_2}{z_1}$$

当小齿轮为主动齿轮，带动大齿轮转动时，输出转速降低，即 $n_2<n_1$，称为减速传动，此时传动比 $i>1$，如图 2-1（a）所示；当大齿轮驱动小齿轮时，输出转速升高，即 $n_2>n_1$，称为增速传动，此时传动比 $i<1$，如图 2-1（b）所示。这就是齿轮传动的变速原理。汽车变速器就是根据这一原理利用若干大小不同的齿轮副传动而实现变速的。

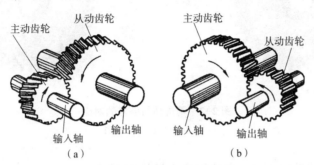

图 2-1 齿轮传动的基本原理

（a）减速传动；（b）增速传动

在齿轮传动中，如不计能量损失，根据能量守恒定律，输入功率等于输出功率，即

$$P_1 = P_2 \quad 而 \quad P_1 = \frac{M_1 n_1}{9\,550}, \quad P_2 = \frac{M_2 n_2}{9\,550}$$

式中，P_1、P_2 分别表示输入功率、输出功率，单位是 kW；n_1、n_2 分别表示输入转速、输出转速，单位是 r/min；M_1、M_2 分别表示输入转矩、输出转矩，单位是 N·m。

由 $P_1 = P_2$ 可得

$$i_{12} = \frac{n_1}{n_2} = \frac{M_2}{M_1}$$

2）变向原理

如图 2-2 所示，通过增加一级齿轮传动副实现倒挡。二轴式变速器在前进挡时，动力由输入轴传给输出轴，只经过一对齿轮传动，两轴的转动方向相反。倒挡时，动力由输入轴传给倒挡轴，再由倒挡轴传给输出轴，经过两对齿轮传动，输入轴与输出轴转动方向相同。

3）多级齿轮传动原理

图 2-3 所示为两级齿轮传动示意，齿轮 1 为主动齿轮，驱动齿轮 2 转动，齿轮 3 与齿轮 2 固连在一起，再驱动齿轮 4 转动并输出动力，此时由齿轮 1 传到齿轮 4 的传动比为

$$i_{14} = \frac{n_1}{n_4} = \frac{(z_2 z_4)}{(z_1 z_3)} = i_{12} i_{34}$$

因此，可以总结出多级齿轮传动的传动比为

i = 所有从动齿轮齿数的乘积/所有主动齿轮齿数的乘积

= 各级齿轮传动比的乘积

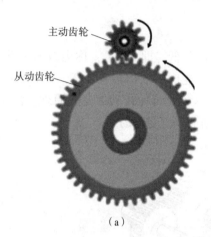
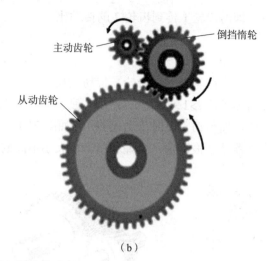

图 2-2 前进挡与倒挡的对比
(a) 前进挡；(b) 倒挡

变速器各挡的传动比 i 就是变速器输入轴转速与输出轴转速之比或输出转矩与输入转矩之比。

一般轿车和轻、中型客货车的变速器通常有 4~6 个前进挡和一个倒挡，每个前进挡对应一个传动比。所谓几挡变速器是指其前进挡数。

当 $i>1$ 时，$n_{输出}<n_{输入}$，$M_{输出}>M_{输入}$，此时可实现降速增矩，为变速器的低挡位；当 $i=1$ 时，$n_{输出}=n_{输入}$，$M_{输出}=M_{输入}$，为变速器的直接挡；当 $i<1$ 时，$n_{输出}>n_{输入}$，$M_{输出}<M_{输入}$，此时实现升速降矩，为变速器的超速挡。变速器挡位越低，传动比越大，输出转速越低，输出的转矩越大；挡位越高，传动比越小，输出转速越高，输出的转矩越小。

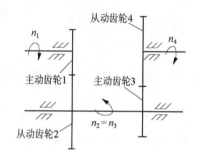

图 2-3 两级齿轮传动示意

二、手动变速器的变速传动机构

手动变速器包括变速传动机构和操纵机构两部分，变速器传动机构的主要作用是改变转速和转矩的大小、方向。操纵机构的作用是实现换挡。

1. 构造

图 2-4 所示为一汽宝来的 MQ200-02T 5 挡变速器结构图，图 2-5 所示为其结构简图。它有 5 个前进挡和 1 个倒挡，前进挡全部采用同步器换挡。输入轴也是离合器的从动轴，其前端通过滚子轴承支承在离合器壳体上，后端用球轴承支承在变速器壳体上，其上有倒挡和一挡、二挡固定齿轮，安装有三挡、四挡、五挡换挡齿轮及同步器。输出轴的前端通过滚子轴承支承在离合器壳体的支承孔内，后端则通过球轴承支承在变速器壳体上。输出轴上用花键套装着三挡、四挡、五挡固定齿轮与一挡、二挡同步器的花键毂和接合套，在一挡、二挡同步器处于中间位置时，其接合套上的直齿倒挡换挡齿轮与输入轴上的倒挡齿轮，通过安装

在倒挡轴上的中间齿轮的移动可以形成倒挡。倒挡轴是固定式轴，其轴端以过盈配合装配于壳体上的轴承孔内，其上套装有倒挡齿轮。

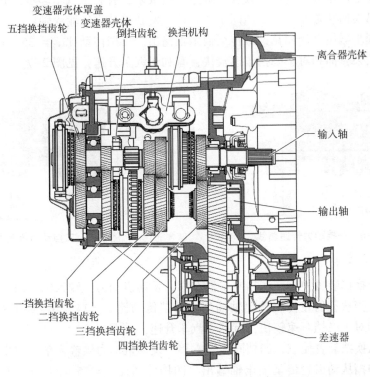

图 2-4　一汽宝来 MQ200-02T 5 挡变速器结构

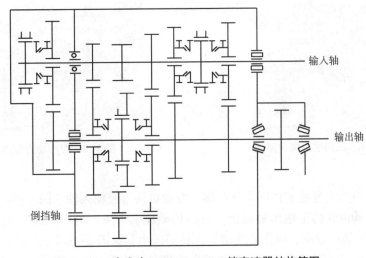

图 2-5　一汽宝来 MQ200-02T 5 挡变速器结构简图

2. 动力传动路线

一汽宝来 MQ200-02T 各挡齿轮动力传递路线如下。

一挡：操纵换挡装置使一、二挡同步器左移，发动机动力经输入轴、一挡主动齿轮、一挡从动齿轮、同步器接合套和花键毂传至输出轴输出。一挡传动比 $i_1 = 33：10 = 3.3$，一挡传动比数值较其他挡位大，可产生较大的减速增矩效果，有利于汽车起步，见图2-6。

二挡：操纵换挡装置使一、二挡同步器右移，发动机动力经输入轴、二挡主动齿轮、二挡从动齿轮、同步器接合套和花键毂传至输出轴输出。二挡传动比 $i_2 = 35：18 = 1.944$，仍产生减速增矩效果，但相对于一挡车速较快，有利于汽车升速，见图2-7。

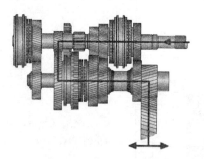

图2-6 一挡动力传递路线

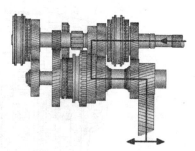

图2-7 二挡动力传递路线

三挡：操纵换挡装置使三、四挡同步器左移，发动机动力经输入轴、同步器花键毂、三挡主动齿轮、三挡从动齿轮传至输出轴输出。三挡传动比 $i_3 = 34：26 = 1.308$，仍产生减速增矩效果，但相对于二挡车速较快，有利于汽车升速，见图2-8。

四挡：操纵换挡装置使三、四挡同步器右移，发动机动力经输入轴、同步器花键毂、四挡主动齿轮、四挡从动齿轮传至输出轴输出。四挡传动比 $i_4 = 35：34 = 1.029$，由于四挡传动比接近1，所以近似直接挡效果，见图2-9。

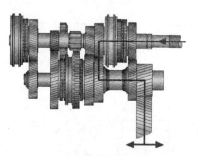

图2-8 三挡动力传递路线

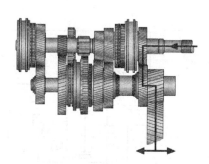

图2-9 四挡动力传递路线

五挡：操纵换挡装置使五挡同步器右移，发动机动力经输入轴、同步器花键毂、五挡主动齿轮、五挡从动齿轮传至输出轴输出。五挡传动比 $i_5 = 36：43 = 0.837$，由于五挡传动比小于1，因此产生超速效果，输出转速增加，转矩减小，见图2-10。

倒挡：操纵换挡装置使倒挡轴上的倒挡齿轮移向与处于空挡位置的一、二挡同步器接合套外壳上的直齿轮啮合，发动机动力经倒挡主动齿轮，倒挡齿轮，倒挡从动齿轮，一、二挡同步器花键毂传至输出轴输出。因为相对于其他前进挡位多出一个传动齿轮，改变了传动方向，所以得到反向输出效果，见图2-11。

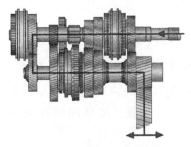
图2-10 五挡动力传递路线

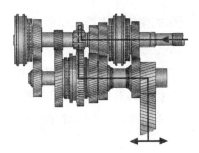
图2-11 倒挡动力传递路线

三、同步器

目前所采用的同步器几乎都是摩擦式惯性同步器。惯性同步器是依靠摩擦作用实现同步的，在其上面设有专门机构，以保证接合套与待啮合的齿圈在达到同步之前不能接触，从而避免齿间冲击。

1. 锁环式惯性同步器构造

锁环式惯性同步器的结构如图2-12所示，花键毂用内花键套装在二轴外花键上，用垫圈、卡环轴向定位。花键毂两端与齿轮之间各有一个青铜制成的锁环（同步环）。锁环上有短花键齿圈，其花键的尺寸和齿数与花键毂、齿轮的外花键齿相同。两个齿轮和锁环上的花键齿，靠近接合套的一端都有倒角（锁止角），与接合套齿端的倒角相同。锁环有内锥面，与齿轮的外锥面锥角相同。在锁环内锥面上制有细密的螺纹（或直槽），当锥面接触后，它能及时破坏油膜，增加锥面间的摩擦力。锁环内锥面摩擦副称为摩擦件，外沿带倒角的齿圈是锁止件，锁环上还有三个均布的缺口。三个滑块分别装在花键毂上三个均布的轴向槽内，沿槽可以轴向移动。滑块被两个弹簧圈的径向力压向接合套，滑块中部的凸起部位压嵌在接合套中部的环槽内。滑块和弹簧是推动件。滑块两端伸入锁环的缺口中，滑块窄，缺口宽，两者之差等于锁环的花键齿宽。锁环相对滑块顺转和逆转都只能转动半个齿宽，且只有当滑块位于锁环缺口的中央时，接合套与锁环才能接合。

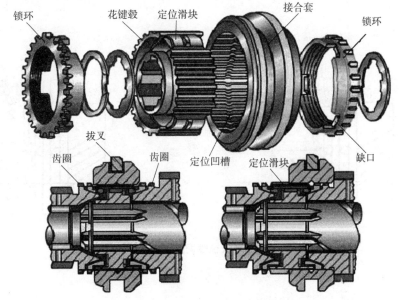

图2-12 锁环式惯性同步器的结构

2. 锁环式惯性同步器工作原理

以二挡换三挡为例，说明同步器的工作原理，如图2-13所示。

（1）空挡位置。接合套刚从二挡退入空挡时；如图2-13（a）所示，三挡齿轮、接合套、锁环以及与其有关联的运动件，因惯性作用而沿原方向继续旋转（图示箭头方向）。由于齿轮是高挡齿轮（相对于二挡齿轮来说），因此接合套、锁环的转速低于齿轮的转速。

（2）挂挡。欲换入三挡时，驾驶员通过变速杆使拨叉推动接合套连同滑块一起向左移动，如图2-13（b）所示，滑块又推动锁环移向齿轮，使锥面接触。驾驶员作用在接合套上的轴向推力使两锥面有正压力N，又因两者有转速差，所以产生摩擦力矩，如图2-13（c）所示。通过摩擦作用，齿轮带动锁环相对于接合套向前转动一个角度，使锁环缺口靠在滑块的另一侧（上侧）为止，此时接合套的内齿与锁环上错开了约半个齿宽，接合套的齿端倒角面与锁环的齿端倒角面互相抵住，如图2-13（d）所示。

（3）锁止。驾驶员的轴向推力使接合套的齿端倒角面与锁环的齿端倒角面之间产生正压力，形成一个企图拨动锁环相对于接合套反转的力矩，这一力矩称为拨环力矩。这样，在锁环上同时作用着方向相反的摩擦力矩和拨环力矩，同步器的结构参数可以保证在同步前（存在摩擦力矩）拨环力矩始终小于摩擦力矩，所以在同步之前无论驾驶员施加多大的操纵力，都不会挂上挡，即产生锁止作用，如图2-13（e）所示。

（4）同步啮合。随着驾驶员施加于接合套上的推力加大，摩擦力矩不断增加，使齿轮的转速迅速降低。当齿轮、接合套和锁环达到同步时，作用在锁环上的摩擦力矩消失，如图2-13（f）所示，此时在拨环力矩的作用下，锁环、齿轮以及与之相连的各零件都相对于接合套反转一角度，如图2-13（g）所示，滑块处于锁环缺口的中央，键齿不再抵触，锁环的锁止作用消除。接合套压下弹簧圈继续左移（滑块脱离接合套的内环槽而不能左移），与锁环的花键齿圈进入啮合，进而再与齿轮进入啮合，换入三挡，如图2-13（h）所示。

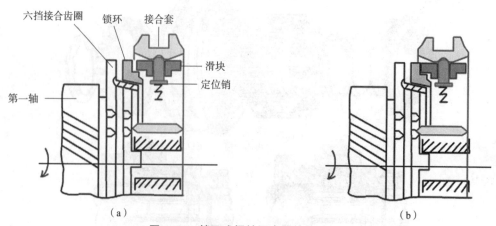

图2-13 锁环式惯性同步器的工作原理

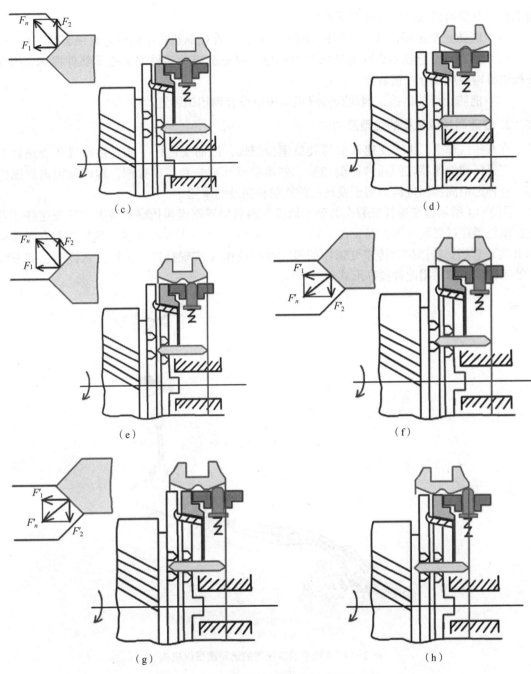

图 2-13 锁环式惯性同步器的工作原理（续）

锁环式同步器尺寸小，结构紧凑，摩擦力矩也小，多用于轿车和轻型车辆。

四、手动变速器的操纵机构

1. 变速器操纵机构的功用与要求

变速器操纵机构的功用是保证驾驶员根据汽车使用条件，准确可靠地使变速器挂入所需要的挡位工作，并可随时使之退入空挡。为了使变速器在任何情况下都能准确、安全、可靠地工作，对变速器操纵机构提出下列要求：

（1）能防止变速器自动换挡和自动脱挡，因此，在操纵机构中应设有自锁装置。

（2）能保证变速器不会同时挂入两个挡位，以免造成发动机熄火或零部件损坏。因此在操纵机构中应设有互锁装置。

（3）能防止误挂倒挡，因此在操纵机构中应设有倒挡锁装置。

2. 变速器操纵机构的类型及构造

在有些汽车上，由于变速器离驾驶员座位较远，因而变速杆不能直接布置在变速器盖上。变速杆和变速器之间通常需要加装一些辅助杠杆或一套传动机构，构成远距离操纵机构。这种远距离操纵机构多用于发动机前置前轮驱动的乘用车。

图 2-14 所示为变速杆安装在驾驶室地板上的典型双钢索换挡联动装置，其变速杆在驾驶员座位旁穿过驾驶室地板安装在车架上，中间通过一根选挡拉索传递变速杆的左右摆动动作 B 实现选挡，挂挡拉索传递变速杆的前后移动动作 A 实现挂挡。一汽大众捷达、宝来汽车的手动变速器采用此种操纵形式。

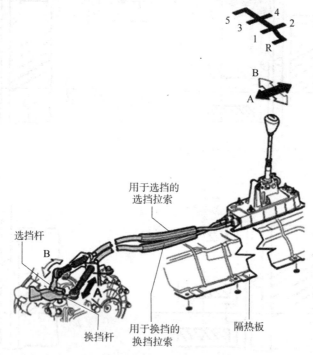

图 2-14　5 挡手动变速器的远距离操纵机构

轿车手动变速器的操纵机构由外操纵机构和内操纵机构组成。外操纵机构主要由变速杆、换挡装置壳体、选挡拉索、换挡拉索等组成，如图 2-15 所示，变速杆通过一系列中间连接杆件、选挡拉索、换挡拉索操纵变速器换挡轴，进行选挡、换挡。手动变速器内操纵机构结构如图 2-16 所示，选挡拉索通过转向杆使换挡轴上下运动完成选挡；换挡拉索通过带平衡重的换挡杆使换挡轴旋转，完成换挡操作。

拉索操纵装置隔离了传动系统的振动，拉索连接着变速杆和变速器，将变速杆的动作传递给变速器（换挡轴）。

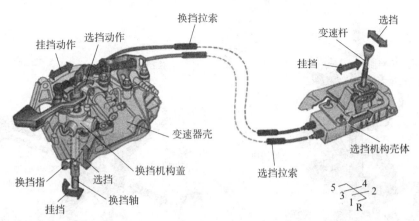

图 2-15 手动变速器外操纵机构

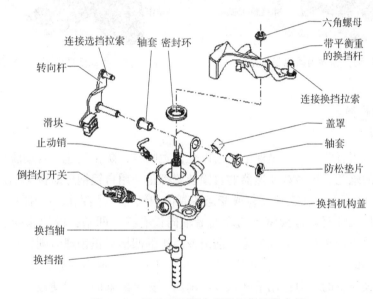

图 2-16 手动变速器内操纵机构结构分解

手动变速器内操纵机构结构如图 2-17 所示，主要由换挡轴、换挡机构盖和内部换挡模块组成。内部换挡模块包括换挡盘、换挡拨叉、换挡块和轴承。每个换挡盘杆分别与各挡换挡拨叉相连。

选挡动作：变速杆的选挡动作通过变速选挡机构、选挡拉索进行方向转化后，再通过变速器外部换挡机构的转向杆转化为换挡轴的上下运动。在变速器内，这个上下动作使换挡轴上的换挡指与相应挡位的换挡盘凸轮槽啮合，从而选定挡位。

换挡动作：挡位选定后，通过变速杆将挂挡动作传递到换挡拉索，使得带平衡重的换挡杆带动换挡轴旋转。滑块用于保持选挡拉索的转向杆在选定位置不变。换挡轴上的换挡指旋转时，移动与之啮合的换挡盘，从而驱动该换挡盘连接的换挡拨叉移动，挂入相应的挡位。

轿车用手动变速器操纵机构除了上述结构外，还有一种常用结构，如图 2-18 所示，变速杆的选挡动作通过选挡拉索使换挡轴轴向运动完成选挡，变速杆的挂挡动作通过换挡拉索及相关杆件后转化为换挡轴的旋转运动。该结构的内换挡操纵机构类似于直接操纵式的内换挡机构，换挡轴上的换挡指进而使拨块及拨叉向前或向后移动，实现挂挡。

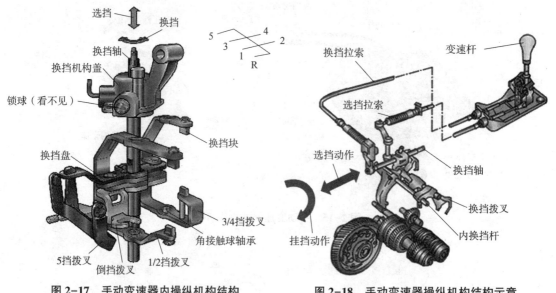

图 2-17 手动变速器内操纵机构结构　　图 2-18 手动变速器操纵机构结构示意

3. 定位锁止机构

1) 自锁装置

自锁装置的作用有两个：一是保证轮齿以全齿宽啮合，防止变速器自动脱挡或掉挡；二是给驾驶员换挡的感觉。大多数变速器的自锁装置都是采用自锁钢球对拨叉轴进行轴向定位锁止的。如图 2-19 所示，在变速器盖或变速器壳体中钻有一个深孔，孔中装入自锁钢球和自锁弹簧。每根拨叉轴对着自锁钢球的表面沿轴向设有三个凹槽，槽的深度小于钢球的半径。中间的凹槽对正钢球时为空挡位置，前边或后边的凹槽对正钢球时则处于某一工作挡位置，相邻凹槽之间的距离保证齿轮处于全齿长啮合或是完全退出啮合。中间凹槽对正钢球时，钢球便在自锁弹簧的压力作用下嵌入该凹槽内，拨叉的轴向位置便被固定，不能自行挂挡或自行脱挡。当需要换挡时，驾驶员通过变速杆对拨叉轴施加一定的轴向力，克服自锁弹

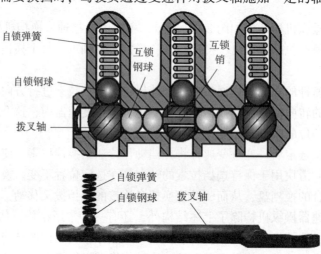

图 2-19 手动变速器的自锁和互锁装置

簧的压力而将自锁钢球从拨叉轴凹槽中挤出并推回孔中，拨叉轴便可滑过钢球进行轴向移动，并带动拨叉及相应的接合套或滑动齿轮轴向移动，当拨叉轴移至其另一凹槽与钢球相对正时，钢球又被压入凹槽（此动作传到变速杆手柄上，使驾驶员具有很强的手感），此时拨叉所带动的接合套或滑动齿轮便被拨入空挡或被拨入另一工作挡位。

2）互锁装置

互锁装置可以阻止两个拨叉轴同时移动，防止同时挂入两个挡位，避免因同时啮合的两挡齿轮的传动比不同而互相卡住，造成运动干涉甚至造成零件损坏。

如图2-20和图2-21所示，互锁装置由互锁钢球和互锁销组成。在变速器壳体内三根拨叉轴之间的孔道中装有两个互锁钢球，每根拨叉轴朝向互锁钢球的侧面上都制有一个深度相等的凹槽，中间拨叉轴的两侧都有凹槽，凹槽之间钻有通孔，互锁销就装在该通孔中。两个互锁钢球的直径之和正好等于相邻两拨叉轴圆柱表面之间的距离加上一个凹槽的深度，互锁销的长度则等于拨叉轴的直径减去一个凹槽的深度。

当变速器处于空挡时，所有拨叉轴的侧面凹槽同互锁钢球、互锁销都在一条直线上。当移动中间拨叉轴2时，如图2-20（a）所示，拨叉轴2两侧的内钢球从其侧凹槽中被挤出，而两外钢球则分别嵌入拨叉轴1和3的侧面凹槽中，因而将拨叉轴1和3刚性地锁止在空挡位置。若欲移动拨叉轴3，则应先将拨叉轴2退回到空挡位置，拨叉轴3移动时将轴上凹槽内钢球挤出，通过互锁销推动另一侧两个钢球移动，拨叉轴1、2均被锁止在空挡位置，如图2-20（b）所示。同理，当移动拨叉轴1时，拨叉轴2和3被锁止在空挡位置，如图2-20（c）所示。由此可知，互锁装置工作的机理是当驾驶员用变速杆推动某一拨叉轴时，自动锁止其余拨叉轴，从而防止同时挂上两个挡位。

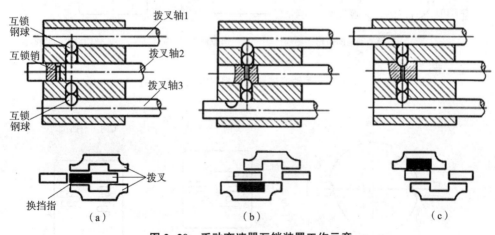

图 2-20 手动变速器互锁装置工作示意

图 2-21 手动变速器的互锁装置结构

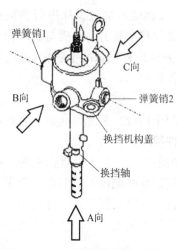

图 2-22 所示的变速器操纵机构的自锁和互锁装置与上述的结构有所不同。换挡轴上端装有凸轮，安装在换挡机构盖内，凸轮是空心结构，其上有换挡轨道。在换挡机构盖上安装有两个弹簧销 1、2 和一个定位销，定位销内端处于凸轮上的换挡轨道内。当处于空挡时，弹簧销 1 处于凸轮的中间凹槽内（如图 2-23（a）所示），弹簧销 2 处于凸轮最低点（如图 2-23（b）所示），换挡轴被锁止在空挡，此时定位销在换挡轨道内的位置如图 2-23（c）所示。当进行挂挡操作时，以挂一挡为例，换挡轴及其上的凸轮将先向下再顺时针旋转（从 A 向看）。在这个过程中，弹簧销 1 先被凸轮挤出中间凹槽，再压入另一凹槽内（如图 2-24（a）所示），弹簧销 2 也将限制凸轮的位置（如图 2-24（b）所示），实现自锁。

图 2-22 手动变速器换挡机构结构

此时定位销处于换挡轨道上的一挡位置（如图 2-24（c）所示），定位销在换挡轨道内只能挂入一个挡位，进而实现互锁。

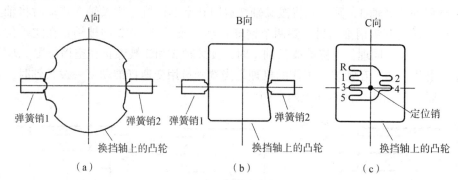

图 2-23 手动变速器挂空挡时换挡机构位置

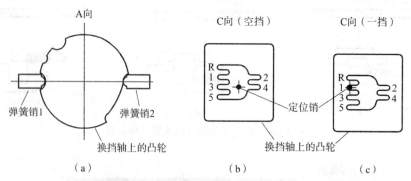

图 2-24 手动变速器的自锁和互锁原理

3）倒挡锁装置

倒挡锁装置可以防止汽车在前进中因误挂倒挡而造成极大的冲击，使零件损坏，并防止汽车在起步时因误挂倒挡而造成安全事故。它要求驾驶员必须进行与挂前进挡不同的操纵方式或对变速杆施加更大的力，才能挂入倒挡，起到提醒作用。

倒挡锁有多种类型，最常用的是弹簧锁销式倒挡锁装置，如图 2-25 所示，它一般由倒挡锁销及倒挡锁弹簧组成，并将其安装在一挡、倒挡拨块相应的孔中。当驾驶员想挂倒挡时，必须用较大的力克服变速杆下端压缩弹簧力，将锁销推入锁销孔内，才能使变速杆下端进入拨块的凹槽中进行换挡。

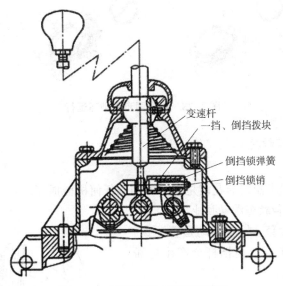

图 2-25　弹簧锁销式倒挡锁装置

提拉式、按压式和按钮式的倒挡锁止装置被安装在变速杆下方的选挡机构壳体中。当挂倒挡时，防错挡板会限制变速杆的移动，只有解除倒挡锁止机构后，才可以进行挂倒挡操作。

五、手动变速器的部件检修

1. 检查同步器锁环

1) 目测检查同步器锁环

确保同步器锁环内表面凹槽没有磨损。同时也要确保同步器锁环内表面没有擦伤或机械损坏，如图 2-26 所示。

2) 测量同步器锁环与齿轮之间的间隙

用手按压齿轮和同步器锁环，如图 2-27 所示。保持按压的同时，用厚度规测量整个外圈的间隙。当同步器锁环的内表面周边磨损时，锁环沉向齿轮，同步器锁环与齿轮之间的间隙变小。

图 2-26　检查内表面

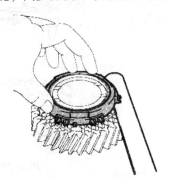

图 2-27　测量锁环与齿轮之间的间隙

3）检查同步器锁环运行情况

用手按压同步器锁环以便与齿轮锥装在一起,然后确保用力转动时,同步器锁环不滑动,如图2-28所示。

图 2-28　检查同步器锁环运行

2. 检查同步器毂和毂套

1）目测检查

检查同步器毂和同步器毂套花键是否有擦伤或任何机械损坏。

2）检查同步器毂和毂套滑动性能

接合同步器毂和毂套,检查滑动是否顺畅。如果同步器毂和毂套卡滞,换挡杆会产生拖滞感觉,如图2-29所示。

3. 检查毂套和换挡拨叉

1）目测检查

检查拨叉和毂套接触区域是否有擦伤或机械损坏。

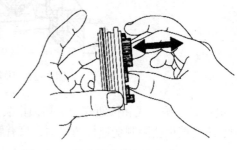

图 2-29　检查同步器毂和毂套滑动性能

2）测量毂套和拨叉间隙

如图2-30所示,计算毂套和拨叉之间间隙,使用游标卡尺测量若干位置的毂套宽度（A）和拨叉厚度（B）。当超过间隙值时,齿轮由于冲程不够,不能顺利接合。

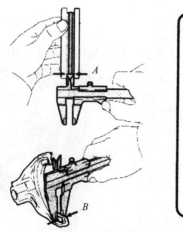
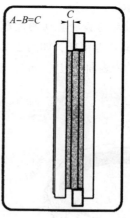

图 2-30　测量毂套和拨叉间隙

4. 检查齿轮

通过轴承将齿轮连接到轴上。当齿轮内径和轴外径磨损时，径向间隙变大，这样，齿轮很难正确接合并且会导致异常噪声。

1) 目测检查齿轮

（1）检查齿轮花键和轴接触表面是否有任何擦伤或机械损坏。

（2）检查齿轮锥和同步器锁环接触表面是否有任何变色现象。

2) 测量齿轮内径

使用卡规在若干位置测量齿轮内径，如图 2-31 所示。

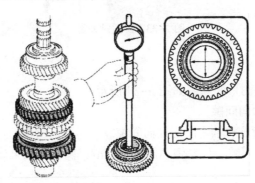

图 2-31　测量齿轮内径

5. 轴的检查

当轴摆动增加时，轴颈外径因磨损而减小，齿轮很难正确接合并且会导致异常噪声。在极端环境下，齿轮将损坏。

1) 目测检查轴颈

检查是否有擦伤、损坏或褪色。

2) 测量跳动

将轴设在 V 形块上，当轴转动时，用百分表测量轴跳动，如图 2-32 所示。

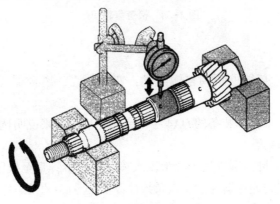

图 2-32　测量轴跳动

3) 测量外径

使用测微计在若干环形位置测量每个轴颈的外径，如图 2-33 所示。

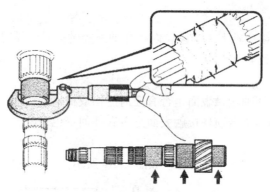

图 2-33　测量轴外径

6. 检查齿轮间隙

使用厚度规和百分表测量间隙，如图 2-34 所示。

(1) 用厚度规测量轴向间隙。

(2) 用百分表测量齿轮和轴之间的径向间隙。

如果没有充足的齿轮间隙，齿轮将不能完全润滑；同样，如果该间隙过大，齿轮将跳离啮合，装置将产生异常噪声。

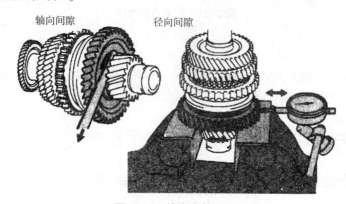

图 2-34　检查齿轮间隙

7. 调整输入轴

更换下列部件后，必须重新调整输入轴：变速器壳、离合器壳、输入轴、圆锥滚子轴承。

以速腾、迈腾及宝来轿车装备的 OA4 手动变速器为例，来说明调整输入轴的一般步骤。

1) 确定调整垫片厚度

将不带调整垫片的外圈/圆锥滚子轴承压入离合器壳中，直至极限位置。将输入轴安装到离合器壳中，然后安装变速器壳。将六角螺栓以 25 N·m 的扭矩拧紧并继续旋转 90°。将测量工装和百分表安装到离合器壳内（变速器壳内的大圆锥滚子轴承），如图 2-35 所示。开始测量前旋转传动轴，以便圆锥滚子轴承就位。以 1 mm 的预紧量将百分表调整到"0"。每一次继续测量前必须重复该过程，否则百分表无法回到初始位置。将输入轴压向百分表方向（箭头方向）。读取并记录百分表上的间隙值（如 1.21 mm）。从表格中确定调整垫片的厚度（如 1.175 mm）。

2）安装调整垫片

拆下输入轴，然后用压盘 VW 447i 将外圈/圆锥滚子轴承从变速器壳中压出。用压盘 VW510 将外圈/圆锥滚子轴承与 1.175 mm 的调整垫片一起压入变速器壳体内。

安装变速器壳体并以 25 N·m 的力矩拧紧六角螺栓，然后继续旋转 90°。

3）检验测量结果

安装测量工装和百分表，如图 2-35 所示，旋转输入轴，以便圆锥滚子轴承就位。沿箭头方向拉动传动轴，轴承间隙应在 0.01~0.09 mm。

如果无法测量到轴承间隙，但是输入轴又具有可感觉到的旷摆间隙且可以略微转动，则说明调整正常。

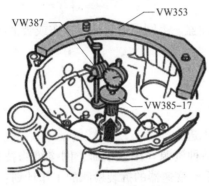

图 2-35　调整输入轴

8. 调整输出轴

更换下列部件后，必须重新调整输出轴：动力装置、离合器壳或圆锥滚子轴承。

以速腾、迈腾及宝来轿车装备的 OA4 手动变速器为例，来说明调整输出轴的一般步骤。

1）确定调整垫片厚度

如图 2-36 所示，将带一片 0.65 mm 厚的调整垫片的小圆锥滚子轴承外圈压入离合器壳体中至极限位置，安装输出轴，将轴承托架的螺母以 25 N·m 的扭矩拧紧并继续旋转 90°。装上百分表（3 mm 测量范围）并用 1 mm 预紧量调整到"0"。来回移动输出轴，读取并记录百分表上的间隙值（如 0.30 mm）。

2）确定调整垫片

在得出的测量值（0.30 mm）和插入的调整垫片厚度（0.65 mm）上加上一个恒定的压力值（0.20 mm），就达到了规定的轴承预应力。

举例：装入的垫片 0.65 mm + 测量值 0.30 mm + 压力（恒定值）0.20 mm = 调整垫片厚度 1.15 mm。

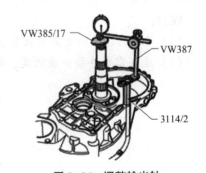

图 2-36　调整输出轴

3）安装调整垫片

拆卸输出轴，拉出小圆锥滚子轴承外圈，如果测得的垫圈厚度大于所列数值，则可以安装 2 个符合测量值的垫圈。不同的公差可确保对必要的垫圈厚度进行精确的测量。

压入外圈/小圆锥滚子轴承和确定的调整垫片（如 1.15 mm）并安装输出轴。将离合器壳中轴承托架的螺母以 25 N·m 的力矩拧紧并继续旋转 90°。

【任务实施】

一、任务实施准备

（1）场地：理论实训一体化多媒体实训室；
（2）工具：通用 54 件组合扳手、卡簧钳、橡胶锤、一字螺丝刀、油封拆装专用工具等；
（3）量具：游标卡尺、螺旋测微计、钢板尺、塞尺、百分表、磁力表座等；
（4）手动变速器；
（5）备品：接油盆、洗油盆、毛刷、齿轮油、抹布或吸油纸；
（6）车辆维修手册；
（7）实训工单。

二、任务实施步骤

（1）组织学生对基本知识进行学习；
（2）组织学生分组利用各种资源（维修手册、网络维修技术平台等）查询实训手动变速器的拆装检测标准，制订手动变速器的拆装检测的工作计划；
（3）学生小组汇报工作计划；
（4）教师对学生工作计划进行点评；
（5）组织学生对手动变速器进行拆装检测，教师对不正确的操作给予指导；
（6）填写实训工单；
（7）教师接收学生完成的实训工单，利用考核单进行考核，对该实训任务进行总结，包括教师答疑、学生总结、教师总结。

注意：
（1）排出的齿轮油要集中收集，统一处理，不可随意丢弃。
（2）废弃零部件要分类收集，统一处理，不可随意丢弃。

手动变速器检修 实训工单

学生姓名：_____ 班级：_____ 实训日期：_____

序号	实训项目	完成状况及检测结果
1	工具准备	
2	维修手册准备	
3	手动变速器放油	
4	手动变速器分解	
5	分解输入轴	
6	分解输出轴	
7	清洗手动变速器零部件	
8	检查同步器	
9	检查毂套和换挡拨叉	
10	检查齿轮损坏	
11	检查输入轴、输出轴	
12	组装输入轴	
13	组装输出轴	
14	检查齿轮间隙	
15	组装变速器	
16	调整输入轴	
17	调整输出轴	
实训总结	实训结论	实训收获与反思

手动变速器检修 考核单

学生姓名： 考核项目： 考核成绩：

序号	项目	分值	扣分标准	得分
1	实训准备工作	5	每缺少1项扣1分	
2	工量具正确使用	10	每错误1次扣2分	
3	维修手册正确使用	5	每错误1次扣1分	
4	操作规范性	60	每错误1次扣1分	
5	实训工单填写	10	未填写扣10分	
6	5S	10	每缺少1项扣2分	
7	是否出现危险行为		出现人身危险总成绩0分；出现车辆危险扣20分；出现工具设备危险扣10分	
	合计	100		

教师评语

考核教师：

_____年___月___日

任务六 驱动桥检修

1. 了解驱动桥的作用。
2. 了解驱动桥的结构组成。
3. 了解差速器的组成及工作原理。
4. 了解四轮驱动系统的结构原理。
5. 了解万向传动装置的结构及工作原理。

1. 能够对驱动桥进行拆装。
2. 能够对主减速器和差速器进行检修。
3. 能够对主减速器和差速器进行调整。
4. 能够更换万向节。

一辆高尔夫 7 轿车,装备 OA4 手动变速器,已行驶 5.87 万 km,现高速行驶出现异常噪声,在驱动时非常明显,而收油时噪声减弱甚至消失,经诊断应该是驱动桥故障。驱动桥是什么?需要如何检修呢?

【基本知识】

一、驱动桥概述

1. 驱动桥的功用

驱动桥的功用是将变速器或万向传动装置传来的发动机动力经降速增矩改变传动方向后,分配给左、右驱动轮,并且允许左、右驱动轮以不同转速旋转。

2. 驱动桥的组成

如图 2-37 所示,驱动桥通常由主减速器、差速器、半轴和桥壳组成。主减速器可降速增矩,并可改变发动机转矩的传递方向,以适应汽车的行驶方向。差速器可保证左、右驱动轮以不同的转速旋转。半轴把转矩从差速器传到驱动轮。桥壳支撑汽车的部分质量,承受驱动轮上的各种力及力矩,并起到保护主减速器、差速器和半轴的作用。

3. 驱动桥的分类

按驱动轮与桥壳的连接关系,驱动桥分为整体式驱动桥和断开式驱动桥两种。

(1) 整体式驱动桥的整个车桥通过弹性悬架与车架相连。桥壳是刚性整体结构,两根半轴和驱动轮在横向平面内无相对运动。载货汽车多采用整体式驱动桥,如图 2-38 所示。

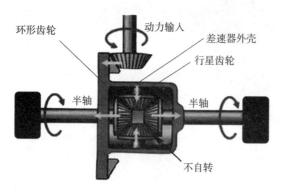
图 2-37 驱动桥示意

图 2-38 整体式驱动桥

（2）断开式驱动桥。一些轿车或越野汽车为了提高汽车行驶的平顺性或通过性，在它们的全部或部分驱动轮上采用独立悬架，即两侧驱动轮分别用弹性悬架与车架相连，两驱动轮彼此可独立地相对于车架或车身上下跳动。主减速器固定在车架或车身上，驱动桥壳制成分段式并以铰链方式相连，同时半轴也制成分段式且各段之间用万向节连接，如图 2-39 所示。

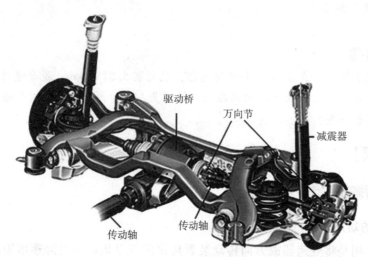
图 2-39 断开式驱动桥

二、主减速器

主减速器的功用是将输入的转矩增大并相应降低转速，且可根据需要改变转矩的方向。单级主减速器只有一对齿轮传动，它具有结构简单、质量轻、体积小、传动效率高等特点，如图 2-40 所示。

三、差速器

1. 差速器的功用

差速器的功用是将主减速器传来的动力传给左、右两半轴，并在必要时允许左、右两半轴以不同转速旋转，使左、右车轮相对地面纯滚动而不是滑动。

图 2-40 单级主减速器齿轮
(a) 零件图；(b) 传动图

当汽车转弯行驶时，内外两侧车轮中心在同一时间内移过的曲线距离不同，即外侧车轮移过的距离大于内侧车轮移过的距离，如图 2-41 所示。若两侧车轮都固定在同一刚性轴上，两轮加速度相等，则此时外侧车轮必然是边滚动边滑移，内侧车轮必然是边滚动边滑转。

车轮对地面的滑动不仅会加速轮胎的磨损、增加汽车的动力消耗，而且可能导致转向和制动性能的恶化。所以，在正常行驶条件下，应使车轮尽可能不发生滑动。差速器的作用就在于此。

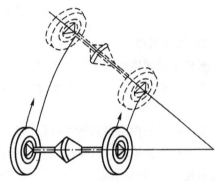

图 2-41 汽车转向时驱动车轮的运动示意

2. 对称式锥齿轮差速器

1）结构

如图 2-42 所示，常用的对称式锥齿轮差速器主要由 4 个行星齿轮、行星齿轮轴（十字轴）、2 个半轴齿轮及差速器壳等组成。差速器壳用螺栓或铆钉与主减速器从动齿轮相连接，与另一半差速器壳用螺栓相连。行星齿轮轴的 4 个轴颈上通过滑动轴承（衬套）装着 4 个行星齿轮。4 个行星齿轮的两侧各与一个半轴齿轮相啮合。行星齿轮与半轴齿轮均装在差速器壳内。垫片和垫圈用来减少齿轮与差速器壳的磨损。行星齿轮轴装在两个差速器左外壳和右外壳装配时形成的 4 个圆孔内。

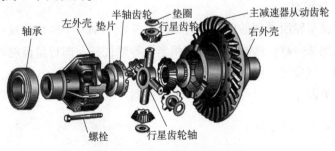

图 2-42 对称式锥齿轮差速器

由于中级以下轿车传递转矩不大，行星齿轮多用两个，如图 2-43 所示，相应的行星齿轮轴（十字轴）为一字轴，而差速器壳作成两边开孔的整体式。

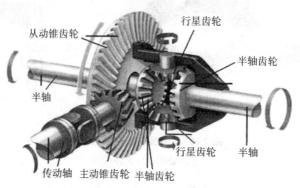

图 2-43　一字轴差速器

2）工作原理

来自主减速器的动力传给差速器壳、行星齿轮轴、行星齿轮、半轴齿轮，再经左右两半轴传至驱动轮。根据左、右两驱动轮遇到阻力的情况不同，差速器可使其等速转动或不等速转动。

差速器的工作原理如图 2-44 所示。主减速器传来的动力带动差速器壳（转速为 n_0）转动，经过行星齿轮轴、行星齿轮、半轴齿轮、半轴（转速分别为 n_1 和 n_2），最后传给两侧驱动车轮。

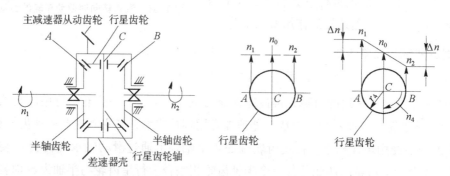

图 2-44　差速器的工作原理

（1）汽车直线行驶时。

此时，两侧驱动车轮所受到的地面阻力相同，并经半轴、半轴齿轮反作用于行星齿轮两啮合点 A 和 B（见图 2-44）。这时行星齿轮相当于等臂杠杆，即行星齿轮不自转，只随差速器壳和行星齿轮轴一起公转，两半轴无转速差，即 $n_1 = n_2 = n_0$，$n_1 + n_2 = 2n_0$。

同样，由于行星齿轮相当于等臂杠杆，主减速器传动差速器壳体上的转矩等分给两半轴齿轮（半轴），即 $M_1 = M_2 = \frac{1}{2} M_0$。

（2）汽车转向行驶时。

此时，两侧驱动车轮所受到的地面阻力不同。如果车辆右转，右侧（内侧）驱动车轮所受的阻力大，左侧（外侧）驱动车轮所受的阻力小。这两个阻力经半轴、半轴齿轮反作用于行星齿轮两啮合点 A 和 B（见图2-44），使行星齿轮除了随差速器壳公转外还顺时针自转。设自转转速为 n_0，则左半轴齿轮的转速增加，右半轴齿轮的转速降低，且左半轴齿轮增加的转速等于右半轴齿轮降低的转速。设半轴齿轮的转速变化为 Δn，则 $n_1 = n_0 + \Delta n$，$n_2 = n_0 - \Delta n$，即汽车右转时，左侧（外侧）车轮转得快，右侧（内侧）车轮转得慢，实现纯滚动。此时依然有 $n_1 + n_2 = 2n_0$。

由于行星齿轮的自转，行星齿轮孔与行星齿轮轴轴径间以及齿轮背部与差速器壳体之间都产生摩擦。如图2-45所示，行星齿轮所受的摩擦力矩 M_T，方向与其自转方向相反，并传到左、右半轴齿轮，使转得快的左半轴的转矩减小，转得慢的右半轴的转矩增大。因此，当左、右驱动车轮存在转速差时，$M_1 = (M_0 - M_T)/2$，$M_2 = (M_0 + M_T)/2$。但由于有推力垫片的存在，实际中的 M_T 很小，可以忽略不计，则 $M_1 = M_2 = \dfrac{1}{2} M_0$。

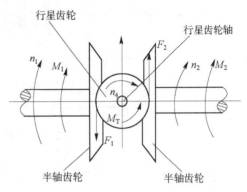

图2-45　差速器转矩分配原理

四、主减速器与差速器的检修与调整

主动锥齿轮和从动锥齿轮的调整正确与否，对于主减速器的使用寿命和运转平稳性起着决定性作用，主减速器和差速器总成拆装后，特别是更换某些零部件后，必须通过精确的测量、计算，选出合适的调整垫片；通过改变垫片的厚度来轴向移动变速器输出轴上的主动齿轮，使啮合印痕在最佳位置；通过改变垫片的厚度来轴向移动从动齿轮，使啮合间隙在规定的公差范围内。

从动锥齿轮和主动锥齿轮总成的调整部位如图2-46所示。根据零件的排列情况，会出现"间隙"，这在调整主动锥齿轮和从动锥齿轮时应该考虑。因此，在拆卸变速器之前，最好测量齿面的平均间隙。只要修理影响到主动锥齿轮和从动锥齿轮位置的零部件，必须重新测定调整垫片厚度 s_1、s_2 和 s_3。

1. 主减速器的轴承预紧度的调整

圆锥滚子轴承一般都是成对使用，装配时应使其具有一定的预紧度，以减小锥齿轮在传动过程中因轴向力而引起的轴向位移，提高轴的支承刚度，保证锥齿轮副的正确啮合。但轴承预紧度又不能过大，否则摩擦和磨损增大，传动效率降低。为此，设有轴承预紧度的调整装置。

主动锥齿轮轴承预紧度，可通过增减调整垫片 s_3 的厚度来调整。加垫片则变松，减垫片则变紧。从动锥齿轮（差速器壳）轴承预紧度则是通过增减调整垫片 s_1 和 s_2 之和来调整，加垫片则轴承预紧度增加；反之，轴承预紧度减小。只有圆锥滚子轴承的预紧度可调，而圆柱滚子轴承无须调整。

2. 锥齿轮啮合的调整

为了使齿轮传动工作正常、磨损均匀、延长其使用寿命，必须保证齿轮副正确的啮合。

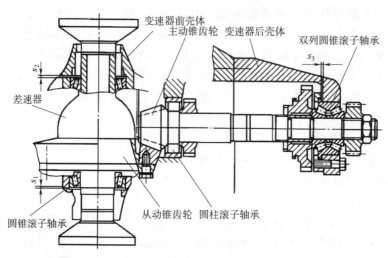

图 2-46　单级主减速器装配示意

s_1—调整垫片（从动锥齿轮一侧）；

s_2—调整垫片（与从动锥齿轮相对的一侧）；s_3—调整垫片

为此，需要对锥齿轮的啮合进行调整。锥齿轮啮合的调整是指齿面啮合印痕和齿侧啮合间隙的调整。

（1）齿面啮合印痕。先检查齿面啮合印痕，方法：在主动锥齿轮上相隔120°的三处用红丹油在齿的正反面各涂2~3个齿，再用手对从动锥齿轮稍微施加阻力并正、反向各转动主动齿轮数圈，观察从动锥齿轮上的啮合印痕。正确的啮合印痕如图2-47所示，应位于齿高的中间偏小端，并占齿宽60%以上。

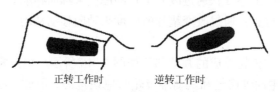

正转工作时　　逆转工作时

图 2-47　正确的啮合印痕

如果啮合印痕位置不正确，应进行调整，方法是移动主动锥齿轮。调整调整垫片 s_3 的厚度，使主动锥齿轮前移或后移。

（2）齿侧啮合间隙。调整啮合印痕移动主动锥齿轮后，主、从动锥齿轮的啮合间隙要发生变化。

啮合间隙的检查：将百分表抵在从动锥齿轮正面的大端处，用手把住主动锥齿轮，然后轻轻往复摆转从动锥齿轮即可显示间隙值。如果啮合间隙不符合要求，需要进行调整，方法是移动从动锥齿轮。当从动锥齿轮远离主动锥齿轮时，间隙变大，反之则变小。移动从动锥齿轮的方法是将一侧的调整垫片增加，另一侧调整垫片减少，增加与减少的厚度要相等。

不同类型主减速器的调整方法略有不同，但调整原理是相同的。

主减速器调整注意事项：

①要先进行轴承预紧度的调整，再进行锥齿轮啮合的调整。

②锥齿轮啮合调整时，啮合印痕首要，啮合间隙次要，否则将加剧齿轮磨损。但当啮合间隙超过规定时，应成对更换。

五、四轮驱动系统

所谓四轮驱动系统，又称全轮驱动系统，是指汽车前后轮都有动力的驱动系统。可按行驶路面状态不同而将发动机输出扭矩按不同比例分布在前后所有的轮子上，以提高汽车的行驶能力。一般用 4×4 或 4WD 来表示，如果一辆车上标有上述字样，那么就表示该车辆拥有四轮驱动的功能。

四轮驱动的车辆具有优越的行驶性能，其具体优点如下：

（1）高通过性。由于四轮驱动车辆的四个车轮都传递动力，因此车辆所获得的驱动力是两轮驱动的 2 倍，且前后轮相互支持，这样大大提高了在湿滑冰雪路面和凹凸不平路面的通过性。

（2）高爬坡性。同理，四轮驱动的车辆可以爬上两轮驱动车辆爬不上去的陡坡。

（3）转弯性能极佳。轮胎的附着力与传输至道路的动力大小有密切的关系，随着动力的增大，轮胎的转弯能力趋向减小。动力减小，转弯力升高，提高了湿滑路面与变换车道时的性能。

（4）起动和加速性能极佳。四轮驱动的车辆，发动机功率平均传递至所有四个车轮，四个车轮的附着力都可以被有效利用。所以即使猛然将加速踏板踩到底，车轮也不可能空转，从而提高了车辆的起动和加速性能。

（5）直线行驶稳定性好。由于每个车轮的剩余附着力升高，因此车轮抗外界扰动的能力得到增强，显示出优越的方向稳定性。

缺点：
结构复杂，质量增加，成本升高，振动和噪声略有升高，油耗增加。
四轮驱动系统的主要部件如下。

1. 分动器

分动器安装位置如图 2-48 所示。

(a)

图 2-48 分动器安装位置

(b)

图 2-48　分动器安装位置（续）

（a）宝马 xdrive 系统示意；（b）宝马 xdrive 系统实物

分动器大致可以分为两种结构：齿轮传动式和链条传动式，如图 2-49 所示。

图 2-49　分动器结构形式示意

（a）链条传动式分动器结构示意；（b）齿轮传动式分动器结构示意

链条传动式分动器工作原理较为简单，学生可自行分析。

齿轮传动式分动器结构与工作原理如下：

以北京吉普切诺基早期所使用的 87A-K 型分动器为例介绍分时四驱分动器，其结构和工作原理与普通齿轮变速器相似。

87A-K 型分动器的结构如图 2-50 所示，结构简图如图 2-51 所示。其壳体是中间剖分式的，在壳体内设有两根串联的输入轴和后输出轴、中间轴和前输出轴。

分动器的高、低挡及空挡是由牙嵌式同步器接合套的位置决定的。接合套内孔制有齿形花键，它与输入轴后端的齿形花键滑套着。当接合套处于前后不同位置时，可以分别和低挡齿轮或后输出轴的齿形花键接合，也可以处于中间位置与输入轴接合。当接合套处于前端位置时，其花键孔同时套着输入轴低挡齿轮和后端的齿形花键，输入轴的转矩就通过后端的齿

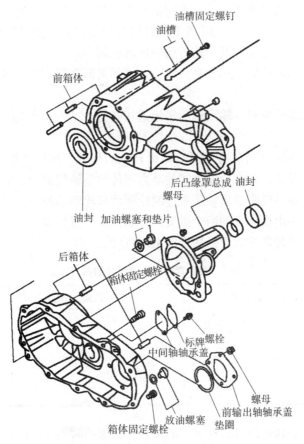

图 2-50　87A-K 型分动器的结构

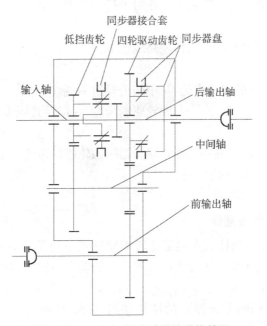

图 2-51　87A-K 型分动器的结构简图

形花键传给接合套继而通过低挡齿轮、中间轴大齿轮和中间轴小齿轮分别传给前输出轴和四轮驱动齿轮（速比为 2.36∶1），此时同步器的接合套被同步器拨叉拨向后方与同步器盘接合，转矩同时传递给后输出轴，其转速与前输出轴相同。

当接合套处于中间位置时，接合套只与输入轴的齿形花键套合，因此，输入轴无转矩输出，成为空挡。

当接合套处于后端位置时，输入轴的转矩通过接合套直接传给输出轴，二者转速相同，为高挡传动。

分动器的四轮或两轮驱动取决于同步器接合套的位置。当同步器接合套处于前端位置时，同步器和同步盘分离，此时后输出轴的动力不传给前轴仅驱动后轴；同步器接合套处于后端位置时，后输出轴不仅驱动后轴还通过四轮驱动齿轮驱动前轴，实现四轮驱动。由于接合套和同步器位置分别由换挡盘和两个拨叉来控制，其位置见表 2-1，排除了低速两轮驱动工况，故可以防止转矩传递过大而损坏传动系统机件。

表 2-1　接合套和同步器配合的四种工况

情况	接合套位置	同步器位置	挡位
1	前	后	4L（四轮低速驱动）
2	中	后	N（空挡）
3	后	后	4H（四轮高速驱动）
4	后	前	2H（两轮高速驱动）

惯性同步器仅用于高速挡时后轮驱动的接合，低速挡时同步器断开，后轮由高低挡接合套传递动力。因此允许车辆行驶中实施高速两轮或高速四轮驱动工况的变换。由于高低挡是采用接合套变换，因此必须在车辆完全静止时进行，否则，会产生强烈冲击及噪声，甚至损坏有关机件，造成换挡困难。

分动器两轮或四轮驱动时转矩的传递路线如下：

（1）四轮低速时。

输入轴 → 接合套 → 低速挡齿轮 → 中间齿轮组 → 前输出轴
　　　　　　　　　　　　　　　↳ 四轮驱动齿轮 → 惯性式同步器 → 后输出轴

（2）四轮高速时。

输入轴→接合套→后输出轴→惯性式同步器→四轮驱动齿轮→中间轴齿轮→前输出轴

（3）两轮驱动（只有高速挡）时。

输入轴→接合套→后输出轴

2. 托森扭力感应自锁差速器

托森差速器又称蜗轮-蜗杆式差速器，转矩敏感式差速器（Torque-sensing Differential）根据在汽车中应用部位的不同，可分为中央差速器和轮间差速器两种。

1）托森中央差速器

托森中央差速器（轴间差速器）的结构如图 2-52 所示，它由差速器壳、蜗轮轴（6个）、前轴蜗杆、后轴蜗杆、直齿圆柱齿轮（12个）、蜗轮（6个）等组成。空心轴和差速器外壳通过花键相连而一同转动。每个蜗轮轴上的中间有一个蜗轮和两个尺寸相同的直齿圆柱齿轮。蜗轮和直齿圆柱齿轮通过蜗轮轴安装在差速器外壳上。其中三个蜗轮与前轴蜗杆啮合，另外三个蜗轮与后轴的蜗杆相啮合。与前、后轴蜗杆相啮合的蜗轮彼此通过直齿圆柱齿轮相啮合，前轴蜗杆和驱动前桥的差速器前齿轮轴为一个整体，后轴蜗杆和驱动后桥的差速器后齿轮轴为一个整体。

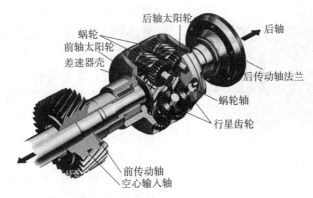

图 2-52　托森中央差速器的结构

2）托森轮间差速器

托森轮间差速器的结构如图 2-53 所示，托森轮间差速器与托森中央差速器的区别仅在于前者的输入转矩是经主减速器从动齿轮直接传给差速器壳体的，而不需要托森轴间差速器所具有的空心驱动轴，除此以外，其他结构完全相同。

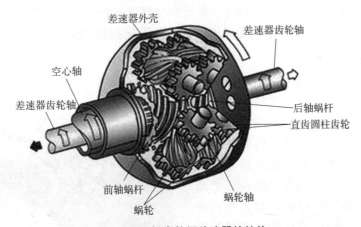

图 2-53　托森轮间差速器的结构

每个蜗轮轴的中间有一个蜗轮，其两侧各有 1 个尺寸完全相同的直齿圆柱齿轮，而蜗轮轴则安装在差速器壳体上。左半轴蜗杆与左边 3 个蜗轮相啮合，右边 3 个蜗轮与右半轴蜗杆相啮合，而与左、右半轴蜗杆相啮合的成对的蜗轮彼此之间则通过其两侧相互啮合的圆柱齿轮发生联系。左半轴蜗杆与左半轴为一体，右半轴蜗杆与右半轴为一体。差速器壳与主减速器从动齿轮盘相连，是差速器的动力输入元件。差速器壳又带动蜗轮轴及蜗轮绕半轴蜗杆转动，实现动力从差速器壳体到蜗杆轴进而到车轮的传递。

3. 多片离合器式限滑差速器

多片离合器式限滑差速器依靠湿式多片离合器产生差动转矩。这种系统多用于适时四驱系统的中央差速器。如图 2-54 所示,其内部有两组摩擦盘,一组为主动盘,一组为从动盘。主动盘与前轴连接,从动盘与后轴连接。两组盘片被浸泡在专用油中,二者的接合和分离依靠电子系统控制。

图 2-54 多片离合器式限滑差速器模型

在直线行驶时,前后轴的转速相同,主动盘与从动盘之间没有转速差,此时盘片分离,车辆基本处于前驱或后驱状态,可达到节省燃油的目的。在转弯过程中,前后轴出现转速差,主、从动盘片之间也产生转速差,但由于转速差没有达到电子系统预设的要求,因而两组盘片依然处于分离状态,此时车辆转向不受影响。

当前后轴的转速差超过一定限度时,例如前轮开始打滑,电控系统会控制液压机构将多片离合器压紧,此时主动盘与从动盘开始发生接触,类似离合器的接合,扭矩从主动盘传递到从动盘上从而实现四驱。

多片离合器式限滑差速器的接通条件和扭矩分配比例由电子系统控制,其反应速度快,部分车型还具备手动控制的"LOCK"功能,即主、从动盘片可保持全时接合状态,功能接近专业越野车的四驱锁止状态。但摩擦片最多只能传递 50% 的扭矩给后轮,并且高强度的使用会使摩擦片因过热而失效。

优点:反应速度很快,可瞬间接合;多数车型都是电控接合,无须手动控制。

缺点:最多只能将 50% 的动力传递给后轮,高负荷工作时容易过热。

4. 牙嵌式差速锁

牙嵌式差速锁又称手动机械式差速锁,如图 2-55 所示。

手动机械式差速锁的技术简单,生产成本低,但却仍然是迄今为止最为可靠、最为有效的提高车辆越野性能的驱动系统的装备。它可以实现两个半轴的动力完全机械式结合,很牢固。但是只能在恶劣路况或极限状态下使用差速锁,在正常行驶时使用会对汽车的轮胎等部件造成严重的损害。

5. 黏性联轴节

黏性联轴节式差速器是当今全轮驱动汽车上自动分配动力的灵巧的装置,如图 2-56 所示。它通常安装在以前轮驱动为基础的全轮驱动汽车上。这种汽车平时按前轮驱动方式行驶。黏性联轴节的最大特点就是不用驾驶员操纵,就可根据需要自动把动力分配给后驱动桥。

图 2-55 牙嵌式差速锁

黏性联轴节的工作原理类似于多片离合器。在输入轴上装有许多内板,这些内板插在输出轴壳体内的许多外板当中,在内、外板之间充入高黏度的硅油。输入轴与前置发动机上的变速分动装置相连,输出轴与后驱动桥相连。

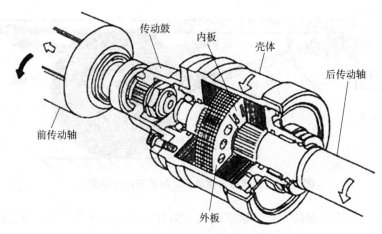

图 2-56 黏性联轴节式差速器的结构

在正常行驶时,前后车轮没有转速差,黏性联轴节不起作用,动力不分配给后轮,汽车仍然相当于一辆前轮驱动汽车。

汽车在冰雪路面上行驶时,前轮出现打滑空转,前后车轮出现较大的转速差。黏性联轴节的内、外板之间的硅油受到搅动开始受热膨胀,产生极大的黏性阻力,阻止内外板间的相对运动,产生了较大的扭矩,这样,就自动地把动力传送给后轮,汽车就转变成全轮驱动汽车。

在汽车转向时,黏性联轴节还可吸收前后车轮由于内轮差而产生的转速差,起到前后差速器的作用。在汽车制动时,它还可以防止后轮先抱死。

六、万向传动装置

1. 万向传动装置的功用与组成

万向传动装置在汽车上有很多应用,结构也不尽相同,但其功用都是一样的,即在轴线相交且相互位置经常发生变化的两转轴之间传递动力。

图 2-57 所示为万向传动装置在汽车中最常见的应用,即位于变速器与驱动桥之间的万向传动装置。由于汽车布置、设计等原因,变速器输出轴和驱动桥输入轴不可能在同一轴线上,并且变速器虽然是安装在车架(车身)上,可以认为位置是不动的,但驱动桥会由于悬架的变形而产生位置的时常变化,因此在变速器和驱动桥之间装上万向传动装置正好可以满足这些使用、设计上的要求。

万向传动装置主要包括万向节和传动轴,对于传动距离较远的分段式传动轴,为了提高传动轴的刚度,还设置有中间支承。

2. 万向节

汽车上使用的万向节可以从不同的角度分类。按其刚度大小,可分为刚性万向节和柔性万向节。刚性万向节按其速度特性又可分为不等速万向节(常用的为十字轴式)、准等速万向节(双联式和三销轴式)和等速万向节(包括球叉式、球笼式和三枢轴式)。

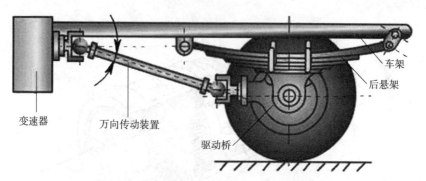

图 2-57 变速器与驱动桥之间的万向传动装置

目前在汽车上应用较多的是十字轴式刚性万向节和等速万向节。十字轴式刚性万向节主要用于发动机前置后轮驱动的变速器与驱动桥之间,而等速万向节主要用于发动机前置前轮驱动的内、外半轴之间。

1) 十字轴式万向节

十字轴式万向节在发动机前置后轮驱动的汽车传动系统中应用最为广泛,它允许相邻两轴的最大交角为 15°~20°。它一般由一个十字轴、两个万向节叉和四个滚针轴承等机件组成。

图 2-58 所示为十字轴式万向节的构造。两万向节叉上的孔分别活套在十字轴的两对轴颈上。这样当主动轴转动时,从动轴既可随之转动,又可绕十字轴中心在任意方向摆动。为了减少摩擦损失,提高传动效率,在十字轴轴颈和万向节叉孔间装有由滚针和套筒组成的滚针轴承。

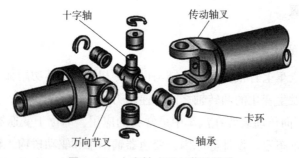

图 2-58 十字轴式万向节的构造

由于十字轴式万向节结构简单,传动效率较高,因此应用较为广泛。不足之处:对于单个万向节在输入轴和输出轴之间有夹角的情况下,其两轴的角速度不相等,这就是单个万向节的不等速性。在汽车上,万向传动装置往往采用双十字轴式万向节来实现等速传动,但这必须满足以下两个条件(见图 2-59):

(1) 第一万向节两轴间夹角 α_1 与第二万向节两轴间夹角 α_2 相等,即 $\alpha_1 = \alpha_2$;

(2) 传动轴两端的两个万向节叉(即第一万向节的从动叉与第二万向节的主动叉)在同一平面内。

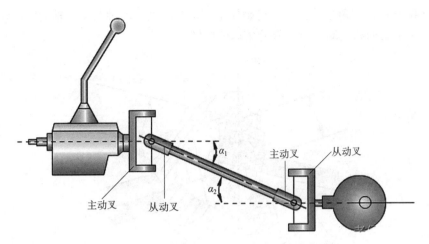

图 2-59　双十字轴刚性万向节等速传动布置

2）球笼式万向节

球笼式万向节广泛应用于发动机前置前轮驱动的汽车传动系统中。因为球笼式万向节在传动的过程中输入轴和输出轴转速始终相等，所以它属于等速万向节。球笼式万向节按主、从动叉在传递扭矩过程中轴向是否产生位移，分为固定型球笼式万向节和伸缩型球笼式万向节。

固定型球笼式万向节两轴允许的交角范围较大（45°~50°），其结构如图 2-60 所示。它主要由 6 个钢球、星形套、球形壳和保持架（球笼）等组成。星形套以其内花键与主动轴连接，传力钢球分别位于 6 条由星形套和球形壳形成的凹槽内，并由保持架保持在同一平面内。动力由主动轴输入，经钢球和球形壳输出。

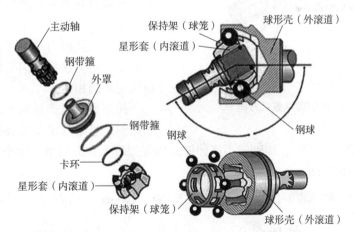

图 2-60　固定型球笼式万向节结构

固定型球笼式万向节传动原理如图 2-61 所示。外滚道的中心 A 与内滚道的中心 B 分别位于万向节中心 O 的两侧，并且到 O 点的距离也相等。钢球中心 C 到 A、B 两点的距离也相等。保持架的内、外球面，内环的外球面和外环的内球面均以万向节中心为球心。当两轴交角变化时，保持架可沿内、外球面滑动，以保持六个钢球在同一平面内。由于 $OA=OB$，$CA=CB$，CO 是公共边，则 $\triangle COA$ 与 $\triangle COB$ 为全等三角形，故 $\angle COA=\angle COB$，即传力钢球

中心 C 始终位于 α 角的角平分面上,这确保了钢球中心到主动轴与从动轴的距离 a 和 b 始终相等,从而使主动轴和从动轴以相等的角速度旋转。

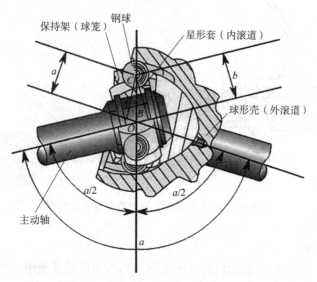

图 2-61 固定型球笼式万向节传动原理

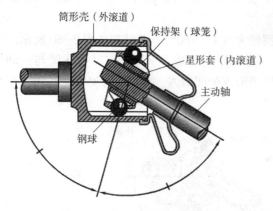

图 2-62 伸缩型球笼式万向节

如图 2-62 所示,伸缩型球笼式万向节的内外滚道是圆筒形的,在传递转矩过程中,星形套与筒形壳可以沿轴向相对移动,故可省去其他万向传动装置中必须有的滑动花键。这不仅使结构简化,而且由于星形套与筒形壳间的轴向相对移动是通过钢球沿内外滚道滚动来实现的,与滑动花键相比,其阻力小,因此非常适用于断开式驱动桥。这种万向节的等速传动原理与固定型的相同。

伸缩型球笼式万向节在前置前驱动且采用独立悬架的轿车的转向驱动桥中均布置在靠主减速器侧(内侧),而轴向不能伸缩的固定型球笼式万向节,则布置在靠近车轮处(外侧),如图 2-63 所示。

图 2-63 伸缩型球笼式万向节和固定型球笼式万向节在传动系统中的布置

3) 三枢轴—球面滚轮式万向节

三枢轴—球面滚轮式万向节的结构如图 2-64 所示。与输入轴制成一体的 3 个枢轴上松套着外表面为球面的滚轮。3 个枢轴位于同一平面内,且互成 120°角,它们的轴线相交于输入轴上的一点，并且垂直于输入轴。与输出轴制成一体的外表面为圆柱形的叉形元件上加工出的 3 条等距离的轴向槽形轨道。槽形轨道平行于输出轴，3 个球面滚轮分别装入 3 个槽形轨道中，3 个球面滚轮可沿槽形轨道滑动。当输出轴与输入轴交角为 0° 时，因三枢轴的自动定心作用，两轴轴线重合；当输出轴与输入轴有交角时，由于球面滚轮轴承既可沿枢轴轴线移动，又可沿槽形轨道滑动，这样就可以保证球面滚轮的传力点始终位于两轴交角的平分面上。因此，该万向节是等速传动。

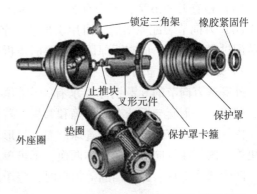

图 2-64　三枢轴—球面滚轮式万向节的结构

三枢轴—球面滚轮式等速万向节的夹角一般为 25°，伸缩量为 40~60 mm。

3. 传动轴

一般发动机前置后轮驱动的汽车，连接变速器与驱动桥的传动轴部件由传动轴及两端焊接的花键轴和万向节叉组成。为了减轻质量及获得较高的强度，传动轴多做成空心的，如图 2-65 所示。

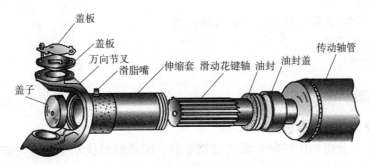

图 2-65　传动轴总成

在发动机前置前轮驱动轿车的万向传动装置中，通常将传动轴制成实心轴。

4. 万向传动装置的检修

1）驱动轴的检查

（1）检查万向节。

转动左右驱动车轮，万向节处应无异响且车轮转动自如。

（2）检查驱动轴护套。

①用手扳动车轮使车轮完全转向一侧，检查驱动轴护套是否有任何裂纹或其他损坏。

②检查护套卡箍是否安装正确且无损坏。

③检查护套处是否有油脂渗漏。

2）十字轴式刚性万向节的检修

（1）检查滚针轴承，如果滚针断裂、油封失效，应更换新件。

（2）检查十字轴轴颈磨损、压痕、剥落等情况。十字轴轴颈轻微磨损、轻微压痕或剥落，仍可继续使用；如果轴颈磨损过甚、严重压痕或严重剥落，应予以更换。

（3）检查万向节叉，不得有裂纹或其他严重损伤，否则应更换新件。

（4）万向节装配完毕后，可用手扳动十字轴进行检验，以转动自如没有松旷感为合适。若装配过紧或过松，应查明原因，必要时应拆检及重新装配。

3）球笼式万向节的检修

外等速万向节的6颗钢球要求有一定的配合公差，并与星形套一起组成配合件。检查轴、球笼、星形套与钢球有无凹陷和磨损，若万向节间隙过大，需更换万向节。

内等速万向节的检修要检查球形壳、星形套、球笼及钢球有无凹陷和磨损，如磨损严重应更换。内等速万向节只能整体调换，不可单个更换。

防尘罩及卡箍、弹簧挡圈等损坏时，应予以更换。

【任务实施】

一、任务实施准备

（1）场地：理论实训一体化多媒体实训室；

（2）工具：通用54件组合扳手、卡簧钳、橡胶锤、一字螺丝刀、油封拆装专用工具等；

（3）量具：扭力扳手、百分表、磁力表座等；

（4）驱动桥；

（5）备品：调整垫片、丹红、抹布或吸油纸；

（6）车辆维修手册；

（7）实训工单。

二、任务实施步骤

（1）组织学生对基本知识进行学习；

（2）组织学生分组利用各种资源（维修手册、网络维修技术平台等）查询实训驱动桥的拆装检测标准，制订驱动桥拆装检测的工作计划；

（3）学生小组汇报工作计划；

（4）教师对学生工作计划进行点评；

（5）组织学生对驱动桥进行拆装检测，教师对不正确的操作给予指导；

（6）填写实训工单；

（7）教师接收学生完成的实训工单，利用考核单进行考核，对该实训任务进行总结，包括教师答疑、学生总结、教师总结。

注意：

（1）排出的齿轮油要集中收集，统一处理，不可随意丢弃；

（2）废弃零部件要分类收集，统一处理，不可随意丢弃。

驱动桥检修 实训工单

学生姓名：_____ 班级：_____ 实训日期：_____

序号	实训项目	完成状况及检测结果
1	工具准备	
2	量具准备	
3	维修手册准备	
4	驱动桥分解	
5	检查主减速器齿轮	
6	检查差速器齿轮	
7	调整主减速器轴承预紧力	
8	调整锥齿轮的啮合位置	
9	组装驱动桥	
实训总结	实训结论	实训收获与反思

驱动桥检修 **考核单**

学生姓名：　　　　　　考核项目：　　　　　　考核成绩：

序号	项目	分值	扣分标准	得分
1	实训准备工作	5	每缺少1项扣1分	
2	工量具正确使用	10	每错误1次扣2分	
3	维修手册正确使用	5	每错误1次扣1分	
4	操作规范性	60	每错误1次扣1分	
5	实训工单填写	10	未填写扣10分	
6	5S	10	每缺少1项扣2分	
7	是否出现危险行为		出现人身危险总成绩0分； 出现车辆危险扣20分； 出现工具设备危险扣10分	
	合计	100		

教师评语

考核教师：

　　　　年　　月　　日

(1) 变速器的功用：实现变速、变矩；实现倒车；实现中断动力传递。

(2) 变速器的类型：①按传动比变化方式可分为有级变速器、无级变速器、综合式变速器；②按操纵方式不同分为手动变速器、自动变速器、手自一体变速器。

(3) 手动变速器可分为两轴式和三轴式两种。两轴式变速器用于发动机前置前轮驱动和发动机后置后轮驱动的中型、轻型轿车上。三轴式变速器用于发动机前置后轮驱动的汽车上。

(4) 变速器包括变速传动机构和换挡操纵机构两部分。

(5) 手动变速器的换挡方式：滑动齿轮换挡、接合套换挡和同步器换挡。

(6) 同步器功用：使接合套与待接合的齿圈二者迅速达到同步，缩短换挡时间，并阻止二者在同步前进入啮合而产生换挡冲击。

(7) 手动变速器操纵机构根据其变速操纵杆位置的不同，可分为直接操纵式和远距离操纵式两种类型。

(8) 手动变速器的换挡锁止装置包括自锁装置、互锁装置和倒挡锁装置。

(9) 万向传动装置主要包括万向节和传动轴，对于传动距离较远的分段式传动轴，为了提高传动轴的刚度，还设置有中间支承。万向传动装置的作用是在轴线相交且相互位置经常发生变化的两转轴之间传递动力。

(10) 刚性万向节按其速度特性又可分为不等速万向节（常用的为十字轴式）、准等速万向节（双联式和三销轴式）和等速万向节（包括球叉式、球笼式和三枢轴式）。

(11) 驱动桥通常由主减速器、差速器、半轴和桥壳组成。其功用是将万向传动装置传来的发动机动力经降速增矩改变传动方向后，分配给左、右驱动轮，并且允许左、右驱动轮以不同转速旋转。

(12) 主减速器的功用是将输入的转矩增大并相应降低转速，且可根据需要改变转矩的方向。主减速器的种类：单级式和双级式；单速式和双速式；贯通式和轮边式等。

(13) 差速器的功用是将主减速器传来的动力传给左、右两半轴，并在必要时允许左、右两半轴以不同转速旋转，使左右车轮相对地面纯滚动而不是滑动。差速器可分为普通锥齿轮差速器和限滑差速器。

一、填空题

1. 变速器一轴的前端和离合器的_____相连，二轴的后端通过凸缘与_____相连。
2. 在多轴驱动的汽车上，为了将变速器输出的动力分配到驱动桥，变速器后装有_____。
3. 为了保证变速器在任何情况下都能准确、安全、可靠地工作，变速器操纵机构一般都具有换挡锁装置，包括_____装置、_____装置和_____装置。
4. 变速器操纵机构按照变速操纵杆位置的不同，可分为_____和_____两种类型。
5. 常用的惯性同步器有_____和_____两种形式。
6. 驱动桥由_____、_____、_____和_____等组成。其功用是将万向传动装置传来的发动机转矩传递给驱动车轮，实现降速以增大转矩。

7. 驱动桥的类型有_____驱动桥和_____驱动桥两种。

二、判断题

1. 手动变速器各挡位的传动比等于该挡位所有从动齿轮齿数的乘积与所有主动齿轮齿数的乘积之比。（   ）
2. 变速器自锁装置的作用是防止变速器同时挂进两个挡位。（   ）
3. 惰轮位于主、从动齿轮之间，可以改变主、从动齿轮的传动比。（   ）
4. 换挡就是改变传动比，通过不同的齿轮啮合传动来实现。（   ）
5. 汽车上设置变速器是为了改变发动机扭矩，增加发动机功率。（   ）
6. 汽车满载状态下爬坡时，变速器应挂最高挡。（   ）
7. 变速器中互锁销和钢球等磨损是使其跳挡的主要原因。（   ）
8. 变速器的挡位越低，传动比越小，汽车的行驶速度越低。（   ）
9. 无同步器的变速器在换挡时，无论从高速挡换到低速挡，还是从低速挡换到高速挡，其换挡过程完全一致。（   ）
10. 变速器倒挡传动比数值设计得较大，一般与一挡传动比数值相近，这主要是为了倒车时，使汽车具有足够大的驱动力。（   ）
11. 对于对称式锥齿轮差速器来说，当两侧驱动轮的转速不等时，行星齿轮仅自转不公转。（   ）
12. 当行星齿轮没有自转时，对称式锥齿轮差速器总是将转矩平均分配给左、右两半轴齿轮。（   ）
13. 双速主减速器就是具有两对齿轮传动副的主减速器。（   ）

三、选择题

1. 两轴式变速器的特点是输入轴与输出轴（   ），且无中间轴。
   A. 重合   B. 垂直   C. 平行   D. 斜交
2. 对于5挡变速器而言，传动比最大的前进挡是（   ）。
   A. 一挡   B. 二挡   C. 四挡   D. 五挡
3. 现代汽车手动变速器均采用同步器换挡，同步器的功用就是使（   ）两个部件迅速同步，实现无冲击换挡，缩短换挡时间。
   A. 接合套与接合齿圈   B. 接合套与花键毂
   C. 花键毂与接合齿圈   D. 花键毂与倒挡中间齿轮
4. 目前，手动变速器广泛采用（   ）同步器。
   A. 常压式   B. 惯性式   C. 自增力式   D. 其他形式
5. 当同步器滑块弹簧力不足时，可能会造成变速器（   ）故障。
   A. 乱挡   B. 跳挡   C. 挂挡困难   D. 振动大
6. 变速器保证工作齿轮在全齿宽上啮合的是（   ）。
   A. 自锁装置 B. 互锁装置 C. 倒挡锁装置 D. 差速锁
7. 在手动变速器中有一对传动齿轮，其主动齿轮齿数A，大于从动齿轮齿数B，此传动的结果将会是（   ）。
   A. 减速、减扭   B. 减速、增扭   C. 增速、减扭   D. 增速、增扭

8. 对于重型和超重型车，为了得到更多的挡位，采用组合式变速器，变速器分为主、副两部分，若主变速器挡位数为5，副变速器挡位为2，则可使变速器得到（　　）挡位。

　　A. 7个　　　　　　B. 10个　　　　　　C. 12个　　　　　　D. 15个

9. 在手动变速器中，为了防止同时挂入两个挡，变速器采用的装置是（　　）。

　　A. 自锁装置　　　　　　　　　　B. 互锁装置

　　C. 倒挡锁装置　　　　　　　　　D. 同步器

10. 当互锁装置失效时，变速器容易造成（　　）故障。

　　A. 乱挡　　　　　　　　　　　　B. 跳挡

　　C. 异响　　　　　　　　　　　　D. 挂挡后不能退回空挡

11. 汽车驱动桥主要由（　　）、半轴和驱动壳等组成。

　　A. 主减速器　　B. 差速器　　　C. 转动盘　　　D. 转向器

12. 不等速万向节指的是（　　）。

　　A. 球叉式万向节　　　　　　　　B. 三销轴式万向节

　　C. 十字轴刚性万向节　　　　　　D. 球笼式万向节

13. 对于十字轴式不等速万向节，当主动轴转过一周时，从动轴转过（　　）。

　　A. 一周　　　　B. 小于一周　　C. 大于一周　　D. 不一定

14. 设对称式锥齿轮传动差速器壳所得到的转矩为M_0，左、右两半轴的转矩分别为M_1，M_2，则有（　　）。

　　A. $M_1=M_2=M_0$　　　　　　　B. $M_1=M_2=2M_0$

　　C. $M_1=M_2=1/2M_0$　　　　　D. $M_1+M_2=2M_0$

15. 设对称式锥齿轮传动差速器壳所得到转速为n_0，左、右两半轴的转速分别为n_1、n_2，则有（　　）。

　　A. $n_1=n_2=n_0$　　　　　　　B. $n_1=n_2=2n_0$

　　C. $n_1=n_2=1/2n_0$　　　　　D. $n_1+n_2=2n_0$

16. 发动机前置前轮驱动的汽车，变速驱动桥将（　　）合二为一，使其成为一个整体。

　　A. 驱动桥壳体和变速器壳体　　　B. 变速器壳体和主减速器壳体

　　C. 主减速器壳体和差速器壳体　　D. 差速器壳体和驱动桥壳体

17. 行星齿轮差速器起作用的时刻为（　　）。

　　A. 汽车转弯　　　　　　　　　　B. 直线行驶

　　C. A、B情况下都起作用　　　　　D. A、B情况下都不起作用

四、问答题

1. 变速器的功用是什么？
2. 变速器是如何分类的？
3. 变速器的换挡方式有哪几种？
4. 同步器有哪几种？为什么变速器中要装同步器？
5. 操纵机构的安全装置有哪些？
6. 驱动桥的功用有哪些？
7. 限滑差速器有哪些类型？

项目三 自动变速器检修

项目简介

自动变速器是汽车传动系统的重要组成部分,常见故障为自动变速器打滑、自动变速器换挡冲击等,本项目通过对六个任务:自动变速器的使用与保养、液力变矩器检修、齿轮变速系统检修、液压控制系统检修、电子控制系统检修及自动变速器性能检测的学习,使学生能够更好地掌握自动变速器的知识与技能,完成自动变速器的检修。

任务七 自动变速器的使用与保养

1. 了解自动变速器的组成。
2. 了解自动变速器的分类。
3. 掌握自动变速器的使用方法。
4. 掌握自动变速器的工作原理。

1. 能够正确使用自动变速器。
2. 能够正确检查自动变速器液面高度。
3. 能够正确更换自动变速器油。

一辆装备 A760E 自动变速器的丰田皇冠轿车,3 年行驶了 6.3 万 km,整车无异常,是否需要更换自动变速器油?如何更换?

【基本知识】

一、自动变速器概述

1. 自动变速器分类

自动变速器按结构、控制方式的不同,可以分为电控液力式自动变速器、双离合器自动变速器和电控机械无级自动变速器。

1）电控液力式自动变速器（AT）

电控液力式自动变速器是目前应用最广泛、技术最成熟的自动变速器。按照变速机构（机械变速器）的不同，电控液力式自动变速器又可以分为行星齿轮自动变速器和平行轴齿轮自动变速器，行星齿轮自动变速器应用广泛，平行轴齿轮自动变速器目前只在本田车系中应用。

2）双离合器自动变速器（DSG）

DSG（Direct Shift Gearbox）的中文意思为"直接换挡变速器"，它采用两个离合器，交替工作，又称为双离合器变速器。

3）电控机械无级自动变速器（CVT）

无级自动变速器简称CVT，CVT是英文Continuously Variable Transmission的缩写，它是采用传动带和工作直径可变的主、从动轮相配合来传递动力的，可以实现传动比的连续改变。这也是一种具有广阔发展前景的自动变速器。

本项目介绍电控液力式自动变速器（AT），双离合器自动变速器和电控机械无级自动变速器将在后面项目中介绍。

自动变速器按车辆驱动方式的不同，可以分为自动变速器（如图3-1所示）和自动变速驱动桥（如图3-2所示）。

图3-1 自动变速器

图3-2 自动变速驱动桥

自动变速器用于发动机前置后轮驱动的布置形式，变速器与主减速器、差速器分开，而自动变速驱动桥用于发动机前置前轮驱动的布置形式，变速器与主减速器、差速器制成一个整体。

2. 电控液力式自动变速器（AT）组成

电控液力式自动变速器主要由液力变矩器、齿轮变速系统、液压控制系统、电子控制系统和冷却润滑系统等组成，如图3-3所示。

1）液力变矩器

液力变矩器位于自动变速器的最前端，安装在发动机的曲轴后面，其作用与采用手动变速器的汽车中的离合器相似。它利用油液循环流动过程中动能的变化将发动机的动力传递给自动变速器的输入轴，并能根据汽车行驶阻力的变化，在一定范围内自动地、无级地改变传动比和扭矩比，具有一定的减速增扭功能。

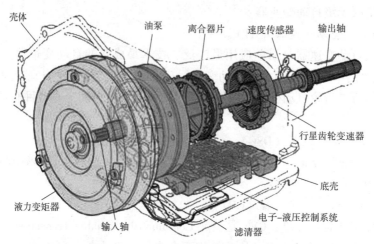

图 3-3 电控液力式自动变速器的组成

2）齿轮变速系统

齿轮变速系统主要包括行星齿轮机构和换挡执行机构两部分。不同的运动状态组合可得到不同的变速比，实现不同的挡位，其功用主要如下：

（1）在液力变矩器的基础上再将转矩增大 2~4 倍，以提高汽车的行驶适应能力；

（2）实现倒挡传动；

（3）实现空挡。

3）液压控制系统

液压控制系统是由油泵、各种控制阀及与之相连通的液压换挡执行元件（如离合器、制动器等）组成的液压控制回路。汽车行驶中根据驾驶员的要求和行驶条件的需要，控制离合器和制动器的工作状况的改变来实现机械变速器的自动换挡。

4）电子控制系统

电子控制系统由电子控制单元、信号输入装置（传感器）和各种执行器（电磁阀）组成。它将汽车的各种信号输入 ECU，经 ECU 处理后发出控制指令控制电磁阀实现自动换挡，并改善换挡性能。

5）冷却润滑系统

自动变速器油（ATF）在自动变速器工作过程中油温会升高，这将导致 ATF 黏度下降，传动效率降低，因此必须对 ATF 进行冷却，保持油温在 80~90 ℃，同时保证了对变速器中相对运动零部件良好的润滑。

3. 电控液力式自动变速器的工作原理

图 3-4 所示为电控液力式自动变速器的组成和原理。

电控液力式自动变速器是通过各种传感器，将发动机的转速、节气门开度、车速、发动机水温、ATF 油温等参数信号输入 ECU 的，ECU 根据这些信号，按照设定的换挡规律，向换挡电磁阀、油压电磁阀等发出动作控制信号，换挡电磁阀和油压电磁阀再将 ECU 的动作控制信号转变为液压控制信号，阀板中的各控制阀根据这些液压控制信号，控制换挡执行元件的动作，从而实现自动换挡。

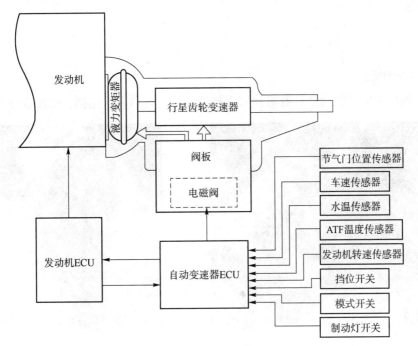

图 3-4 电控液力式自动变速器的组成和原理

4. 自动变速器的优点

1) 整车具有更好的驾驶性能

汽车驾驶性能的好坏，除与汽车本身的结构有关外，还取决于正确的控制和操纵。自动变速器能通过系统的设计，使整车自动地去完成这些使用要求，以获得最佳的燃油经济性和动力性，使得驾驶性能与驾驶员的技术水平关系不大，因而特别适用于非职业驾驶。

2) 良好的行驶性能

自动变速装置的挡位变换不但快而且平稳，这提高了汽车的乘坐舒适性。通过液体传动和微电脑控制换挡，可以消除或降低动力传递系统中的冲击和动载。这对在地形复杂、路面恶劣条件下作业的工程车辆、军用车辆尤为重要。试验表明，在坏路段行驶时，自动变速器的车辆传动轴上，最大动载转矩的峰值只有手动变速器的 20%～40%。原地起步时最大动载转矩的峰值只有手动变速器的 50%～70%，且能大幅度延长发动机和传动系统零部件的寿命。

3) 高行车安全性

在车辆行驶过程中，驾驶员必须根据道路、交通条件的变化，对车辆的行驶方向和速度进行改变和调节。以城市大客车为例，平均每分钟换挡有 4～6 个手脚协同动作，正是由于这种连续不断的频繁操作，使驾驶员的注意力被分散，而且易产生疲劳，造成交通事故增加；或者是减少换挡，以操纵油门大小代替变速，即以牺牲燃油经济性来减轻疲劳强度。自动变速的车辆，取消了离合器踏板和变速操纵杆，只要控制油门踏板，就能自动变速，从而减轻了驾驶员的疲劳强度，使行车事故率降低，平均车速提高。

4) 降低废气排放

发动机在急速和高速运行时，排放的废气中 CO 或碳氢化合物的浓度较高，而自动变速器的应用，可使发动机经常在经济转速区域内运转，也就是在较小污染排放的转速范围内工作，从而降低了排气污染。

二、自动变速器的使用

1. 选挡杆的使用

目前应用较为广泛的选挡杆有机械式直排挡、电子排挡和旋钮挡，如图 3-5 所示。

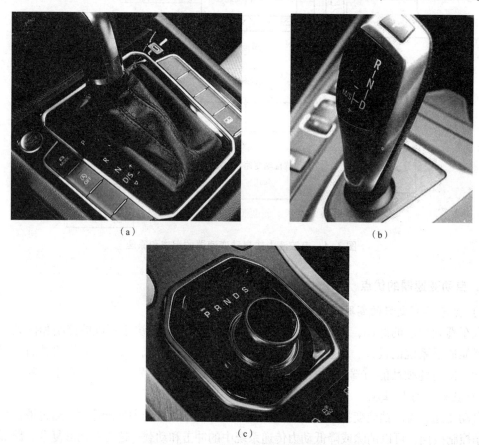

图 3-5 自动变速器换挡杆形式
(a) 机械式直排挡；(b) 电子排挡；(c) 旋钮挡

P 挡：驻车挡。选挡杆置于此位置时，驻车锁止机构将自动变速器输出轴锁止。

R 挡：倒挡。选挡杆置于此位置时，液压系统倒挡油路被接通，驱动轮反转，实现倒向行驶。

N 挡：空挡。选挡杆置于此位置时，所有机械变速器的齿轮机构空转，不能输出动力。

D 挡：前进挡。选挡杆置于此位置时，电子控制装置根据节气门开度信号和车速信号自动接通相应的前进挡油路，变速器在换挡执行元件的控制下得到相应的传动比。随着行驶条件的变化，在前进挡中自动升降挡，实现自动变速功能。

S 挡：运动挡。变速杆位于该位置时与在位置 D 时相比自动滞后换入高挡，提前换入低挡，充分利用发动机的动力。变速箱是否自动上下换挡取决于发动机负荷、个人驾驶方式及车速。但汽车沿下坡行驶时变速杆处于位置 S 不能充分发挥发动机的制动效应。将变速杆挂入位置 S 时必须按住变速杆手柄上的锁止按钮。

"+/-"挡：手动挡。手自一体变速器设置有"+/-"挡。使用手动换挡模式时，需要把换挡杆切换至"M"挡位，然后根据情况进行升降挡操作。

发动机只有在选挡杆置于 N 或 P 位时，汽车才能起动，此功能靠空挡起动开关来实现。

2. 汽车驾驶时的注意事项

1）汽车起动

（1）起动发动机时选挡操纵手柄必须停放在 P 位或 N 位。

（2）汽车在停放状态下起动，必须拉紧驻车制动，踩下制动踏板，然后起动发动机。在没有制动状态下起动发动机，有时会发生瞬间起步现象，容易发生意外。

2）汽车起步

发动机起动后须停留几秒钟再挂挡行车。换挡时必须查看选挡杆的位置或仪表板上挡位指示是否确实无误。选定挡位后，放松驻车制动再缓慢放松制动踏板，利用蠕动现象使汽车缓慢起步。

3）拖车时注意事项

使用自动变速器的汽车，拖车时必须将选挡杆置于 N 挡，低速行驶（不得超过 50 km/h），每次被牵引距离不得超过 50 km。高速长距离牵引时，自动变速器内的旋转件，会因缺乏润滑而烧蚀并发生卡滞。

自动变速器自身有故障需要牵引时，后轮驱动的车型应拆去传动轴，前轮驱动的车型应支起驱动轮。

4）倒车时注意事项

汽车完全停止行驶后，把换挡杆由 D 位换至 R 位。没有停稳时不允许从前进挡换入倒挡，也不允许从倒挡换入前进挡，否则会引起多片离合器和制动器损坏。

5）临时停车

在等交通信号临时停车时，换挡杆停在 D 位，只需用脚制动防止汽车蠕动，这样放松制动就可以重新起步。但停车时间较长时，须挂入 N 挡，拉紧驻车制动。

6）挡位使用中需注意的问题

不要在 N 位上行驶。高速滑行时车速高，发动机却怠速运转，油泵出油量减少，输出轴上所有的零件仍在高速运转，会由于润滑油不足而烧坏。

三、自动变速器的保养

1. 自动变速器油液渗漏的检查

检查变速器壳接触面、轴和拉索伸出的区域、油封、排放塞和加注塞、管道和软管接头等有没有液体渗漏。同时检查油冷却软管是否有裂纹、隆起或者损坏。

2. 自动变速器油液面高度的检查

自动变速器油又称 ATF，ATF 油液面高度过高会导致主油压过高，从而出现换挡冲击振动、换挡提前等故障；ATF 油液面高度过低则又会导致主油压过低，从而出现换挡滞后、离合器和制动器打滑等故障。

1）带有油标尺的液位检查方法

具体操作步骤如下：

(1) 行驶车辆，使发动机冷却液温度和自动变速器 ATF 油温达到正常工作温度。

(2) 将车辆停在水平地面，并可靠驻车。

(3) 发动机怠速运转，将选挡杆由 P 位换至 S 位，再退回 P 位。

(4) 拉出变速器油尺，并将其擦拭干净。

(5) 将油尺全部插回套管。

(6) 再将油尺拉出，检查油面是否在 HOT 范围。

一般车辆经过 1 万 km 的行驶里程就要检查 ATF 液面高度。

液位应当在正常运行的条件下检查（液温 75±5 ℃）。虽然作为一个参考点给出了冷范围标记，但正确的检查还是在热范围内进行。

2）无油标尺的液位检查方法

油面高度的检查方法如下：

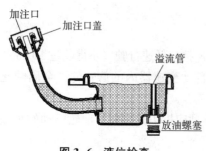

图 3-6 液位检查

(1) 行驶车辆，使发动机冷却液温度和自动变速器 ATF 油温达到正常工作温度。

(2) 将车辆停在水平地面，并可靠驻车。

(3) 发动机怠速运转，将选挡杆由 P 位换至 S 位，再退回 P 位。

(4) 举升汽车，拆下自动变速器油底壳上用于检查油面的螺塞之后，观察螺塞孔内的溢流管，如图 3-6 所示。

(5) 溢流管处应刚好有油滴出，说明油量正好；若无油滴出，则需补加 ATF 油直到溢流管处有油滴出为止。

(6) 更换螺塞的密封圈，用 15 N·m 力矩拧紧螺塞。

3. 自动变速器油的更换方法

(1) 车辆运行至自动变速器达到正常工作温度 70~80 ℃后停车熄火。

(2) 拆下自动变速器油底壳上的放油螺塞，将油底壳内的液压油放净。

(3) 拆下油底壳，将油底壳及集滤器清洗干净。有些自动变速器的油底壳上的放油螺塞为磁性螺塞，也有些自动变速器在油底壳内专门放置一块磁铁，以吸附铁屑。清洗时必须注意将螺塞或磁铁上的铁屑清洗干净后再放回。

(4) 拆下自动变速器液压油散热器油管接头，用压缩空气将散热器内的残余液压油吹出，再接好管接头。

(5) 装好管接头和放油螺塞。

(6) 从自动变速器加油口中加入规定牌号的液压油。

(7) 起动发动机，检查自动变速器油面高度。要注意由于新加入的油液温度较低，油面高度应在油尺刻线的下限附近。如过低，应继续加油至规定油面高度。

(8) 让汽车行驶至发动机和自动变速器达到正常工作温度，再次检查油面高度是否在油尺刻线的上限附近。如过低，应继续加油直至满足规定要求。

(9) 如果不慎加入过多液压油，使油面高于规定的高度，应把油放掉一些，切不可凑合使用。

按上述方法换油时，变矩器内的液压油是无法放出的。当液压油严重变质，必须全部更换时，可先按上述方法换油，然后让汽车行驶约 5 min 后再次换油。

注意：

（1）在车辆举升过程中注意支点选择正确，支撑稳固；

（2）车下操作注意车辆及人身安全；

（3）排出的 ATF 油要集中收集，统一处理，不可随意丢弃。

【任务实施】

一、任务实施准备

（1）场地：理论实训一体化多媒体教室；

（2）车辆：装备自动变速器（AT）的车辆；

（3）车辆维修手册；

（4）工具、设备：通用 54 件组合扳手、举升机；

（5）备品：ATF 油、接油盆、工作台、工作服、工作鞋、手套、座椅套、转向盘套、脚垫、变速杆套、翼子板布、前盖、车轮挡块、麻布或吸油纸；

（6）实训工单。

二、任务实施步骤

（1）组织学生对基本知识进行学习；

（2）组织学生分组制订自动变速器维护与保养的工作计划；

（3）学生小组汇报工作计划；

（4）教师对学生工作计划进行点评；

（5）组织学生查询该车的 ATF 油型号及更换量；

（6）组织学生在装备自动变速器的车辆上按工作计划进行实操训练，教师对不正确的操作给予指导；

（7）填写实训工单；

（8）教师接收学生完成的实训工单，利用考核单进行考核，对该实训任务进行总结，包括教师答疑、学生总结、教师总结。

自动变速器保养 实训工单

车辆品牌：_____ 车辆VIN码：_____
学生姓名：_____ 班级：_____ 实训日期：_____

序号	检查项目	检查结果
1	检查变速器油温	
2	检查条件是否满足	
3	有无油标尺	
4	液体渗漏	
5	检查ATF油液位高度	
6	检查油质	
7	排放ATF油	
8	加注ATF油	
9	再次检查液位高度	
10		
11		
12		
13		

实训结论	实训收获与反思
实训总结	

自动变速器保养 考核单

学生姓名：　　　　　考核项目：　　　　　考核成绩：

序号	项目	分值	扣分标准	得分
1	实训准备工作	10	每缺少1项扣1分	
2	设备正确使用	5	每错误1次扣1分	
3	维修手册正确使用	5	每错误1次扣1分	
4	操作规范性	60	每错误1次扣1分	
5	实训工单填写	5	未填写扣5分	
6	车辆保护	5	每缺少1项扣1分	
7	5S	10	每缺少1项扣2分	
8	是否出现危险行为		出现人身危险总成绩0分；出现车辆危险扣20分；出现工具设备危险扣10分	
	合计	100		

教师评语

考核教师：

　　　　年　　月　　日

任务八 液力变矩器检修

1. 了解液力变矩器的作用。
2. 了解液力变矩器的结构。
3. 了解液力变矩器的工作特性。

1. 能够判断液力变矩器外观是否损坏。
2. 能够正确判断液力变矩器中单向离合器是否损坏。
3. 能够正确判断液力变矩器中锁止离合器是否损坏。

一辆装备 A760E 自动变速器的丰田皇冠轿车，6 年行驶了 8.3 万 km，经常高速行驶，最近一段时间感觉油耗增加，经检查发动机工作正常，有人说是不是液力变矩器出现了问题。液力变矩器出现问题会增加油耗吗？应该怎么判断呢？

【基本知识】

一、液力变矩器的功用

液力变矩器位于发动机和机械变速器之间，以自动变速器油（ATF）为工作介质，主要完成以下功用。

（1）传递转矩：发动机的转矩通过液力变矩器传给变速器。

（2）无级变速：根据工况的不同，液力变矩器可以在一定范围内实现转速和转矩的无级变化。

（3）自动离合：液力变矩器由于采用 ATF 传递动力，当踩下制动踏板时，发动机也不会熄火，此时相当于离合器分离；当抬起制动踏板时，汽车可以起步，此时相当于离合器接合。

（4）驱动油泵：ATF 油在工作的时候需要油泵提供一定的压力，而油泵一般是由液力变矩器壳体驱动的。

（5）储存能量：起到飞轮的作用，使发动机运转平稳。

液力变矩器由于采用 ATF 油传递动力，故动力传递柔和，且能防止传动系统过载。

二、液力变矩器的结构

如图 3-7 所示，液力变矩器通常由泵轮、涡轮、导轮、锁止离合器及变矩器壳体组成，泵轮是液力变矩器的输入元件，位于液力变矩器的后端，与变矩器壳体刚性连接。变矩器壳体总成用螺栓固定发动机曲轴后端，随发动机曲轴一起旋转。涡轮是液力变矩器的输出元件，它通过花键孔与变速器的输入轴相连。涡轮位于泵轮前方，其叶片面向泵轮叶片。

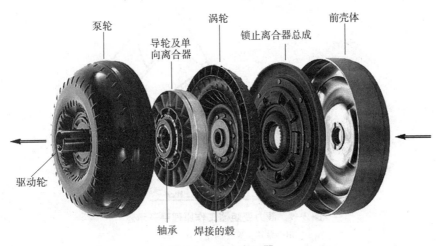

图 3-7 液力变矩器

导轮位于涡轮和泵轮之间，是液力变矩器的反应元件，通过单向离合器单方向固定在导轮轴或导轮套管上。

泵轮、涡轮和导轮装配好后，会形成断面为循环圆的环状体，在环形内腔中充满液压油。

三、液力变矩器的工作特性

变矩器工作时，壳体内充满液压油，发动机带动外壳旋转，外壳带动泵轮旋转，泵轮叶片间的液压油在离心力的作用下，从内缘流向外缘。当泵轮转速大于涡轮转速时，泵轮叶片外缘的液压大于涡轮外缘的液压，油液在绕着泵轮轴线做圆周运动的同时，在上述压差的作用下由泵轮流向涡轮。泵轮顺时针旋转，油液将带动涡轮同样按顺时针方向旋转。如果涡轮静止或涡轮的转速比泵轮的转速小得多，则由液体传递给涡轮的动能就很小，而大部分能量在油液从涡轮返回泵轮的过程中损失了，油液在从涡轮叶片外缘流向内缘的过程中，圆周速度和动能逐渐减小。当油液回到泵轮后，泵轮对油液做功，使之在泵轮叶片内缘流向外缘的过程中动能和圆周速度渐次增大，再流向涡轮，如图 3-8 所示。其展开示意如图 3-9 所示。

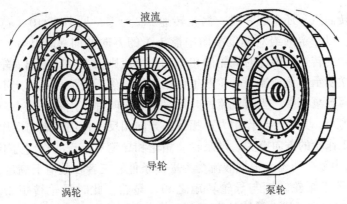

图 3-8 ATF 在液力变矩器中的循环流动

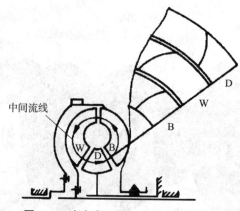

图 3-9 液力变矩器工作原理展开示意
B—泵轮；W—涡轮；D—导轮

1. 转矩放大特性

将变矩器三个工作轮假想地展开，得到泵轮、涡轮和导轮的环形平面图，如图 3-10 所示。为便于说明，设发动机转速及负荷不变，即变矩器泵轮的转速 n_B 及转矩 M_B 为常数。

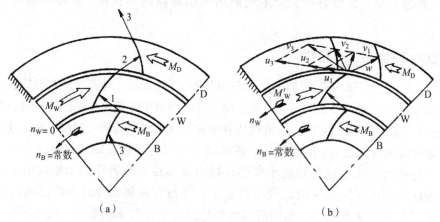

图 3-10 液力变矩器工作原理
(a) $n_W=0$ 时；(b) $n_W \neq 0$ 时

当发动机运转而汽车还未起步时，涡轮转速 n_W 为零，见图 3-10（a）。变速器油在泵轮叶片的带动下，以一定的绝对速度沿图中箭头 1 的方向冲向涡轮叶片，对涡轮有一作用力，产生绕涡轮轴的转矩。因此时涡轮静止不动，液流则沿着叶片流出涡轮并冲向导轮，其方向如图中箭头 2 所示，该液流对导轮产生作用力矩。然后液流再从固定不动的导轮叶片沿箭头 3 的方向流回到泵轮中。当液流流过叶片时，其对叶片作用有冲击力矩，液流此时也受到叶片的反作用力矩，其大小与作用力矩相等，方向相反。作用力矩与反作用力矩的方向及大小与液流进出工作轮的方向有关。设泵轮、涡轮和导轮对液流的作用力矩分别为 M_B、M_W 和 M_D，方向如图中箭头所示。根据液流受力平衡条件，三者在数值上满足关系式 $M_W = M_B + M_D$，即涡轮转矩等于泵轮转矩与导轮转矩之和。显然，此时涡轮转矩 M_W 大于泵轮转矩 M_B，即液力变矩器起到了增大转矩的作用。

当液力变矩器输出的转矩经传动系统传到驱动车轮上所产生的牵引力足以克服汽车起步阻力

时，汽车即起步并开始加速，与之相连的涡轮转速 n_W 也从零起逐渐增大。设液流沿叶片方向流动的相对速度为 ω，沿圆周方向运动的牵连速度为 u，设泵轮转速不变，即液流在涡轮出口处的相对速度不变，由图 3-10（b）可知，冲向导轮叶片的液流的绝对速度 v 将随牵连速度 u 的增大而逐渐向左倾斜，使导轮上所受转矩值逐渐减小，即液力变矩器的转矩放大作用随之减弱。

2. 耦合工作特性

当涡轮转速增大到泵轮转速的 90% 时，由涡轮流出的液流正好沿导轮出口方向冲向导轮，由于液体流经导轮时方向不变，故导轮转矩 M_D 为零，即涡轮转矩与泵轮转矩相等，$M_W = M_B$，此时液力变矩器处于耦合工作状态。

若涡轮转速继续增大，液流绝对速度方向继续向左倾斜，冲击导轮叶片的反面，导轮转矩方向与泵轮转矩方向相反；若导轮仍然固定不动，则涡轮转矩 $M_W = M_B - M_D$，即变矩器输出转矩反而比输入转矩小。为此，绝大多数液力变矩器在导轮机构中增设了单向离合器，也称自由轮机构。单向离合器在液力变矩器中起单向导通的作用，当涡轮与泵轮转速差较大时，单向离合器处于锁止状态，导轮不能转动。当涡轮转速升高到一定程度后，单向离合器导通，即导轮空转，变矩器不能改变输出转矩，液力变矩器进入耦合工作区。

常见的单向离合器有楔块式和滚柱式两种结构形式。

楔块式单向离合器如图 3-11 所示，它由内座圈、外座圈、楔块、保持架等组成。导轮与外座圈连为一体，内座圈与固定套管刚性连接，不能转动。当导轮带动外座圈逆时针转动时，外座圈带动楔块逆时针转动，楔块的长径与内、外座圈接触，如图 3-11（a）所示。由于长径长度大于内、外座圈之间的距离，因此外座圈被卡住而不能转动。当导轮带动外座圈顺时针转动时，外座圈带动楔块顺时针转动，楔块的短径与内、外座圈接触，如图 3-11（b）所示，由于短径长度小于内、外座圈之间的距离，因此外座圈可以自由转动。

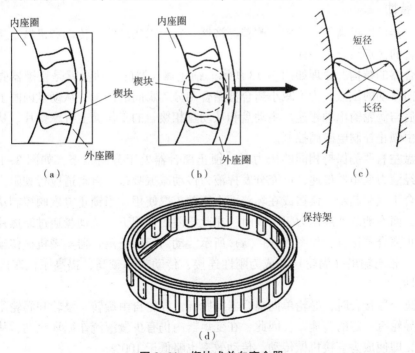

图 3-11 楔块式单向离合器

(a) 不可转动；(b) 可以转动；(c) 楔块结构；(d) 楔块式单向离合器

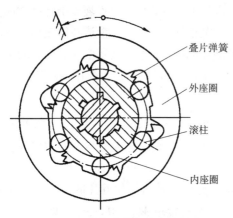

图 3-12 滚柱式单向离合器示意

滚柱式单向离合器示意如图 3-12 所示，它由内座圈、外座圈、滚柱、叠片弹簧等组成。当导轮带动外座圈顺时针转动时，滚柱进入楔形槽的宽处，内、外座圈不能被滚柱楔紧，外座圈和导轮可以顺时针自由转动。当导轮带动外座圈逆时针转动时，滚柱进入楔形槽的窄处，内、外座圈被滚柱楔紧，外座圈和导轮固定不动。

随着涡轮转速的逐渐提高，涡轮输出的转矩会逐渐下降，而且这种变化是连续的。同样，如果涡轮上的负荷增加了，涡轮的转速要下降，而涡轮输出的转矩增加正好适应负荷的增加。

可以把液力变矩器的工作过程概括为两个工况，一个是变矩，另一个是耦合。当泵轮与涡轮转速相差较大，或者说在低速区时，液力变矩器实现变矩（增矩）；当涡轮转速达到泵轮转速的 85%~90%，或者说在高速区时，液力变矩器实现耦合传动，即输出（涡轮）转矩等于输入（泵轮）转矩。

3. 失速特性

液力变矩器失速状态是指涡轮因负荷过大而停止转动，但泵轮仍保持旋转的现象，此时液力变矩器只有动力输入而没有输出，全部输入能量都转化成热能，因此变矩器中的油液温度急剧上升，这会对变矩器造成严重危害。失速点转速是指涡轮停止转动时的液力变矩器最大输入转速，该转速大小取决于发动机转矩、变矩器的尺寸及导轮、涡轮的叶片角度。

4. 锁止特性

锁止离合器可以提高传动效率，改善经济性。它可以实现液力传动和机械直接传动两种工况，把两者的优点结合于一体。

锁止离合器的结构、原理如图 3-13 所示。锁止离合器的主动盘就是变矩器壳体，从动盘是可在轴向移动的压盘，为了减小离合器结合和分离瞬间的冲击，从动盘内圈上带有弹性减振盘，然后与涡轮输出轴相连。主动盘和从动盘相接触的工作面上有摩擦片。从动盘左右两侧的油液由锁止控制电磁阀控制。

当从动盘左右两侧保持相同的压力时，锁止离合器处于分离状态，如图 3-13（b）所示。动力须经液力变矩器传递，可充分发挥液力传动减振吸振、自动适应行驶阻力剧烈变化的优点，适合于汽车起步、换挡或在坏路面上行驶工况使用。当锁止电磁阀控制从动盘左侧的油压降低，而右侧的油液压力仍较高时，在此压差的作用下，从动盘通过摩擦片压紧在主动盘上，锁止离合器接合，如图 3-13（a）所示。动力经锁止离合器实现机械传动，变矩器输入（泵轮）轴与输出（涡轮）轴成为刚性连接，传动效率较高，提高了汽车的行驶速度和燃油经济性。

当锁止离合器接合时，导轮单向离合器即脱开，导轮自由旋转。泵轮和涡轮虽然是同速转动，但与导轮有一定的转速差，因此，在变矩器内仍有少量液流作循环流动，从而有一定的液力损失，即使成为直接机械传动，传动效率也略低于 100%。

锁止离合器进入锁止工况必须同时满足以下五个方面的条件：

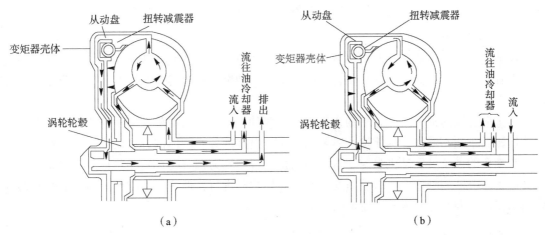

图 3-13 锁止离合器的结构、原理
(a) 接合状态；(b) 分离状态

(1) 发动机冷却液温度不得低于 53~65 ℃（因车型而异）。
(2) 挡位开关指示变速器处于行驶挡（N 位和 P 位不能锁止）。
(3) 制动灯开关必须指示没有进行制动。
(4) 车速必须高于 37~65 km/h（因车型而异，大部分自动变速器在三挡时进入锁止工况，少数变速器在二挡时进入锁止工况）。
(5) 来自节气门开度的传感器信号必须高于最低电压，以指示节气门处于开启状态。

四、液力变矩器的检修

1. 液力变矩器的外观检查

目视检查液力变矩器的外部有无损坏和裂纹，油泵驱动毂外径有无磨损、缺口有无损伤。如有异常应更换液力变矩器总成。

当自动变速器发生较严重的故障时，如离合器烧片、锁止离合器或单向离合器过度磨损等，在液力变矩器中往往会沉积大量的金属碎屑，这些碎屑采用浸泡、清洗的方法是不能除净的，所以需要更换液力变矩器总成。

2. 单向离合器的检修

单向离合器损坏失效后，液力变矩器就没有了转矩放大的功用，它将出现如下故障现象：车辆加速、起步无力，不踩加速踏板车辆不走，但车辆行驶起来之后换挡正常，发动机功率正常，如果做失速试验会发现失速转速要比正常值低 400 ~ 800 r/min。

单向离合器的检查如图 3-14 所示，用专用工具插入油泵驱动毂和单向离合器外座圈的槽口中。然后用手指压住单向离合器的内座圈并转动它，检查是否顺时针转

图 3-14 检查单向离合器

动平稳而逆时针方向锁止。如果单向离合器损坏，则需要更换液力变矩器总成。

3. 锁止离合器的检修

在满足锁止离合器接合的情况下行驶车辆，快速将加速踏板踩下超过2/3，如果发动机转速没有明显的上升，说明锁止离合器已经接合；如果发动机转速明显上升，说明锁止离合器没有工作。

锁止离合器的常见故障有不锁止和常锁止两种。不锁止的现象是车辆的油耗高、发动机高速运转而车速不够快。具体检查时要相应检查电路部分、阀体部分以及锁止离合器本身。

常锁止的现象是发动机怠速正常，但选挡杆置于动力挡（R、D、S）后发动机熄火。

锁止离合器的维修需要将液力变矩器切开后才能进行，但这只能由专业的自动变速器维修站来完成，通常是更换液力变矩器总成。

【任务实施】

一、任务实施准备

（1）场地：理论实训一体化多媒体实训室；
（2）车辆：装有自动变速器（AT）的车辆；
（3）供检查的液力变矩器；
（4）工具：液力变矩器检修工具；
（5）车辆维修手册；
（6）实训工单。

二、任务实施步骤

（1）组织学生对基本知识进行学习；
（2）组织学生分组制订液力变矩器检测的工作计划；
（3）学生小组汇报工作计划；
（4）教师对学生工作计划进行点评；
（5）组织学生对试验车辆进行检测，对液力变矩器进行检查，教师对不正确的操作给予指导；
（6）填写实训工单；
（7）教师接收学生完成的实训工单，利用考核单进行考核，对该实训任务进行总结，包括教师答疑、学生总结、教师总结。

液力变矩器检修 实训工单

学生姓名：_____　　　班级：_____　　　实训日期：_____

序号	实训项目	完成状况及检测结果
1	车辆准备	
2	工具准备	
3	维修手册准备	
4	检查液力变矩器外观	
5	检查液力变矩器单向离合器	
6	检查液力变矩器锁止离合器	
实训总结	实训结论	实训收获与反思

液力变矩器检修 考核单

学生姓名：　　　　　考核项目：　　　　　考核成绩：

序号	项目	分值	扣分标准	得分
1	实训准备工作	5	每缺少1项扣1分	
2	工量具正确使用	10	每错误1次扣2分	
3	维修手册正确使用	5	每错误1次扣1分	
4	操作规范性	60	每错误1次扣1分	
5	实训工单填写	10	未填写扣10分	
6	5S	10	每缺少1项扣2分	
7	是否出现危险行为		出现人身危险总成绩0分；出现车辆危险扣20分；出现工具设备危险扣10分	
	合计	100		

教师评语

考核教师：

　　　　年　　月　　日

任务九　齿轮变速系统检修

1. 掌握单排行星齿轮行星排的结构及工作原理。
2. 掌握换挡执行机构的类型及工作原理。
3. 了解四速行星齿轮系统。
4. 了解六速行星齿轮系统。
5. 了解平行轴式齿轮传动系统。

1. 能够判断行星齿轮机构是否损坏。
2. 能够正确判断单向离合器是否损坏。
3. 能够正确判断离合器及制动器是否损坏。

一辆装备 09G 自动变速器的大众迈腾轿车，8 年行驶了 11.3 万 km，出现换挡迟滞现象，经检查，发动机工作正常，变速器油有一种强烈的焦臭味，需要分解变速器，并检查各零部件，查找故障所在进行维修，我们该怎么办？

【基本知识】

液力变矩器可以在一定范围内自动无级地改变转矩和传动比，以适应行驶阻力的变化，但变矩比小，不能完全满足汽车使用的要求，必须与齿轮变速器组合使用，扩大传动比的变化范围，才能满足汽车行驶的需要。自动变速器的齿轮变速系统主要有行星齿轮系统和平行轴齿轮系统，目前绝大多数自动变速器采用行星齿轮系统与液力变矩器配合使用，行星齿轮系统由行星齿轮机构和执行机构组成，执行机构根据自动变速器控制系统的命令放松或固定行星齿轮机构的某个元件，通过改变动力传递路线得到不同的传动比。

一、单排行星齿轮行星排

1. 组成

单排行星齿轮机构主要由一个太阳轮、一个带有行星齿轮的行星齿轮架和一个齿圈组成，如图 3-15 所示。

齿圈制有内齿，其余齿轮均为外齿轮。太阳轮位于机构的中心，行星齿轮与之外啮合，行星齿轮与齿圈内啮合。通常行星齿轮有 3~6 个，通过滚针轴承安装在行星齿轮轴上，行星齿轮轴对称、均匀地安装在行星齿轮架上。行星齿轮机构工作时，行星齿轮除了绕自身轴线的自转外，同时还绕着太阳轮公转，行星齿轮架也绕太阳轮旋转。因为太阳轮与行星齿轮是外啮合，所以二者的旋转方向是相反的；而行星齿轮与齿圈是内啮合，所以它们的旋转方向是相同的。

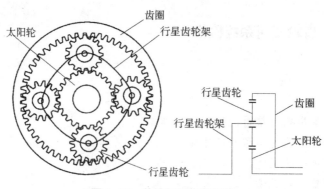

图 3-15 单排行星齿轮机构

2. 运动规律

根据能量守恒定律，由作用在单排行星齿轮机构各元件上的力矩和结构参数，可以得出表示单排行星齿轮机构运动规律的特性方程式：

$$n_1 + \alpha n_2 - (1+\alpha) n_3 = 0$$

式中，n_1 为太阳轮转速；n_2 为齿圈转速；n_3 为行星齿轮架转速；α 为齿圈齿数 z_2 与太阳轮齿数 z_1 之比，即 $\alpha = \dfrac{z_2}{z_1}$，且 $\alpha > 1$。

由于一个方程中有三个变量，如果将太阳轮、齿圈和行星齿轮架中某个元件作为主动（输入）部分，让另一个元件作为从动（输出）部分，则因为第三个元件不受任何约束和限制，所以从动部分的运动是不确定的。因此，为了得到确定的运动，必须对太阳轮、齿圈和行星齿轮架三者中的某个元件的运动进行约束和限制。

3. 动力传递

如图 3-16 所示，通过对不同的元件进行约束和限制，可以得到不同的动力传递方式。

（1）如图 3-16（a）所示，太阳轮为输入元件，由行星齿轮架输出，齿圈被固定。太阳轮带动行星齿轮沿静止的齿圈旋转，从而带动行星齿轮架以较慢的速度与太阳轮同向旋转，传动比为

$$i_{13} = n_1 / n_3 = 1 + \alpha$$

传动比大于 2，可以作为降速挡。

（2）如图 3-16（b）所示，输入元件是行星齿轮架，由太阳轮输出，齿圈被固定。传动比为

$$i_{31} = n_3 / n_1 = 1 / (1+\alpha)$$

传动比小于 1/2，变速器上很少使用。

（3）如图 3-16（c）所示，固定元件是太阳轮，动力经齿圈输入，由行星齿轮架输出。传动比为

$$i_{23} = n_2 / n_3 = 1 + 1/\alpha$$

传动比大于 1 而小于 2，可以作为降速挡。

（4）如图 3-16（d）所示，固定元件是太阳轮，输入元件是行星齿轮架，输出元件是齿圈。传动比为

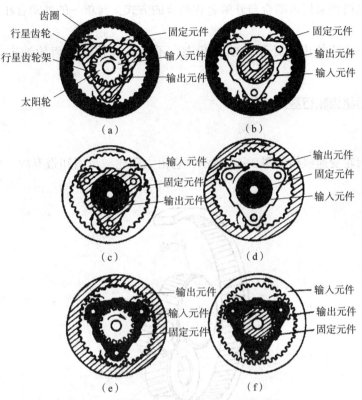

图3-16 单排行星齿轮机构的动力传递方式

$$i_{32}=n_3/n_2=\alpha/(1+\alpha)$$

传动比大于1/2而小于1,可以作为超速挡。

(5)如图3-16(e)所示,输入元件是太阳轮,行星齿轮架被固定,行星齿轮只能自转,并带动齿圈旋转输出动力。传动比为

$$i_{12}=n_1/n_2=-\alpha$$

传动比为负值,说明齿圈的旋转方向与太阳轮相反,绝对值大于1,可以作为倒挡。

(6)如图3-16(f)所示,输入元件是齿圈,行星齿轮架被固定,行星齿轮只能自转,并带动太阳轮旋转输出动力。传动比为

$$i_{21}=n_2/n_1=-1/\alpha$$

传动比为负值,说明齿圈的旋转方向与太阳轮相反,绝对值小于1,一般不被采用。

(7)若三元件中的两元件被连接在一起转动,则第三元件必然与这两者以相同的转速转动。传动比为1,可以作为直接挡。

(8)若所有元件均不受约束,则行星齿轮机构失去传动作用。传动比为0,可以作为空挡。

行星齿轮机构与外啮合齿轮机构相比具有以下优点:

①所有行星齿轮均参与工作,都承受载荷,行星齿轮工作更安静,强度更大。

②行星齿轮工作时,齿轮间产生的作用力由齿轮系统内部承受,不传递到变速器壳体,变速器可以设计得更薄、更轻。

③行星齿轮机构采用内啮合与外啮合相结合的方式,与单一的外啮合相比,减小了变速器尺寸。

④行星齿轮系统的齿轮处于常啮合状态,不存在挂挡时的齿轮冲击,工作平稳,寿命长。

二、双排行星齿轮行星排

1. 组成

双排行星齿轮变速机构如图 3-17 所示,它由太阳轮、齿圈和带有内、外行星齿轮的行星齿轮架组成。

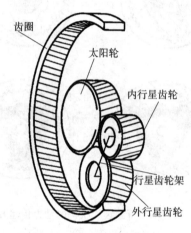

图 3-17　双排行星齿轮变速机构

2. 运动规律

设太阳轮、齿圈和行星齿轮架的转速分别为 n_1、n_2 和 n_3,齿数分别为 z_1、z_2 和 z_3,齿圈与太阳轮的齿数比为 α,其运动规律为

$$n_1 - \alpha n_2 + (\alpha - 1) n_3 = 0$$

对双排行星齿轮机构的运动分析同单排行星齿轮机构类似,在此不再赘述。

三、换挡执行机构

行星齿轮变速器中的所有齿轮都处于常啮合状态,其挡位变换必须通过以不同方式对行星齿轮机构的基本元件进行约束(固定或连接某些基本元件)来实现,能对这些基本元件实施约束的机构,就是行星齿轮变速器的换挡执行机构。

换挡执行机构主要有离合器、制动器和单向离合器三种类型,离合器和制动器是以液压方式控制行星齿轮机构元件旋转的,而单向离合器则是以机械方式对行星齿轮机构的元件进行锁止的。

1. 离合器

离合器的作用是将变速器的输入轴和行星排的某个基本元件连接,或将行星排的某两个基本元件连接在一起,使之成为一个整体而转动。

自动变速器中所用的离合器为湿式多片离合器，它通常由离合器毂、离合器活塞、回位弹簧、钢片、摩擦片和花键毂等组成，其结构如图3-18所示。

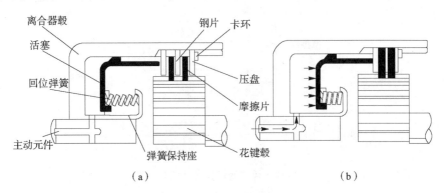

图3-18 湿式多片离合器
(a) 分离状态；(b) 接合状态

离合器毂通过花键与主动元件相连或与其制成一体，钢片通过外缘键齿与离合器毂的内花键槽配合，与主动元件同步旋转。离合器花键毂与行星齿轮机构的主动元件制成一体，摩擦片通过内缘键齿与花键毂相连，钢片和摩擦片均可以轴向移动，压盘固定于离合器毂键槽中，用以限制钢片、摩擦片的位移量，其外侧安装了限位卡环，活塞装于离合器毂内，回位弹簧一端抵于活塞端面，另一端支撑在弹簧保持座上，回位弹簧有周置螺旋弹簧、中央布置螺旋弹簧和中央布置碟形弹簧3种形式。

当离合器处于分离状态时，活塞在回位弹簧的作用下处于左极限位置，钢片、摩擦片间存在一定间隙。当压力油经油道进入活塞左腔室后，液压力克服弹簧张力使活塞右移，将所有钢片、摩擦片依次压紧，离合器接合，该元件成为输入元件，动力经主动元件、离合器鼓、钢片、摩擦片和花键毂传至行星齿轮机构。油压撤出后，活塞在回位弹簧的作用下回位，离合器分离，动力传递路线被切断。

2．制动器

制动器的作用是固定行星齿轮机构中的基本元件，阻止其旋转。在自动变速器中常用的制动器有片式制动器和带式制动器两种。

1）片式制动器

片式制动器由制动器活塞、回位弹簧、钢片、摩擦片及制动器毂等组成，如图3-19所示。其结构和工作原理与湿式多片离合器基本相同，只是其钢片通过外花键齿安装在变速器壳体的内花键齿圈上，摩擦片则通过内花键齿和制动器毂上的外花键槽相连，制动器毂与行星齿轮机构的元件相连。当液压缸中没有压力油时，制动器毂可以自由旋转，当压力油进入制动器的液压缸后，通过活塞将钢片和摩擦片压紧在一起，制动器毂以及与其相连的行星齿轮机构的某一元件被固定住而不能旋转。

2）带式制动器

带式制动器由制动带及其伺服装置（控制油缸）组成。制动带是内表面带有镀层的开口式环形钢带，开口的一端支撑在与变速器壳体固连的支座上，另一端与伺服装置相连。

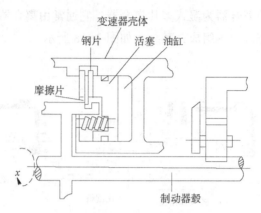

图 3-19　片式制动器工作原理示意

制动器伺服装置有直接作用式和间接作用式两种类型。直接作用式制动器伺服装置结构如图 3-20 所示。制动带开口的一端通过摇臂支撑于固定在变速器壳体的支承销上，另一端支撑于油缸活塞杆端部，活塞在回位弹簧和左腔油压的作用下位于右极限位置，此时，制动带和制动器毂之间存在一定间隙。

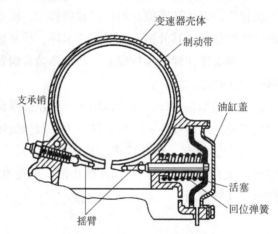

图 3-20　直接作用式伺服装置结构

制动时，压力油进入活塞右腔，克服左腔油压和回位弹簧的作用力推动活塞左移，制动带以固定支座为支点收紧，在制动力矩的作用下，制动器毂停止旋转，行星齿轮机构某元件被锁止。随着油压撤除，活塞逐渐回位，制动解除。若仅依靠弹簧张力，则活塞回位速度较慢，目前大多数制动器设置了左腔进油道，在右腔撤除油压的同时左腔进油，活塞在油压和回位弹簧的共同作用下回位，可迅速解除制动。

图 3-21 所示为间接作用式伺服装置。它与上述结构的区别在于制动器开口的一端支撑于推杆的端部，活塞杆通过杠杆控制推杆的动作，由于采用杠杆结构将活塞作用力放大，故制动力矩进一步增大。

制动解除后，制动带与制动器毂之间应存在一定间隙，否则会造成制动带过度磨损和制动器毂的滑磨，影响行星齿轮系统的正常工作。调整该间隙的常见结构有以下 3 种：

（1）长度可调整的支承销；

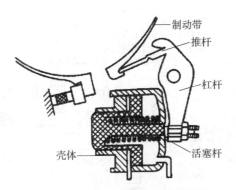

图 3-21　间接作用式伺服装置

（2）长度可调整的活塞杆（或推杆）；

（3）通过调整螺钉调整长度的杠杆。

3. 单向离合器

单向离合器的作用是使某元件只能按一定方向旋转，在另一个方向上锁止。在行星齿轮系统中有若干个单向离合器，其工作性能对变速器的换挡品质有很大影响。执行机构的灵敏性直接影响换挡的平顺性，单向离合器具有灵敏度高的优点，可瞬间锁止（或解除锁止），提高了换挡时机的准确性。另外，单向离合器不需要附加的液压或机械操纵装置，结构简单，不易发生故障。单向离合器有滚子式和楔块式两种类型。其结构与工作原理见液力变矩器导轮单向离合器。

四、四速行星齿轮系统举例

1. A340E 型电子控制自动变速器

丰田 A340E 型电子控制自动变速器与 2JZ-GE 型发动机相配套，应用于丰田皇冠 3.0 汽车上，各元件位置图如 3-22 所示，A340E 型变速器的结构简图如图 3-23 所示。

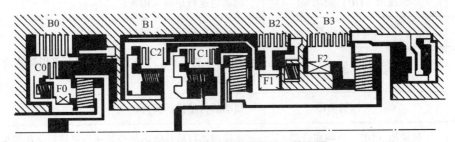

图 3-22　A340E 型变速器的元件位置

该行星齿轮机构由三排行星齿轮机构组成，前面一排为超速行星排，中间一排为前行星排，后面一排为后行星排，是在三挡辛普森行星齿轮机构的基础上发展起来的。输入轴与超速行星排的行星齿轮架相连，超速行星排的齿圈与中间轴相连，中间轴通过前进挡离合器或直接挡、倒挡离合器与前、后行星排相连，前、后行星排共用一个太阳轮，前行星排的行星齿轮架与后行星排的齿圈相连并与输出轴相连。

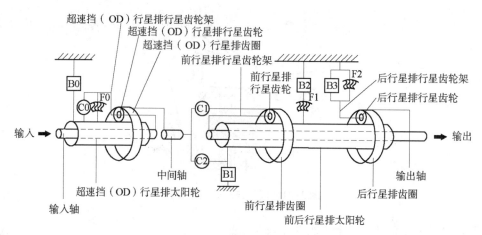

图 3-23　A340E 型变速器的结构简图

C0—超速挡（OD）离合器；C1—前进挡离合器；C2—直接挡、倒挡离合器；
B0—超速挡（OD）制动器；B1—二挡滑行制动器；B2—二挡制动器；
B3—低、倒挡制动器；F0—超速挡（OD）单向离合器；
F1—二挡（一号）单向离合器；F2—低挡（二号）单向离合器

换挡执行机构包括 3 个离合器、4 个制动器和 3 个单向离合器共 10 个元件，它们具体的功能见表 3-1。

表 3-1　换挡执行元件的功能

换挡执行元件		功能
C0	超速挡（OD）离合器	连接超速行星排太阳轮与超速行星排行星齿轮架
C1	前进挡离合器	连接中间轴与前行星排齿圈
C2	直接挡、倒挡离合器	连接中间轴与前后行星排太阳轮
B0	超速挡（OD）制动器	制动超速行星排太阳轮
B1	二挡滑行制动器	制动前后行星排太阳轮
B2	二挡制动器	制动 F1 外座圈，当 F1 起作用时，可以防止前后行星排太阳轮逆时针转动
B3	低、倒挡制动器	制动后行星排行星齿轮架
F0	超速挡（OD）单向离合器	连接超速行星排太阳轮与超速行星排行星齿轮架
F1	二挡（一号）单向离合器	当 B2 工作时，防止前后行星排太阳轮逆时针转动
F2	低挡（二号）单向离合器	防止后行星排行星齿轮架逆时针转动

在变速器各挡位时，换挡执行元件的工作情况见表 3-2。

表 3-2　各挡位换挡执行元件的工作情况

选挡杆位置	挡位	换挡执行元件										发动机制动
		C0	C1	C2	B0	B1	B2	B3	F0	F1	F2	
P	驻车挡	○										
R	倒挡	○		○				○	○			
N	空挡	○										
D	一挡	○	○						○		○	
D	二挡	○	○				○		○	○		
D	三挡	○	○	○			○		○			
D	四挡		○	○	○							
2	一挡	○	○						○	○		
2	二挡	○	○			○	○		○	○		○
2	三挡	○	○	○			○		○			○
L	一挡	○	○					○	○		○	○
L	二挡	○	○				○		○			○

注：○——换挡元件工作或有发动机制动

各挡位动力传递路线

1）D 位一挡

如图 3-24 所示，D 位一挡时，C0、C1、F0、F2 工作。C0 和 F0 工作，将超速行星排的太阳轮和行星齿轮架相连，此时超速行星排成为一个刚性整体，输入轴的动力顺时针传到中间轴。C1 工作，将中间轴与前行星排齿圈相连，前行星排齿圈顺时针转动驱动前行星排行星齿轮，前行星排行星齿轮既顺时针自转又顺时针公转，前行星排行星齿轮顺时针公转则输出轴也顺时针转动，这是第一条动力传递路线。由于前行星排行星齿轮顺时针自转，因此前、后行星排太阳轮逆时针转动，再驱动后行星排行星齿轮顺时针自转，此时后行星排行星齿轮在前、后行星排太阳轮的作用下有逆时针公转的趋势，但由于 F2 的作用，后行星排行星齿轮架不动。这样顺时针转动的后行星排行星齿轮驱动齿圈顺时针转动，从输出轴输出动力，这是第二条动力传递路线。

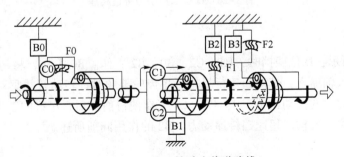

图 3-24　D 位一挡动力传递路线

2) D位二挡

如图3-25所示，D位二挡时，C0、C1、B2、F0、F1工作。C0和F0工作如前所述直接将动力传给中间轴。C1工作，动力顺时针传到前行星排齿圈，驱动前行星排行星齿轮顺时针转动，并使前、后太阳轮有逆时针转动的趋势，由于B2的作用，F1将防止前、后太阳轮逆时针转动，即前、后太阳轮不动。此时前行星排行星齿轮将带动前行星排行星齿轮架也顺时针转动，从输出轴输出动力。后行星排不参与动力的传递。

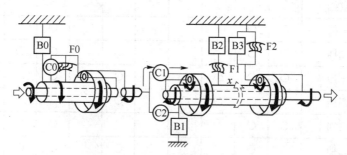

图3-25　D位二挡动力传递路线

3) D位三挡

如图3-26所示，D位三挡时，C0、C1、C2、B2、F0工作。C0和F0工作如前所述，直接将动力传给中间轴。C1、C2工作，将中间轴与前行星排的齿圈和太阳轮同时连接起来，前行星排成为刚性整体，动力直接传给前行星排行星齿轮架，从输出轴输出动力。此挡为直接挡。B2使得D2挡升到D3挡时只需让C2工作即可，同样D3挡降为D2挡时也只须让C2停止工作即可，这样相邻两挡升降参与工作的元件少，换挡方便，提高了操作的可靠性和平顺性。

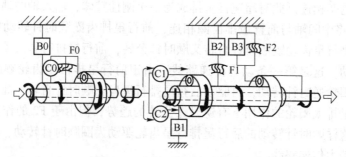

图3-26　D位三挡动力传递路线

4) D位四挡

如图3-27所示，D位四挡时，C1、C2、B0、B2工作。B0工作，将超速行星排太阳轮固定。动力由输入轴输入，带动超速行星排行星齿轮架顺时针转动，并驱动行星齿轮及齿圈都顺时针转动，此时的传动比小于1。C1、C2工作使得前、后行星排的工作同D3挡，即处于直接挡。所以整个机构以超速挡传递动力。B2的作用同前所述。

5) 2位一挡

2位一挡的工作情况与D位一挡相同。

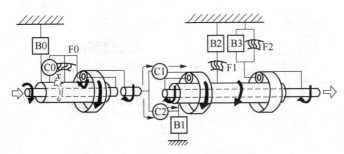

图 3-27 D 位四挡动力传递路线

6) 2 位二挡

如图 3-28 所示，2 位二挡时，C0、C1、B1、B2、F0、F1 工作。动力传递路线与 D 位二挡时相同。区别只是由于 B1 的工作，2 位二挡有发动机制动，而 D 位二挡没有。此挡为高速发动机制动挡。

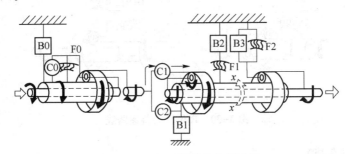

图 3-28 2 位二挡动力传递路线

发动机制动是指利用发动机怠速时的较低转速以及变速器的较低挡位来使较快的车辆减速的功能。D 位二挡时，如果驾驶员抬起加速踏板，发动机进入怠速工况，而汽车在原有的惯性作用下仍以较高的车速行驶。此时，驱动车轮将通过变速器的输出轴反向带动行星齿轮机构运转，各元件都将以相反的方向转动，即前、后太阳轮将有顺时针转动的趋势，F1 不起作用，使得反传的动力不能到达发动机，无法利用发动机进行制动。而在 2 位二挡时，B1 工作使得前、后太阳轮固定，既不能逆时针转动也不能顺时针转动，这样反传的动力就可以传到发动机，所以有发动机制动。

7) 2 位三挡

2 位三挡的工作情况与 D 位三挡相同。

8) L 位一挡

如图 3-29 所示，L 位一挡时，C0、C1、B3、F0、F2 工作。动力传递路线与 D 位一挡时相同，区别只是由于 B3 的工作，后行星排行星齿轮架固定，有发动机制动，原理同前所述。此挡为低速发动机制动挡。

9) L 位二挡

L 位二挡的工作情况与 2 位二挡相同。

10) R 位

如图 3-30 所示，倒挡时，C0、C2、B3、F0 工作。C0 和 F0 工作如前所述，直接将动力传给中间轴。C2 工作，将动力传给前、后行星排太阳轮。B3 工作，将后行星排行星齿轮

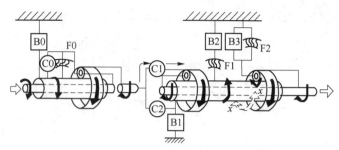

图 3-29 L 位一挡动力传递路线

架固定,使得行星齿轮仅相当于一个惰轮。前、后行星排太阳轮顺时针转动驱动后行星排行星齿轮架逆时针转动,进而驱动后行星排齿圈也逆时针转动,从输出轴逆时针输出动力。

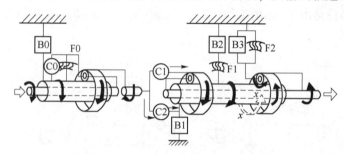

图 3-30 R 位动力传递路线

11) P 位(驻车挡)

选挡杆置于 P 位时,一般自动变速器都是通过驻车锁止机构将变速器输出轴锁止实现驻车的。如图 3-31 所示,驻车锁止机构由输出轴外齿圈、锁止棘爪、锁止凸轮等组成。锁止棘爪与固定在变速器壳体上的枢轴相连。当选挡杆处于 P 位时,与选挡杆相连的手动阀通过锁止凸轮将锁止棘爪推向输出轴外齿圈,并嵌入齿中,使变速器输出轴与壳体相连而无法转动,如图 3-31 (b) 所示。当选挡杆处于其他位置时,锁止凸轮退回,锁止棘爪在回位弹簧的作用下离开输出轴外齿圈,锁止撤销,如图 3-31 (a) 所示。

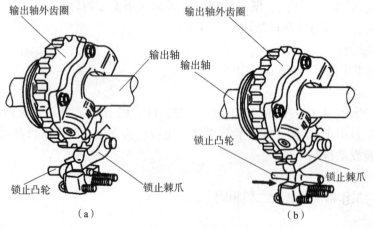

图 3-31 驻车锁止机构

2. 01M型电控液力式自动变速器

01M是装备在捷达、宝来轿车上的4挡电控液力式自动变速器,该变速器结构如图3-32所示,结构简图如图3-33所示。换挡执行元件功能见表3-3,各挡位换挡执行元件的工作情况见表3-4。

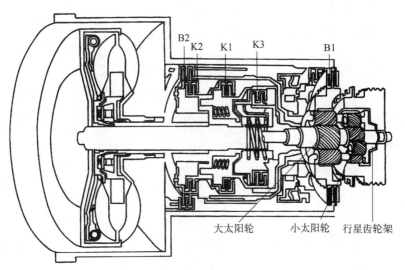

图3-32 01M型变速器结构

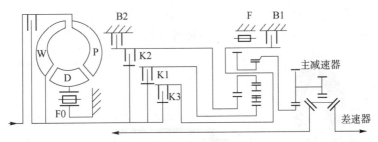

图3-33 01M型变速器结构简图

表3-3 换挡执行元件功能

元件	功能
K1	将输入轴与小太阳轮连接
K2	将输入轴与大太阳轮连接
K3	将输入轴与行星齿轮架连接
B1	制动行星齿轮架
B2	制动大太阳轮
F	阻止前行星齿轮架逆时针转动
F0	阻止导轮逆时针转动

表 3-4　各挡位换挡执行元件的工作情况

挡位	换挡执行元件						
	K1	K2	K3	B1	B2	F	F0
1H	○					○	
1M	○					○	○
2H	○				○		
2M	○				○		○
3H	○		○				
3M	○		○				○
4H			○		○		
4M			○		○		○
R		○		○			

注：○——工作；H——液力传动；M——机械传动

各挡动力传递路线如下。

1) 一挡

一挡时，离合器 K1 接合，单向离合器 F 工作。如图 3-34 所示，动力传递路线为：泵轮→涡轮→涡轮轴→离合器 K1→小太阳轮→短行星齿轮→长行星齿轮驱动齿圈。

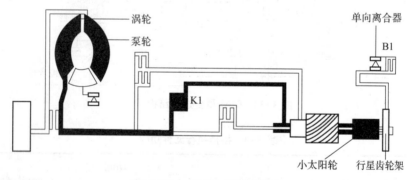

图 3-34　一挡动力传递路线

2) 二挡

二挡时，离合器 K1 接合，制动器 B2 制动大太阳轮。如图 3-35 所示，动力传递路线为：泵轮→涡轮→涡轮轴→离合器 K1→小太阳轮→短行星齿轮→长行星齿轮围绕固定的大太阳轮转动并驱动齿圈。

3) 三挡

三挡时，离合器 K1 和 K3 接合，驱动小太阳轮和行星齿轮架，因而使行星齿轮机构锁止并一同转动。如图 3-36 所示，动力传递路线为：泵轮→涡轮→涡轮轴→离合器 K1 和 K3→整个行星齿轮转动。

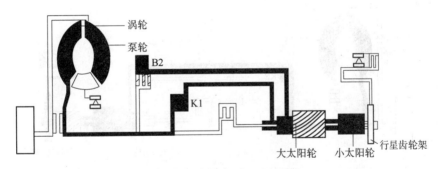

图 3-35 二挡动力传递路线

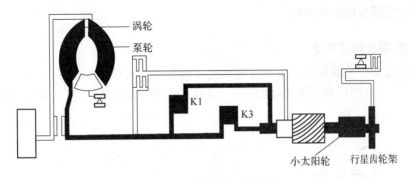

图 3-36 三挡动力传递路线

4) 四挡

四挡时，离合器 K3 接合，制动器 B2 工作，使行星齿轮架工作，并制动大太阳轮，如图 3-37 所示，动力传递路线为：泵轮→涡轮→涡轮轴→离合器 K3→行星齿轮架→长行星齿轮围绕大太阳轮转动并驱动齿圈。

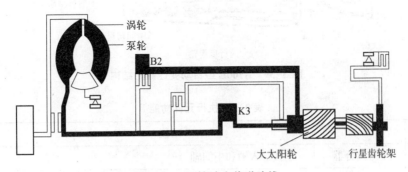

图 3-37 四挡动力传递路线

5) R 挡

换挡杆在"R"位置时，离合器 K2 接合，驱动大太阳轮；制动器 B1 工作，使行星齿轮架制动，如图 3-38 所示，动力传递路线为：泵轮→涡轮→涡轮轴→离合器 K2→大太阳轮→长行星齿轮反向驱动齿圈。

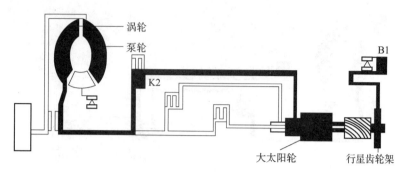

图 3-38 倒挡动力传递路线

五、六速行星齿轮系统举例

1. A760E 型自动变速器

A760E 型自动变速器装备在丰田皇冠和锐志轿车上，其结构如图 3-39 所示，结构简图如图 3-40 所示，结构示意如图 3-41 所示，各执行元件功能见表 3-5，各挡执行元件工作情况见表 3-6。

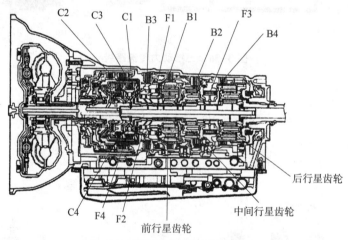

图 3-39 A760E 型自动变速器的结构

表 3-5 执行元件功能

组件		功能
C1	1 号离合器	连接输入轴和中间轴
C2	2 号离合器	连接输入轴和中间行星齿轮架
C3	3 号离合器	连接输入轴和前太阳轮
C4	4 号离合器	连接输入轴和中间轴
B1	1 号制动器	阻止前行星齿轮架顺时针和逆时针转动
B2	2 号制动器	阻止前齿圈与中间齿圈顺时针和逆时针转动
B3	3 号制动器	阻止 F2 的外座圈顺时针和逆时针转动

续表

组件		功能
B4	4号制动器	阻止中间行星齿轮架与后齿圈顺时针和逆时针转动
F1	1号单向离合器	阻止前行星齿轮架逆时针转动
F2	2号单向离合器	当B3工作时,阻止前太阳轮逆时针转动
F3	3号单向离合器	阻止中间行星齿轮架和后齿圈逆时针转动
F4	4号单向离合器	阻止中间轴逆时针转动
行星齿轮		这些齿轮通过传递来的驱动力,按照每个离合器和制动器的工作情况转换路径,以使输入或输出转速提高或降低

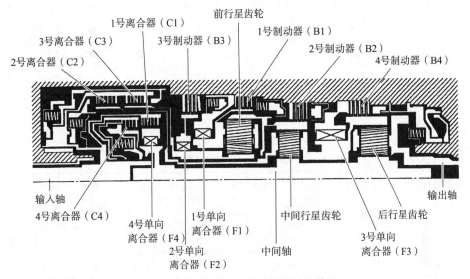

图3-40 A760E型自动变速器结构简图

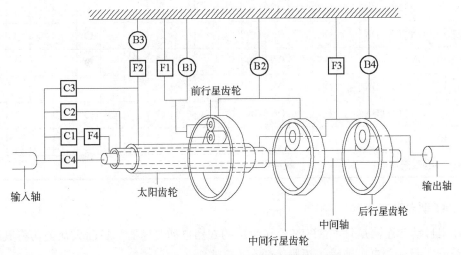

图3-41 A760E型自动变速器结构示意

表 3-6 各挡执行元件工作情况

换挡杆位置		S1	S2	S3	S4	SR	SL1	SL2	SLU	C1	C2	C3	C4	B1	B2	B3	B4	F1	F2	F3	F4
P			ON	ON		ON		ON													
R			ON	ON		ON		ON				○		○			○	○			
N			ON	ON		ON		ON													
D, S6	一挡		ON	ON		ON		ON		○										○	○
	二挡	ON	ON			ON		ON	ON	○						○		○	○		○
	三挡	ON	ON			ON		ON	ON	○		○				●		○			○
	四挡	ON				ON		ON	ON	○	○	●				●					○
	五挡	ON		ON		ON		ON		●	○			○		●					
	六挡	ON	ON	ON		ON		ON		●		○		●	○	●					
S5	一挡		ON	ON		ON		ON		○										○	○
	二挡	ON	ON	ON		ON		ON		○						○		○	○		○
	三挡	ON	ON			ON		ON	ON	○		○				●		○			○
	四挡	ON				ON		ON	ON	○	○	○				●					○
	五挡	ON		ON		ON		ON		●	○			○		●					
S4	一挡		ON	ON		ON		ON		○										○	○
	二挡	ON	ON	ON		ON		ON		○						○		○	○		○
	三挡	ON		ON		ON		ON		○		○				●		○			
	四挡	ON				ON		ON	ON	○	○	●				●					
S3	一挡		ON	ON		ON		ON		○										○	○
	二挡	ON	ON	ON		ON		ON		○						○		○	○		○
	三挡	ON	ON			ON		ON		○		○				●					
S2	一挡		ON	ON		ON		ON		○										○	○
	二挡	ON	ON			ON		ON		○					○	○					
S1	一挡		ON	ON		ON		ON		○		○				○					

注：ON——电磁阀通电；○——工作；●——发动机制动

2. 09G 型自动变速器

09G 型自动变速器是日本 AISIN 公司生产的 6 挡自动变速器，目前大众公司将其装在高尔夫、途安、新甲壳虫、速腾、迈腾等轿车上。

该变速器结构如图 3-42 所示，结构简图如图 3-43 所示。

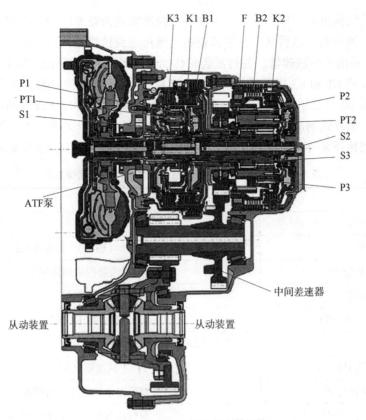

图 3-42 09G 型自动变速器结构

K—离合器；B—制动器；S—太阳轮；P—行星齿轮；PT—行星齿轮架；F—单向离合器

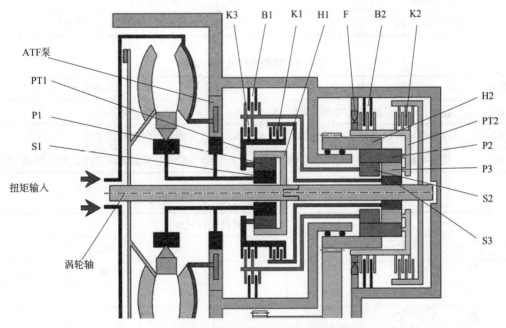

图 3-43 09G 型自动变速器结构简图

K—离合器；B—制动器；S—太阳轮；P—行星齿轮；PT—行星齿轮架；H—齿圈；F—单向离合器

该行星齿轮结构由一个单行星齿轮组和一个拉维娜式齿轮系统组合而成。发动机扭矩首先传递到单行星齿轮组,然后从单行星齿轮组继续传递到拉维娜式齿轮系统,最终经后者的齿圈 H2 将动力输出至主减速器。各行星齿轮传动部件的连接关系见表 3-7。单行星齿轮组上有膜片式离合器 K1 和 K3 以及膜片式制动器 B1。拉维娜式齿轮系统上有膜片式离合器 K2 和膜片式制动器 B2 以及单向离合器 F。膜片式离合器 K1、K2 和 K3 将发动机扭矩传递给行星齿轮变速器。膜片式制动器 B1 和 B2 或者单向离合器 F 用于支撑变速器外壳上的发动机扭矩。上述换挡执行元件功能见表 3-8,各挡位换挡执行元件的工作情况见表 3-9。

表 3-7 09G 型变速器各行星齿轮传动部件的连接关系

部件	连接
单行星齿轮组	
齿圈 H1	涡轮轴(输入)/离合器 K2
行星齿轮 P1	单行星齿轮组中间传递动力
太阳轮 S1	固定
行星齿轮架 PT1	离合器 K1/K3
拉维娜式齿轮系统	
齿圈 H2	主减速器(输出)
长行星齿轮 P2	双行星齿轮组中的力传递
短行星齿轮 P3	双行星齿轮组中的力传递
大太阳轮 S2	离合器 K3/制动器 B1
小太阳轮 S3	离合器 K1
行星齿轮架 PT2	离合器 K2/制动器 B2/单向离合器 F

表 3-8 换挡执行元件的功能

元件	功能	元件	功能
K1	连接行星齿轮架 PT1 与小太阳轮 S3	B1	固定大太阳轮 S2
K2	连接行星齿轮架 PT2 与涡轮轴	B2	固定行星齿轮架 PT2
K3	连接行星齿轮架 PT1 与大太阳轮 S2	F	阻止行星齿轮架 PT2 逆时针转动

表 3-9 各挡位换挡执行元件的工作情况

挡位	换挡执行元件					
	K1	K2	K3	B1	B2	F
一挡	○				●	○
二挡	○			○		
三挡	○		○			
四挡	○	○				
五挡		○	○			

续表

挡位	换挡执行元件					
	K1	K2	K3	B1	B2	F
六挡		○		○		
倒挡（R）			○		○	

注：○——工作；●——发动机制动

六、平行轴式齿轮传动系统

平行轴式自动变速器又称为定轴式自动变速器，它是基于手动变速器发展而来的，现主要应用在本田车系及大众车系部分装有 DSG 直接换挡变速器的车辆上。平行轴式自动变速器主要由平行轴式齿轮变速传动机构、液压控制系统和电子控制系统等三大部分组成。它具有起步平稳、接合柔和、换挡时间极短、换挡迅速、无冲击等优点，采用前轮驱动，自动变速器与驱动桥合为一体，动力传递路线短，结构更紧凑。

本田雅阁轿车自动变速器采用的三平行轴式齿轮变速系统结构如图 3-44 所示。该变速系统主要由平行轴、各挡齿轮和湿式多片离合器（以下统称离合器）等组成。平行轴为 3 根，即主轴、中间轴和副轴。主轴与发动机曲轴主轴颈轴线同轴。主轴上装有三挡和四挡离合器

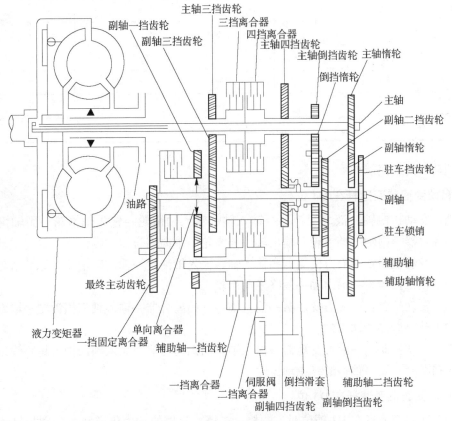

图 3-44 三平行轴式齿轮变速系统结构

以及三挡、四挡、倒挡齿轮和惰轮（倒挡齿轮与四挡齿轮制成一体）。中间轴上装有最终主动齿轮及一挡、三挡、四挡、倒挡、二挡和驻车挡齿轮以及惰轮（最终主动齿轮与中间轴制成一体）；副轴上装有一挡、二挡离合器和一挡、二挡齿轮及惰轮。中间轴四挡齿轮及其倒挡齿轮可以锁止在副轴中部，工作时是锁止四挡齿轮还是倒挡齿轮则取决于接合套的移动方式。主轴和副轴上的齿轮与中间轴上的齿轮保持常啮合状态。行车中，当通过控制系统使变速器中某一组齿轮实现啮合时，动力将从主轴和副轴传递到中间轴，并由中间轴输出，同时仪表板上的 A/T 挡位指示灯将显示正在运行的挡位。片式离合器由电液压自动操纵系统控制，倒挡滑套由变速杆直接操纵。各挡换挡执行元件的工作情况如表 3-10 所示。

表 3-10　本田雅阁轿车自动变速器换挡执行元件的工作情况

变速杆位置	挡位	换挡执行元件						
		C1	F	一挡固定离合器	C2	C3	C4	倒挡滑套
D4	一挡	+	+	−	−	−	−	−
	二挡	○	−	−	+	−	−	−
	三挡	○	−	−	−	+	−	−
	四挡	○	−	−	−	−	+	−
D3	一挡	+	+	−	−	−	−	−
	二挡	○	−	−	+	−	−	−
	三挡	○	−	−	−	+	−	−
2	一挡	+	+	+	−	−	−	−
	二挡	○	−	−	+	−	−	−
R	倒挡	−	−	−	−	−	+	+

注：+——工作；−——不工作；○——工作，但不传递动力。

各挡动力传递路线如下。

1. 自动变速器变速杆在 D4 位

一挡：发动机曲轴→液力变矩器→输入轴→输入轴惰轮→输出轴惰轮→副轴惰轮→副轴→一挡离合器→副轴一挡齿轮→输出轴一挡齿轮→单向离合器→输出轴→最终主动齿轮。

二挡：发动机曲轴→液力变矩器→输入轴→输入轴惰轮→输出轴惰轮→副轴惰轮→二挡离合器→副轴二挡齿轮→输出轴→最终主动齿轮。

三挡：发动机曲轴→液力变矩器→输入轴→三挡离合器→输入轴三挡齿轮→输出轴三挡齿轮→输出轴→最终主动齿轮。

四挡：发动机曲轴→液力变矩器→输入轴→四挡离合器→输入轴四挡齿轮→输出轴四挡齿轮→倒挡滑套→输出轴→最终主动齿轮。

2. 自动变速器变速杆在 D3 位

自动变速器变速杆在 D3 挡位时，一挡、二挡、三挡的动力传递路线分别与自动变速器变速杆在 D4 位时一挡、二挡、三挡的动力传递路线完全相同。

3. 自动变速器变速杆在 2 位

一挡：发动机曲轴→液力变矩器→输入轴→输入轴惰轮→输出轴惰轮→副轴惰轮→副轴→一挡离合器→副轴一挡齿轮→输出轴一挡齿轮→一挡固定离合器→输出轴→最终主动齿轮。

二挡：与 D4 位时二挡的动力传递路线完全相同。

4. 自动变速器变速杆在 R 位

倒挡：发动机曲轴→液力变矩器→输入轴→四挡离合器→输入轴倒挡齿轮→倒挡惰轮→输出轴倒挡齿轮→倒挡滑套→输出轴→最终主动齿轮。

七、齿轮变速系统检修

1. 行星排、单向离合器的检修

（1）检查太阳轮、行星齿轮和齿圈的齿面，如有磨损或疲劳剥落，应更换整个行星排。

（2）检查行星齿轮与行星齿轮架之间的间隙，其标准间隙为 0.2~0.6 mm，最大不得超过 1.0 mm，否则应更换止推垫片或行星齿轮架和行星齿轮组件。

（3）检查太阳轮、行星齿轮架、齿圈等零件的轴径或滑动轴承处有无磨损，如有异常，应更换新件。

（4）检查单向离合器，如滚柱破裂、滚柱保持架断裂或内外圈滚道磨损起槽，应更换新件，如果在锁止方向上打滑或在自由转动方向上卡滞，也应更换。

2. 多片离合器的检修

1）摩擦片的使用极限

摩擦片上的沟槽是储存自动变速器油用的，沟槽磨平后，自动变速器油就无法进入摩擦片与钢片之间。失去了自动变速器油的保护之后，磨损速度会急剧加快，沟槽磨平后必须更换。

摩擦表面上有一层保持自动变速器油的含油层。用无毛布将新拆下来的摩擦片表面擦干，用手轻按摩擦表面时应有较多的自动变速器油汪出。轻按时如不出油，说明含油层（隔离层）已被抛光，无法保持自动变速器油，必须更换。

摩擦片上有数字记号的，记号磨掉后也必须更换。摩擦片出现翘曲变形的也必须更换。

摩擦片表面发黑（烧蚀）的也必须更换。

摩擦片表面出现剥落、有裂纹、内花键被拉毛（拉毛容易造成卡滞）、内花键齿掉齿等现象都必须更换。

2）离合器摩擦片装配前和装配时的注意事项

（1）摩擦片还可继续使用的，须单独进行清洗。离合器中其余的零件可以用工业酒精或化油器清洗剂清洗，除密封件外，还可以用煤油清洗，但不可以用汽油清洗。用清洗剂做彻底清洗后，要用清洁的水反复冲洗零件表面，使其表面不含残存的清洗剂，然后用干燥清洁的压缩空气将所有的零件吹干，再在表面上涂一层自动变速器油，等待装配。

（2）装配前，摩擦片要在洁净的自动变速器油中浸泡。新摩擦片要浸泡 2 h，旧摩擦片要浸泡 15~30 min。浸泡后每个摩擦片要膨胀 0.03 mm，工作时每个摩擦片还要膨胀 0.03 mm。不浸油或浸油时间过短，则无法测得正确的离合器工作间隙。离合器刚开始工作时,摩擦片因缺乏自动变速器油的保护,会加剧磨损。

(3) 旧片要换位。装配时如使用的是旧摩擦片,装配时最里边和最外边的摩擦片最好换一次位。

(4) 缺口要对正。部分离合器摩擦片花键上有一缺口,这是动平衡标记,装配时注意将各片的缺口对正。

3) 离合器其他元件的检查

(1) 离合器活塞回位弹簧的检查。

离合器和制动器的回位弹簧中,最容易损坏的是低挡、倒挡制动器活塞的回位弹簧。它的工作行程和工作压力最大,所以最容易损坏。损坏后弹簧折断、弯曲变形,同时许多弹簧散落在弹簧座外边,维修时需整体更换回位弹簧。回位弹簧卡环安装时如没有专用工具,将十分困难。回位弹簧主要检查其自由长度。凡变形、过短、折断的弹簧必须更换。

(2) 压盘和钢片的检查。

压盘和钢片上的齿要完好,不能拉毛,拉毛易造成卡滞。压盘和钢片表面如有蓝色过热的斑迹,则应将两片叠在一起,检查其是否变形。出现变形或表面有裂纹的必须更换。

4) 离合器间隙的检查

离合器活塞的工作行程就是离合器的工作间隙。检测离合器间隙时,可以用塞规检查,把塞规片伸入卡环和压盘之间,即可测出离合器工作间隙。

3. 制动器的检修

1) 制动带的检查

(1) 外观检查。外观上有缺陷、碎屑,摩擦表面出现不均匀磨损,摩擦材料剥落,摩擦材料上印刷数字涂削的,或者有掉色、烧蚀痕迹的,只要有上述问题中的任何一项,就必须更换制动带。

(2) 液体吸附能力检查。用无毛布把制动带表面的油擦掉后,用手轻按制动带摩擦表面,应能汪出油,汪出的油越多,说明摩擦表面含油性越好。如轻压后,没有汪出油,说明制动带表面的含油层已被磨损,如继续使用将很快被烧蚀,必须更换。

2) 制动器毂的检查

铸铁制动器毂的摩擦面如有刻痕,可用180号石英砂布沿旋转方向打磨;钢板冲压的制动器毂,如磨损变形则必须更换。

3) 伺服装置的检修

用压缩空气枪将400~800 kPa气压加到伺服装置的工作通道中,该伺服液压缸负责的制动带如能拉紧,则表明伺服液压缸工作正常,能满足拉紧制动带的需求。继续加压到伺服液压缸工作通道的同时,用另一把压缩空气枪加压到伺服装置的释放通道,此时伺服装置应松开制动带。

在检查制动带能否箍紧时,可用塞规在加压前先测一下制动带的开口间隙,加压箍紧后再测一下制动带的开口间隙,便可推算出伺服推杆实际的工作行程。

检查时如发现异常现象,应分解检查。检查伺服装置钢制或铝制活塞是否有裂纹、毛刺、划伤和磨损等缺陷。

片式制动器的检修可参照多片离合器的检修。

【任务实施】

一、任务实施条件

(1) 场地：理论实训一体化多媒体实训室；
(2) 设备：举升机、液压千斤顶；
(3) 工具：通用 54 件组合扳手、卡簧钳、橡胶锤、一字螺丝刀、油封拆装专用工具等；
(4) 量具：游标卡尺、钢板尺、塞尺、百分表、磁力表座等；
(5) 自动变速器；
(6) 备品：接油盆、洗油盆、毛刷、ATF 油、抹布或吸油纸；
(7) 车辆维修手册；
(8) 实训工单。

二、任务实施步骤

(1) 组织学生对基本知识进行学习；
(2) 组织学生分组，利用各种资源（维修手册、网络维修技术平台等）查询实训自动变速器的拆装检测标准，制订自动变速器的拆装检测的工作计划；
(3) 学生小组汇报工作计划；
(4) 教师对学生工作计划进行点评；
(5) 组织学生对自动变速器进行拆装检测，教师对不正确的操作给予指导；
(6) 填写实训工单；
(7) 教师接收学生完成的实训工单，利用考核单进行考核，对该实训任务进行总结，包括教师答疑、学生总结、教师总结。

注意：
(1) 排出的 ATF 油要集中收集，统一处理，不可随意丢弃。
(2) 废弃零部件要分类收集，统一处理，不可随意丢弃。

齿轮变速系统检修 实训工单

学生姓名：_____ 班级：_____ 实训日期：_____

序号	实训项目	完成状况及检测结果
1	工具准备	
2	维修手册准备	
3	自动变速器放油	
4	自动变速器下车	
5	自动变速器分解	
6	零部件清洗	
7	检查齿轮机构	
8	检查离合器	
9	检查制动器	
10	检查单向离合器	
11	组装离合器	
12	组装制动器	
13	测量结构间隙	
14	选择调整垫片	
15	组装变速器	
16	变速器上车	
17	加注 ATF 油	
实训总结	实训结论	实训收获与反思

齿轮变速系统检修 考核单

学生姓名：　　　　　　考核项目：　　　　　　考核成绩：

序号	项目	分值	扣分标准	得分
1	实训准备工作	5	每缺少1项扣1分	
2	工具正确使用	5	每错误1次扣1分	
3	量具正确使用	5	每错误1次扣1分	
4	维修手册正确使用	5	每错误1次扣1分	
5	操作规范性	60	每错误1次扣1分	
6	实训工单填写	10	未填写扣10分	
7	5S	10	每缺少1项扣2分	
8	是否出现危险行为		出现人身危险总成绩0分；出现车辆危险扣20分；出现工具设备危险扣10分	
	合计	100		

教师评语

考核教师：

　　　　年　　月　　日

任务十　液压控制系统检修

(1) 了解油泵的结构及工作原理。
(2) 了解手动阀的作用。
(3) 了解换挡阀的工作原理。
(4) 了解液力变矩器锁止控制阀的工作原理。
(5) 了解主油路调压阀的工作原理。

1. 能够检查油泵是否损坏。
2. 能够正确拆装阀体。
3. 能够检查 ATF 油冷却系统是否损坏。

一辆装备 09G 型自动变速器的大众迈腾轿车，8 年行驶了 11.3 万 km，现出现换挡迟滞现象，经检查，发动机工作正常，变速器油有一股强烈的焦臭味，分解变速器，查找到故障部位，进行维修。装车后，车辆无论在 D 挡还是在 R 挡都不能行驶，什么原因呢？

【基本知识】

一、液压控制系统的基本组成

液压控制系统的基本组成包括动力源、执行机构和控制机构三大部分。

1. 动力源

液压控制系统的动力源是油泵（或称为液压泵），它是整个液压控制系统的工作基础。油泵的基本功用就是提供满足需求的 ATF 油量和油压。

2. 执行机构

执行机构主要由离合器、制动器油缸等组成。

3. 控制机构

控制机构包括阀体和各种阀，包括主调压阀、手动阀、换挡阀、锁止离合器控制阀等。

二、主要部件的结构与工作原理

1. 油泵

功用：
(1) 为液力变矩器提供压力油；

(2) 为离合器、制动器提供压力油；

(3) 为润滑系统提供压力油。

油泵（液压泵）一般位于液力变矩器和行星齿轮系统之间，由液力变矩器泵轮驱动。其类型主要有齿轮泵、转子泵和叶片泵，如图3-45所示。三种泵的共同特点：内部元件（转子）由液力变矩器花键毂或驱动轴驱动，外部元件与内部元件之间有一定的偏心距。

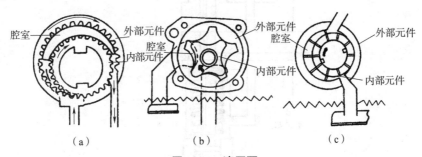

图3-45 液压泵

(a) 半月型齿轮泵；(b) 转子泵；(c) 叶片泵

图3-46所示为叶片泵的工作原理示意。叶片泵由转子、定子、叶片和配油盘组成。相邻叶片间形成密封的工作腔室，通过油道与位于油底壳上方的滤清器相连。当转子按图示方向旋转时，叶片间工作腔室的容积发生变化。其中，右边叶片工作腔室容积增大，产生低压区，甚至形成局部真空。在变速器壳体内液压的作用下，油底壳内变速器油被压入滤清器，并通过油道进入低压腔室，所以该腔室是油泵的吸油腔。与此相反，容积减小的腔室是压油腔，变速器油从这里被压出油泵，进入压力调节机构的油路。

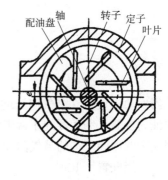

图3-46 叶片泵的工作原理示意

变速器油进入油泵前必须经过滤清器滤除杂质和异物，防止油泵油路和控制阀磨损或阻塞。

油泵使用时应注意以下三点：

(1) 发动机不工作时，油泵不泵油，变速器内无控制油压。推车起动时，即使D挡或R挡，输出轴实际上是空转，发动机无法起动。

(2) 车辆被牵引时，齿轮系统无润滑油，磨损加剧。应将选挡杆置于N位，牵引距离不应超过50 km，牵引速度不得高于30~50 km/h。

(3) 装有自动变速器的车辆严禁空挡滑行。

2. 主油路调压阀

主油路调压阀是主油路压力调节阀的简称，其功用是根据发动机转速、节气门开度和选挡杆位置自动控制主油压（管道压力），保证液压系统油压稳定。

自动变速器的正常工作需要相对稳定的油压，如果油压过高，会导致离合器、制动器接合过快而出现换挡冲击；如果油压过低，又会导致离合器、制动器接合不紧而打滑、烧结。

主调压阀的结构如图3-47所示。当发动机转速增大时，油泵输出油压会升高，作用在阀体上部 A 处的油压升高，使阀体向下移动，泄油通道的截面积增大，从泄油口排出的油液增加，使主油压下降；反之，阀体向上移动，使主油压升高。

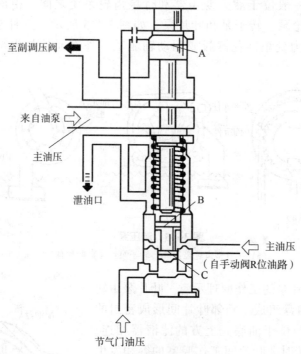

图 3-47 主调压阀的结构

当发动机负荷（节气门开度）增大时，由于传递的转矩增大，因此需要较大的油压才能保证离合器、制动器的正常工作。此时，随着节气门开度的增大，节气门油压也会增大，作用在主调压阀下端的节气门油压使阀体向上移动，使主油压升高。

当选挡杆置于 R 时，来自手动阀的主油压作用在阀体的 B 和 C 处，由于 B 处的面积大于 C 处的面积，因此阀体受到向上的力的作用，阀体向上移动，主油压升高，满足倒挡时较大传动比的要求。

3. 手动阀

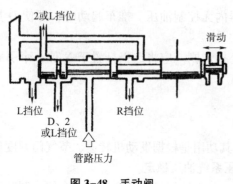

图 3-48 手动阀

手动阀又称为手控阀或手动选挡阀，与驾驶室内的选挡杆相连，其功用是控制各挡位油路的转换。如图 3-48 所示，当驾驶员操纵选挡杆时，手动阀会移动，使主油压通往不同的油道。

4. 换挡阀

换挡阀的功用是根据换挡控制信号切换挡位油路，以实现两个挡位的转换。换挡阀直接与换挡执行元件（离合器、制动器）相通，当换挡阀动作后，会切换相应的油道以便给相应挡位的离合器和制动器供油，得到所需要的挡位。

换挡阀的工作由换挡电磁阀控制，其控制方式有两种：一种是加压控制，即通过开启或关闭换挡阀控制油路进油孔来控制换挡阀的工作；另一种是泄压控制，即通过开启或关闭换挡阀控制油路泄油孔来控制换挡阀的工作。加压控制方式的工作原理如图3-49所示，压力油经电磁阀后通至换挡阀的左端。当电磁阀关闭时，没有油压作用在换挡阀左端，换挡阀在右端弹簧力的作用下移向左端（见图3-49（a））；当电磁阀开启时，压力油作用在换挡阀左端，使换挡阀克服弹簧力右移（图3-49（b）），从而改变油路，实现挡位变换。

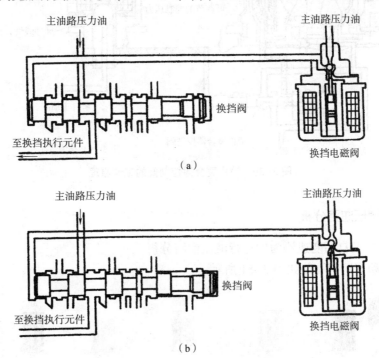

图3-49 换挡阀加压控制方式的工作原理

5. 锁止离合器控制阀

锁止电磁阀采用脉冲式电磁阀，ECU可利用脉冲电信号占空比大小来调节锁止电磁阀的开度，以控制作用在锁止离合器控制阀右端的油压，由此调节锁止离合器控制阀左移时排油孔的开度，从而控制锁止离合器活塞右侧油压的大小（见图3-50）。当作用在锁止电磁阀上的脉冲电信号的占空比为0时，电磁阀关闭，没有油压作用在锁止离合器控制阀的右端，此时锁止离合器活塞左右两侧的油压相同，锁止离合器处于分离状态；当作用在锁止电磁阀上的脉冲电信号较小时，电磁阀的开度和作用在锁止离合器控制阀右端的油压以及锁止控制阀左移打开的排油孔开度均较小，锁止离合器活塞左右两侧油压差以及由此产生的锁止离合器接合力也较小，使锁止离合器处于半接合状态。脉冲信号的占空比越大，锁止离合器活塞左右两侧油压差以及锁止离合器接合力也越大。当脉冲信号的占空比达到一定数值时，锁止离合器即可完全接合。这样，ECU在控制锁止离合器接合时，可以通过电磁阀来调节其接合速度，让接合力逐渐增大，使接合过程更加柔和。有些车型的自动变速器ECU还具有滑动锁止控制程序，也就是在汽车的行驶条件已接近但尚未达到锁止控制程序所要求的条件时，先让锁止离合器处于磨滑状态（半接合状态），变矩器处于半机械半液力传动工况。

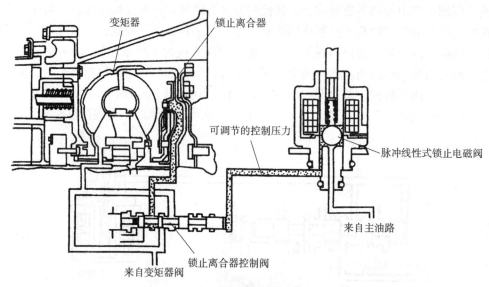

图 3-50　锁止离合器控制阀的工作原理

三、典型液压油路分析

下面以 01M 型自动变速器为例进行液压油路分析。

01M 型自动变速器油路如图 3-51 所示。

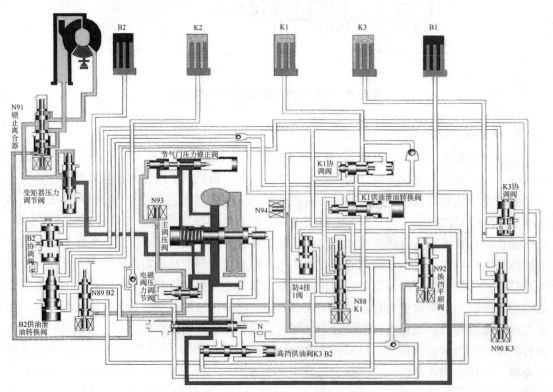

图 3-51　01M 型自动变速器油路

整个油路可按如下 4 个区域分别进行分析。

1. 主油路调压区

如图 3-52 所示，自动变速器电脑根据节气门位置传感器 G69 的信号，用占空比信号控制电磁阀 N93，模拟产生节气门油压。此油压控制节气门压力修正阀对主油压减压。然后再作用于主调压阀，有弹簧端控制泄油。具体说，N93 怠速电流在 1.1 A 左右，则控制油压升高，将节气门压力修正阀向右推。节流口增大，经节流口的油增多，油压升高，克服主调压阀右侧的主油压使主调压阀右移。主调压阀中间节流口开始向油底泄油。当油门踩到底时，电脑 J217 向电磁阀 N93 通 0 A 电流，则控制油压为低油压。节气门压力修正阀在右侧弹簧控制下左移，节流口关小，油压较小。主调压阀右侧的主油压推动主调压阀左移，泄油量减小，主油压升高。一旦电脑进入应急状态，N93 电流为 0 A，则油压升至最高，换挡冲击变大。

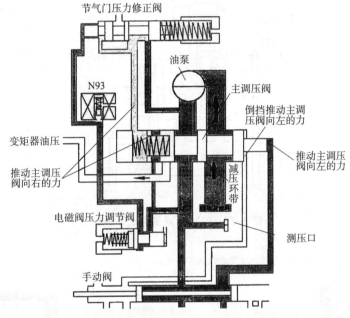

图 3-52 主调压区和变矩器调压区油路

在 R 位，手控阀的倒挡增压油道进油至主调压阀，向左推主调压阀，由于受压面积大于前进挡受压面积，向左推主调压阀的力增大，泄油口环带不易打开，泄油量少，油压升高，完成倒挡增压。

2. 液力变矩器锁止离合器控制区

如图 3-53 所示，从主调压阀流出的变矩器油压经变矩器压力调解阀缓和后，经变速器壳体上部的散热器后再经在下部的锁止阀换向至变矩器的前部，实现分离。在电脑给 N91 电磁阀通电时，锁止阀上移换向至变矩器锁止离合器后部，完成锁止。电脑给的信号是占空比信号，数据流中不能用 0 和 1 开关状态表示，占空比越大，锁止压力越大。

3. 换挡质量改善区

如图 3-54（a）所示，在 N92 电磁阀通电时，控制油压会下压 K3 缓冲阀，关小旁通的油道，从而起缓和油压的作用，使执行元件的接合更柔和。

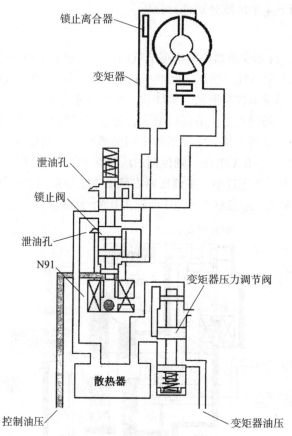

图 3-53 01M 变速器锁止区油路

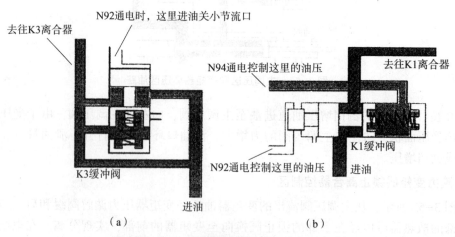

图 3-54 01M 型变速器换挡质量改善区油路

如图 3-54（b）所示，N94 电磁阀控制 K1 的缓冲阀左移，使去往执行元件的油不经节流缓和而直接去往执行元件的活塞。N92 电磁阀使接合柔和，而 N94 电磁阀起防止换挡过柔和造成打滑的作用。防止换挡冲击或防止换挡时执行元件打滑，我们统一称为改善换挡质量。

4. 换挡控制区

F1 不受控制系统控制的液压油控制,只与自身的受力方向有关。K1、K2、K3、B1、B2 受控制系统控制的液压油控制。

倒挡:由手动阀控制 K2 和 B1 在 R 位时接合,即手控阀出来的油直接分两路去往 C2 和 B1。

前进挡:手柄在 D、3、2、1 位时,N88 电磁阀"断电时"控制 K1 离合器接合,N89 电磁阀"通电时"控制 B2 制动器制动,N90 电磁阀"断电时"控制 K3 离合器接合。

换挡电磁阀 N88、N89、N90 在全断电时,由图可知手柄在 D、3、2 位时都有 K1 和 K3 工作。所以一旦变速器进入应急功能时,即对换挡电磁阀全断电,锁三挡。G38、J217、G28、F125、N88~N94 等元件损坏,变速器进入应急状态,即电脑停止向所有电磁阀的通电控制。

四、液压控制系统检修

1. 油泵的检修

1) 从动齿轮与泵体之间的间隙检查

如图 3-55 所示,用厚薄规测量从动齿齿轮与泵体之间的间隙。

2) 从动齿轮齿顶与月牙板之间的间隙检查

如图 3-56 所示,用厚薄规测量从动齿轮齿顶与月牙板之间的间隙。

3) 主动齿轮与从动齿轮的侧隙检查

如图 3-57 所示,用直尺和厚薄规测量主动齿轮与从动齿轮的侧隙。

如果工作间隙超过规定值,应更换油泵。

图 3-55 用厚薄规测量从动齿轮与泵体之间的间隙

图 3-56 用厚薄规测量从动齿轮齿顶与月牙板之间的间隙

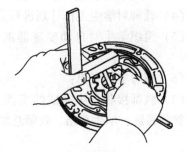

图 3-57 用直尺和厚薄规测量主动齿轮与从动齿轮的侧隙

2. 阀体的检修

阀体是自动变速器中最精密的部件之一,它的性能好坏直接影响到自动变速器的换挡规律是否正常。只有在自动变速器换挡规律失常,或摩擦片严重烧毁、阀板内沾有大量摩擦粉末时,才对阀板进行拆检修理。目前汽车生产厂家均严禁进行阀体维修。

3. 变速器油冷却器的检修

（1）检查变速器油冷却器及油管各接头处有无漏油，漏油应更换相应接头处的 O 形密封圈。

（2）检查冷却器是否堵塞。冷却器堵塞后，自动变速器油无法进行大循环，使自动变速器油工作温度过高而发生氧化。如发现自动变速器油温度过高，应拆下自动变速器上的冷却管，用压缩空气向冷却器的一侧加压，如压缩空气能将冷却器中的碎屑清除干净，冷却器就不用清洗或更换；如压缩空气不能将冷却器中的碎屑清除干净，冷却器就必须清洗或更换。

【任务实施】

一、任务实施准备

（1）场地：理论实训一体化多媒体实训室；

（2）工具：通用 54 件组合扳手、一字螺丝刀等；

（3）量具：钢板尺、塞尺等；

（4）自动变速器；

（5）备品：抹布或吸油纸；

（6）车辆维修手册；

（7）实训工单。

二、任务实施步骤

（1）组织学生对基本知识进行学习；

（2）组织学生分组，利用各种资源（维修手册、网络维修技术平台等）查询油泵检测标准，制订液压控制系统的拆装检测的工作计划；

（3）学生小组汇报工作计划；

（4）教师对学生工作计划进行点评；

（5）组织学生对自动变速器液压控制系统进行拆装检测，教师对不正确的操作给予指导；

（6）填写实训工单；

（7）教师接收学生完成的实训工单，利用考核单进行考核，对该实训任务进行总结，包括教师答疑、学生总结、教师总结。

液压控制系统检修 实训工单

学生姓名：_____ 班级：_____ 实训日期：_____

序号	实训项目	完成状况及检测结果
1	工具准备	
2	量具准备	
3	检查油泵	
4	拆卸阀体	
5	安装阀体	
6	检查冷却器	

实训总结	实训结论	实训收获与反思

液压控制系统检修 **考核单**

学生姓名：　　　　　考核项目：　　　　　考核成绩：

序号	项目	分值	扣分标准	得分
1	实训准备工作	5	每缺少1项扣1分	
2	工具正确使用	5	每错误1次扣1分	
3	量具正确使用	5	每错误1次扣1分	
4	维修手册正确使用	5	每错误1次扣1分	
5	操作规范性	60	每错误1次扣1分	
6	实训工单填写	10	未填写扣10分	
7	5S	10	每缺少1项扣2分	
8	是否出现危险行为		出现人身危险总成绩0分；出现车辆危险扣20分；出现工具设备危险扣10分	
	合计	100		

教师评语

考核教师：

＿＿＿＿年＿＿月＿＿日

任务十一　电子控制系统检修

知识目标

1. 了解输入轴转速传感器的作用。
2. 了解车速传感器的作用。
3. 了解多功能开关的作用。
4. 掌握电控单元的控制功能。
5. 了解电磁阀的作用。

技能目标

1. 能够检测输入轴传感器及车速传感器是否损坏。
2. 能够检测多功能开关是否损坏。
3. 能够检测油温传感器是否损坏。
4. 能够检测电磁阀是否损坏。

一辆装备 09G 自动变速器的大众迈腾轿车，6 年行驶了 9.3 万 km，在行驶中突然出现不能自动换挡、在 D 挡和 R 挡都能够行驶的故障，这是什么原因呢？我们应该如何检查呢？

【基本知识】

自动变速器的电子控制系统包括信号输入装置、电子控制单元（ECU）和执行器三部分。

信号输入装置主要包括节气门位置传感器、车速传感器、发动机转速传感器、输入轴转速传感器、冷却水温传感器、ATF 油温传感器、空挡起动开关、强制降挡开关、制动灯开关、模式选择开关、OD 开关等。

执行器部分主要包括各种电磁阀和故障指示灯等。

ECU 主要完成换挡控制、锁止离合器控制、油压控制、故障诊断和失效保护等功能。

一、信号输入装置

1. 节气门位置传感器

节气门位置传感器安装在节气门体上，用于检测节气门开度的大小，并将数据传送给 ECU，ECU 根据此信号判断发动机负荷，从而控制自动变速器换挡、调节主油压和对锁止离合器进行控制。

2. 车速传感器

车速传感器用于检测自动变速器输出轴转速，自动变速器 ECU 根据车速传感器输入的信号计算出车速，并以此信号控制自动变速器的换挡和锁止离合器的锁止。

3. 输入轴转速传感器

对于乘用车自动变速器，一般在机械变速器输入轴附近的壳体上装有检测输入轴转速的输入轴转速传感器。该传感器一般也是采用电磁式的，其结构、原理及检测方法与车速传感器一样。

自动变速器 ECU 根据输入轴转速传感器的信号可以更精确地控制换挡。另外，ECU 还可以把该信号与发动机转速信号进行比较，计算出变矩器的转速比，使主油压和锁止离合器的控制得到优化，以改善换挡、提高行驶性能。

4. 水温传感器

水温传感器的信号不仅用于发动机的控制，还用于自动变速器的控制。当发动机冷却液温度低于设定温度（如 60 ℃）时，发动机 ECU 会发送一个信号给自动变速器 ECU，以防止自动变速器换入超速挡，同时锁止离合器也不能工作。当发动机冷却液温度过高时，自动变速器 ECU 会让锁止离合器工作以帮助发动机降低冷却液的温度，防止变速器过热。

如果水温传感器有故障，发动机 ECU 会自动将冷却液温度设定为 80 ℃，以便发动机和自动变速器可以工作。

5. 空挡启动开关

空挡启动开关又称多功能开关，装在变速器壳体的手动阀摇臂轴或操纵手柄上，由选挡杆进行控制，如图 3-58 所示，它具有下列功能。

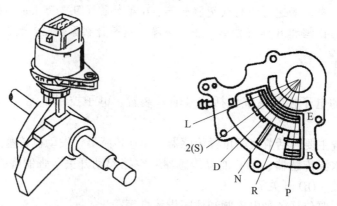

图 3-58 空挡启动开关

（1）指示选挡操纵手柄位置。

选挡操纵手柄的位置是利用空挡启动开关传给变速器控制系统的，它将换挡位置 P、R、N、D 传给变速器控制单元。

（2）倒挡信号灯的开启。

当选挡手柄置于 R 位时，接通倒车灯继电器，倒挡信号灯开启。

（3）空挡起动。

发动机只有当选挡手柄在位置 P 或 N 时才能起动。空挡启动开关将选挡杆位置处于 P 或 N 时的信号传给起动继电器，使点火开关能工作。同时，在挂前进挡时中断起动机，即制止起动机在汽车进入行驶状态后啮合。

二、电磁阀

电磁阀根据功能的不同，可以分为换挡电磁阀、锁止离合器电磁阀和油压电磁阀。根据工作原理的不同，可以分为开关式电磁阀和占空比式（脉冲线性式）电磁阀。

绝大多数换挡电磁阀采用开关式电磁阀，油压电磁阀采用占空比式电磁阀，而锁止离合器电磁阀采用开关式的和占空比式的都有。

1. 开关式电磁阀

1）功用

开关式电磁阀的功用是开启或关闭液压油路，通常用于控制换挡阀和部分车型锁止离合器的工作。

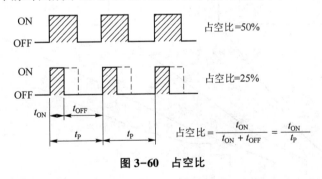

图 3-59 开关式电磁阀

2）结构原理

开关式电磁阀由电磁线圈、衔铁、阀芯等组成，如图 3-59 所示。当电磁阀通电时，在电磁吸力作用下衔铁和阀芯下移，关闭泄油口，主油压供给控制油路。当电磁阀断电时，在回位弹簧的作用下衔铁和阀芯上移，打开泄油口，主油压被泄掉，控制油路压力很小。

2. 占空比式电磁阀

1）占空比的概念

占空比是指一个脉冲周期中通电时间所占的比例（百分数），如图 3-60 所示。

$$占空比 = \frac{t_{ON}}{t_{ON} + t_{OFF}} = \frac{t_{ON}}{t_P}$$

图 3-60 占空比

2）结构原理

占空比式电磁阀与开关式电磁阀类似，也是由电磁线圈、滑阀、弹簧等组成的，如图 3-61 所示。它通常用于控制油路的油压，有的车型的锁止离合器也采用此种电磁阀控制。与开关式电磁阀不同的是，控制占空比式电磁阀的电信号不是恒定不变的电压信号，而是一个固定频率的脉冲电信号。在脉冲电信号的作用下，电磁阀不断开启、关闭泄油口。

占空比式电磁阀有两种工作方式：一种是占空比越大，经电磁阀泄油越多，油压就越低；另一种是占空比越大，油压越高。

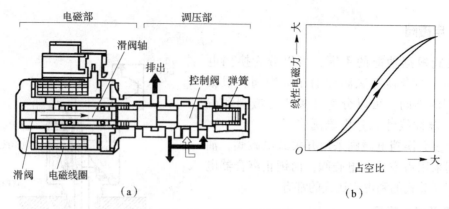

图 3-61　占空比式电磁阀

(a) 结构示意；(b) 占空比调节曲线

三、ECU

电子控制单元英文缩写为 ECU，又称电脑。自动变速器 ECU 具有换挡控制、锁止离合器控制、换挡平顺性控制、故障自诊断、失效保护等功能。

1. 换挡控制

自动变速器换挡时刻的控制是 ECU 最重要的控制内容之一。汽车在某个特定工况下都有一个与之对应的最佳换挡时刻，使汽车发挥出最好的动力性和经济性。汽车行驶过程中，自动变速器 ECU 根据模式选择开关信号、节气门开度信号、车速信号等参数来打开或关闭换挡电磁阀，从而打开或关闭通往离合器、制动器的油路，使变速器升挡或降挡。

图 3-62 所示为常见的 4 挡自动变速器的自动换挡图，它具有以下特点。

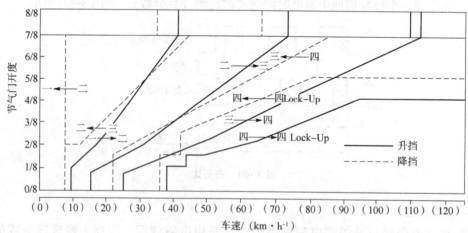

图 3-62　常见的 4 挡自动变速器的自动换挡图

(1) 随着节气门开度增大，升挡或降挡车速增加。以二挡升三挡为例，当节气门开度为 2/8 时，升挡车速为 35 km/h，降挡车速为 12 km/h；当节气门开度为 4/8 时，升挡车速为 50 km/h，降挡车速为 25 km/h。所以在实际的换挡操作过程中，一般可以采用"收油门"的方法来快速升挡。

（2）升挡车速高于降挡车速，以免自动变速器在某一车速附近频繁升挡、降挡而加速自动变速器的磨损。

2. 控制主油路油压

主油路油压是由主油路调压电磁阀调节的。主油路油压应随发动机负荷增大而升高，以满足传递大功率时对离合器、制动器等执行元件液压缸工作压力的要求。

控制系统是以一个油压电磁阀来产生节气门油压的，油压电磁阀是脉冲式电磁阀，ECU 根据节气门位置传感器测定的节气门开度，控制发往油压电磁阀的脉冲信号的占空比，使主油路油压随节气门开度而变化。图 3-63 所示为主油路油压随节气门开度的变化情况。由于倒挡使用的时间较少，为减小自动变速器的体积，通常将倒挡执行机构的尺寸缩得较小，同时使其传递转矩较大，因此油压较其他挡位时高。

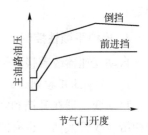

图 3-63 主油路油压特性

除正常的主油路压力控制之外，ECU 还可以根据各个传感器测得的自动变速器的工作条件，在一些特殊情况下，对主油路油压做适当的修正，使油路压力控制获得最佳效果。例如，在选挡手柄位于前进低挡（S、L 或 2、1）位置时，汽车驱动力相应较大，ECU 自动使主油路油压高于前进挡（D 位）时的油压，以满足动力传递的需要。为减小换挡冲击，ECU 还在自动变速器换挡过程中按照换挡时节气门开度的大小，通过油压电磁阀适当减小主油路油压（见图 3-64（a）），以改善换挡质量。ECU 还可以根据液压油温度传感器的信号，在变速器油温度未达到正常工作温度时（低于 60 ℃），将主油路油压调至低于正常值（见图 3-64（b）），以防止因油温低、黏度较大而产生换挡冲击；当变速器油温过低时（低于-30 ℃），ECU 使主油路压力升至最大值，以加速离合器、制动器的接合，防止温度过低时因变速器油黏度过大而使换挡过程过于平缓（见图 3-64（c））。在海拔较高时，发动机输出功率降低，ECU 将主油路油压调至低于正常值，以防止换挡时出现冲击（见图 3-64（d））。

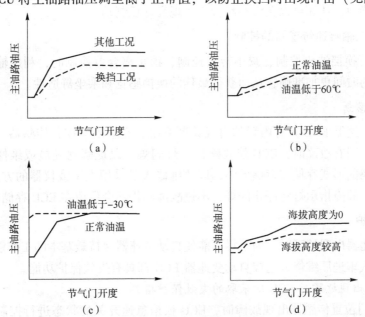

图 3-64 主油路压力修正曲线

（a）换挡修正；（b）油温低修正；（c）油温过低修正；（d）海拔高度修正

3. 锁止离合器控制

自动变速器 ECU 将各种行驶模式下锁止离合器的工作方式编程存入存储器，然后根据各种输入信号，控制锁止离合器电磁阀的通、断电，从而控制锁止离合器的工作。

ECU 在控制锁止离合器接合时，通过改变脉冲电信号的占空比，让锁止离合器电磁阀的开度缓慢增大，以减小锁止离合器接合时所产生的冲击，使锁止离合器的接合过程变得更加柔和。

4. 换挡平顺性控制

自动变速器改善换挡平顺性的方法有换挡油压控制、减小转矩控制和 N-D 换挡控制。

1）换挡油压控制

自动变速器在升挡和降挡的瞬间，ECU 会通过油压电磁阀适当降低主油压，以减少换挡冲击，改善换挡。也有的自动变速器是在换挡时通过电磁阀来减小蓄能器背压，以减缓离合器或制动器油压的增长率，来减少换挡冲击的。

2）减小转矩控制

在自动变速器换挡的瞬间，通过推迟发动机点火时刻或减少喷油量，减小发动机输出转矩以减少换挡冲击和输出轴的转矩波动。

3）N-D 换挡控制

当选挡杆由 P 位或 N 位置于 D 位或 R 位时，或由 D 位或 R 位置于 P 位或 N 位时，通过调整喷油量，把发动机转速的变化减少到最小限度，以改善换挡。

5. 发动机制动作用控制

ECU 按照设定的控制程序，在操纵手柄位置、车速、节气门开度等满足一定条件（如选挡手柄位于前进低挡位置，且车速大于 10 km/h，节气门开度小于 1/8）时，向强制制动器电磁阀发出电信号，打开强制制动器的控制油路，使之接合或制动，让自动变速器具有反向传递动力的能力，从而可以在汽车滑行时实现发动机制动。

6. 使用输入轴转速传感器的控制

ECU 在进行换挡油压控制、减小转矩控制、锁止离合器控制时，利用输入轴转速进行计算，使控制的时间更加准确，从而获得最佳的换挡感觉和乘坐舒适性。

7. 故障自诊断

电控自动变速器 ECU 具有内置的自我诊断系统，它不断监控各传感器、信号开关、电磁阀及其线路，当有故障时，ECU 使故障指示灯闪烁，以提醒驾驶员或维修人员，并将故障内容以故障码的形式存储在存储器中，以便维修人员采用人工或仪器的方式读取故障码。当故障排除后，故障指示灯将停止闪烁，不过故障码仍然会保留在 ECU 存储器中。

8. 失效保护

当自动变速器出现故障时，为了尽可能使自动变速器保持最基本的工作能力，以维持汽车行驶，便于汽车进厂维修，电控自动变速器 ECU 都具有失效保护功能。

1）传感器出现故障时 ECU 所采取的失效保护措施

（1）节气门位置传感器出现故障时，ECU 根据怠速开关的状态进行控制。当怠速开关断开时（加速踏板被踩下），按节气门开度为 1/2 进行控制，同时节气门油压为最大值；当怠速开关接通时（加速踏板完全放松），按节气门处于全闭状态进行控制，同时节气门油压为最小值。

（2）车速传感器出现故障时，ECU 以发动机转速信号作为替代值进行自动换挡控制。

（3）冷却液或 ATF 油温度传感器出现故障时，通常 ECU 按温度为 80 ℃ 的设定值进行控制。

2）电磁阀出现故障时 ECU 所采取的失效保护措施

（1）换挡电磁阀出现故障时，ECU 一般会将自动变速器锁止，挡位与选挡杆的位置有关。

（2）锁止离合器电磁阀出现故障时，ECU 会停止对锁止离合器的控制，使锁止离合器始终处于分离状态。

（3）油压电磁阀出现故障时，ECU 会停止油压的控制，使油路压力保持为最大。

【任务实施】

一、任务实施准备

（1）场地：理论实训一体化多媒体实训室；
（2）工具：通用 54 件组合扳手、一字螺丝刀等；
（3）量具：数字万用表、故障阅读器等；
（4）装有自动变速器的车辆；
（5）车辆维修手册；
（6）实训工单。

二、任务实施步骤

（1）组织学生对基本知识进行学习；
（2）组织学生分组，利用各种资源（维修手册、网络维修技术平台等）查询传感器及电磁阀检测标准，制订电子控制系统的检测工作计划；
（3）学生小组汇报工作计划；
（4）教师对学生工作计划进行点评；
（5）组织学生对自动变速器电子控制系统进行检测，教师对不正确的操作给予指导；
（6）填写实训工单；
（7）教师接收学生完成的实训工单，利用考核单进行考核，对该实训任务进行总结，包括教师答疑、学生总结、教师总结。

电子控制系统检修 实训工单

学生姓名：_____　　班级：_____　　实训日期：_____

序号	实训项目	完成状况及检测结果
1	工具准备	
2	量具准备	
3	查询故障代码	
4	检测输入轴转速传感器	
5	检测输出轴转速传感器	
6	检测油温传感器	
7	检查开关	
8	检查电磁阀	
实训总结	实训结论	实训收获与反思

电子控制系统检修 考核单

学生姓名：　　　　　考核项目：　　　　　考核成绩：

序号	项目	分值	扣分标准	得分
1	实训准备工作	5	每缺少1项扣1分	
2	工具正确使用	5	每错误1次扣1分	
3	量具正确使用	5	每错误1次扣1分	
4	维修手册正确使用	5	每错误1次扣1分	
5	操作规范性	60	每错误1次扣1分	
6	实训工单填写	10	未填写扣10分	
7	5S	10	每缺少1项扣2分	
8	是否出现危险行为		出现人身危险总成绩0分；出现车辆危险扣20分；出现工具设备危险扣10分	
	合计	100		

教师评语

考核教师：

　　　　年　　月　　日

任务十二　自动变速器性能检测

当有自动变速器故障的车辆进店后，维修人员应询问车主，然后通过初步检查、道路试验等方法确认故障。如果有故障码，可以进行故障码的读取及数据分析，按故障码的提示去检修；如果没有故障码，要进行失速试验、油压试验、换挡迟滞试验等，以判断故障部位并进行修理，最后进行试车检验。

1. 能够进行初步检查。
2. 能够进行道路试验。
3. 能够进行失速试验。
4. 能够进行油压试验。
5. 能够进行换挡延时试验。

一辆装备 09G 自动变速器的大众迈腾轿车，8 年行驶了 12.3 万 km，车主说在行驶中出现加速无力，换挡迟滞，这是什么原因呢？我们应该在变速器未解体的情况下做哪些检测以进一步确定故障部位呢？

【基本知识】

一、初步检查

1. ATF 油质的检查

从油质中可以了解自动变速器具体的损坏情况。油质的好坏主要从以下几个方面去判断：

①ATF 的颜色：正常颜色为鲜亮、透明的，如果发黑则说明已经变质或有杂质，如果呈粉红色或白色则说明油冷却器进水。

②ATF 的气味：正常的 ATF 没有气味，如果有焦煳味，说明 ATF 过热，有摩擦材料烧蚀。

③ATF 的杂质：如果 ATF 中有金属切屑，说明有元件严重磨损或损伤；如果 ATF 中有胶质状油，说明 ATF 因油温过高或使用时间过长而变质。

检查 ATF 油质时，从油尺上闻一闻油液的气味，在手指上点少许油液，用手指互相摩擦看是否有颗粒，或将油尺上的油液滴在干净的白纸上，检查油液的颜色及气味。

2. 选挡杆位置检查和调整

将选挡杆自 N 挡位换到其他挡位，检查选挡杆是否能平稳而又精确地换到其他挡位。同时检查挡位指示器是否正确地指示挡位。

如果挡位指示器与正确挡位不一致，应进行下述调整：

(1) 松开选挡杆上的螺母。
(2) 将控制轴杆向后推到 P 位,然后将控制轴杆退回两个槽口到 N 位。
(3) 将选挡杆定位在 N 位。
(4) 稍稍朝 R 位定位选挡杆,拧紧选挡杆螺母。
(5) 起动发动机,确认选挡杆自 N 位换到 D 位时,车辆向前移动,而换到 R 位时,车辆后退。

3. 发动机怠速检查

将选挡杆置于 N 位,关闭空调,检查发动机怠速转速。具体数值应查看具体车型的维修手册,一般为 750~800 r/min。

自动变速器很多故障是由发动机的问题引起的,如发动机怠速转速过低,当选挡杆由 P 位或 N 位换至 D 位或 R 位时,会导致车身的振动,严重时导致发动机熄火。

二、道路试验

道路试验是诊断、分析自动变速器故障最有效的手段之一。此外,自动变速器在修复之后也应进行道路试验,以检查其工作性能,检验修理质量。自动变速器的道路试验内容主要有:检查换挡车速、换挡质量以及检查换挡执行元件有无打滑等。在道路试验之前,应先让汽车以中低速行驶 5~10 min,让发动机和自动变速器都达到正常工作温度。

1. 升挡检查

将选挡杆置于 D 位,踩下加速踏板,使节气门保持在 50% 开度左右,让汽车起步加速,检查自动变速器的升挡情况。自动变速器在升挡时发动机会有瞬时的转速下降,观察发动机转速表指针回摆次数可知前进各挡是否能顺利升入,若自动变速器不能升入高挡,说明控制系统或换挡执行元件有故障。

2. 升挡车速的检查

在上述升挡检查的过程中,当自动变速器升挡时,记下升挡车速。一般四挡自动变速器在节气门开度 50% 时由一挡升至二挡的车速为 25~35 km/h,由二挡升至三挡的车速为 55~70 km/h,由三挡升至四挡(超速挡)的车速为 90~120 km/h。只要升挡车速基本保持在上述范围内,而且汽车行驶中加速良好,无明显的换挡冲击,都可认为其升挡车速基本正常。若汽车行驶中加速无力,升挡车速明显低于上述范围,说明升挡车速过低(升挡提前);若汽车行驶中有明显的换挡冲击,升挡车速明显示高于上述范围,说明升挡车速过高(升挡滞后)。

升挡车速太低一般是控制系统的故障所致;升挡车速太高则可能是控制系统的故障所致,也可能是换挡执行元件的故障所致。

3. 换挡质量的检查

换挡质量的检查内容主要是检查有无换挡冲击。电控自动变速器的换挡冲击应十分微弱。若换挡冲击太大,说明自动变速器的控制系统或换挡执行元件有故障,其原因可能是主油压高或换挡执行元件打滑,应做进一步的检查。

4. 锁止离合器工作状况的检查

液力变矩器中锁止离合器的工作是否正常也可以采用道路试验的方法进行检查。汽车加速至最高挡，以高于 80 km/h 的车速行驶，并让节气门开度保持在低于 50% 的位置，使变矩器进入锁止状态。快速将加速踏板踩下，使节气门开度超过 85%，同时检查发动机转速的变化情况。若发动机转速没有太大的变化，说明锁止离合器处于接合状态；反之，若发动机转速升高很多，则表明锁止离合器没有接合，其原因通常是锁止控制系统有故障。

5. 发动机制动作用的检查

应将选挡杆置于 S 位，在汽车以二挡或一挡行驶时，突然松开加速踏板，检查是否有发动机制动作用。若松开加速踏板后车速立即随之下降，说明有发动机制动作用；否则说明控制系统或换挡执行元件有故障。

三、故障自诊断

如果自动变速器电控系统出现故障，自动变速器的故障指示灯会点亮。一般维修人员采取读取故障码、按故障码的提示进行检查及修理。

故障码读取之前一定要保证蓄电池电压正常、故障指示灯工作正常，否则会由于电压异常而导致误诊断。故障码的读取是电控自动变速器维修最基础的一步，可以使很多故障的诊断简单化，但要注意故障码对于自动变速器的修理并不是万能的。

采用仪器读取和清除故障码只需按照仪器屏幕的提示操作即可。

四、失速试验

1. 目的

失速试验是通过测量在 D 位、R 位时的失速转速来检查发动机是否动力不足、液力变矩器导轮单向离合器是否打滑及变速器执行元件是否打滑的。

2. 准备工作

（1）让汽车行驶至发动机和自动变速器均达到正常工作温度；
（2）检查汽车的脚制动和驻车制动，确认其性能良好；
（3）检查自动变速器液压油高度，应正常。

3. 试验步骤

如图 3-65 所示。
（1）将汽车停放在宽阔的水平路面上，前后车轮用三角木塞住；
（2）拉紧驻车制动，左脚用力踩住制动踏板；
（3）起动发动机；
（4）将操纵手柄拨入 D 位；
（5）在左脚踩紧制动踏板的同时，用右脚将油门踏板踩到底，在发动机转速不再升高时，迅速读取此时发动机的转速；
（6）读取发动机转速后，立即松开油门踏板；
（7）将操纵手柄拨入 P 或 N 位置，让发动机怠速运转 1 min 以上，以防止液压油因温度过高而变质；
（8）将操纵手柄拨至 R 挡位，做同样的试验。

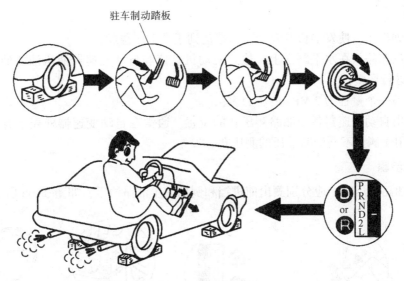

图 3-65 失速试验

在失速工况下,发动机的动力全部消耗在变矩器内液压油的内部摩擦损失上,液压油的温度急剧上升,因此在失速试验中,从油门踏板踩下到松开的整个过程的时间不得超过 5 s,否则会使液压油因温度过高而变质,甚至损坏密封圈等零件。在每一个挡位试验完成之后,不要立即进行下一个挡位的试验,要等油温下降之后再进行。试验结束后不要立即熄火,应将操纵手柄拨至空挡或停车挡,让发动机怠速运转几分钟,以便让液压油温度降至正常。如果在试验中发现驱动轮因制动力不足而转动,应立即松开油门踏板停止试验。

注意:

(1) 试验中要注意安全,车辆出现蠕动立即停止试验;

(2) 连续试验注意变速器降温,以免损坏变速器。

4. 试验结果分析

不同车型的自动变速器都有其失速转速标准。大部分自动变速器的失速转速标准为 2 300±50 r/min,若失速转速与标准值相符,说明自动变速器的油泵、主油路油压及各个换挡执行元件工作基本正常;若失速转速高于标准值,说明主油路油压过低或换挡执行元件打滑;若失速转速低于标准值,则可能是发动机动力不足或液力变矩器有故障。例如,当液力变矩器中的导轮单向离合器打滑时,液力变矩器在液力耦合工况下工作,其变矩比下降,从而使发动机的负荷增大,转速下降。

五、油压试验

油压试验是在自动变速器运转时,对控制系统各油路中的油压进行测量的,它为分析自动变速器的故障提供依据,以便有针对性地进行修复。油压过高,会使自动变速器出现严重的换挡冲击,甚至损坏控制系统;油压过低,会造成换挡执行元件打滑,加剧其摩擦片的磨损,甚至使换挡执行元件烧毁。在分解修理自动变速器之前和自动变速器修复之后,都要对自动变速器进行油压试验,以确保自动变速器的维修质量。

1. 准备

（1）行驶汽车，使发动机及自动变速器达到正常工作温度；

（2）将汽车停放在水平路面上，检查发动机怠速和自动变速器液压油的油面高度，如不正常，应进行调整；

（3）准备一个量程为 2 MPa 的压力表；

（4）找出自动变速器各个油路测压孔的位置，通常在自动变速器外壳上有几个用方头螺塞堵住的用于测量不同油路油压的测压孔。

2. 试验步骤

测试主油路油压时，应分别测出前进挡和倒挡的主油路油压，如图 3-66 所示。

图 3-66 主油路油压测试

拆下自动变速器壳体上主油路测压孔螺塞，接上油压表。起动发动机，将操纵手柄拨至前进挡位置，读出发动机怠速运转时的油压。该油压即怠速工况下的前进挡主油路油压。

用左脚踩紧制动踏板，同时用右脚将油门踏板完全踩下，在失速工况下读取油压。该油压即失速工况下的前进挡主油路油压。

将操纵手柄拨至空挡或停车挡，让发动机怠速运转 1 min 以上。将操纵手柄拨至各个前进低挡位置，重复上述步骤，读出各个前进低挡在怠速工况和失速工况下的主油路油压。

将操纵手柄拨至倒挡位置，读出发动机怠速运转时的油压。该油压即怠速工况下的倒挡主油路油压。

用左脚踩紧制动踏板，同时用右脚将油门踏板完全踩下，在失速工况下读取油压。该油压即失速工况下的倒挡主油路油压。

3. 试验结果分析

若主油路油压不正常，说明油泵或控制系统有故障。具体分析见表 3-11。

表 3-11 主油路油压不正常的原因

工况	测试结果	故障原因
怠速	所有挡位的主油压均太低	①油泵故障； ②主油路调压阀卡死； ③主油路调压阀弹簧太软； ④节气门位置传感器调整不当； ⑤主油路泄漏
怠速	前进挡和前进低挡主油路油压均太低	①前进离合器活塞漏油； ②前进挡油路泄漏
怠速	前进挡主油路油压正常；前进低挡主油路油压太低	①一挡离合器活塞泄漏； ②前进低挡油路泄漏
怠速	前进挡主油路油压正常；倒挡主油路油压太低	①倒挡及高挡离合器活塞漏油； ②倒挡油路泄漏
怠速	所有挡位的主油压均太高	①节气门位置传感器调整不当； ②主油路调压阀卡死； ③主油路调压阀弹簧太硬； ④油压电磁阀损坏或线路故障
失速	低于标准油压	①节气门位置传感器调整不当； ②油压电磁阀损坏或线路故障； ③主油路调压阀弹簧太软
失速	明显低于标准油压	①油泵故障； ②主油路泄漏

六、换挡延时试验

在发动机怠速运转时，将操纵手柄从空挡拨至前进挡或倒挡后，需要有一段时间的迟滞或延时才能使自动变速器完成换挡工作，这一时间段称为自动变速器换挡迟滞时间。延时试验就是测出自动变速器换挡迟滞时间，根据迟滞时间的长短来判断主油路油压及换挡执行元件的工作是否正常，如图 3-67 所示。

延时试验步骤如下：

(1) 驾驶汽车，使发动机和自动变速器达到正常工作温度；

(2) 将汽车停放在水平路面上，拉紧驻车制动手柄；

(3) 检查发动机怠速，如不正常，应按标准予以调整；

(4) 将自动变速器操纵手柄从空挡位置拨至前进挡位置，用秒表测量从拨动操纵手柄开始到感觉到汽车振动为止所需的时间，该时间称为 N-D 延时时间；

(5) 将操纵手柄拨至 N 挡位置，让发动机怠速运转 1 min 后，再做一次同样的试验；

(6) 上述试验进行 3 次，取其平均值；

(7) 按上述方法，将操纵手柄由 N 位置拨至 R 位置，测量 N-R 延时时间。

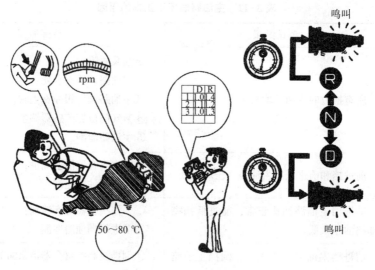

图 3-67 换挡迟滞试验

大部分自动变速器 N-D 延时时间小于 1.0~1.2 s，N-R 延时时间小于 1.2~1.5 s。若 N-D 延时时间过长，说明油路油压过低，前进离合器摩擦片磨损过多或前进单向离合器工作不良；若 N-R 延时时间过长，说明倒挡主油路油压过低、倒挡离合器或倒挡制动器磨损过大或工作不良。

【任务实施】

一、任务实施准备

(1) 场地：道路试验场地；
(2) 工具：通用 54 件组合扳手等；
(3) 量具：秒表、油压表、故障阅读器等；
(4) 装有自动变速器的车辆；
(5) 车辆维修手册；
(6) 实训工单。

二、任务实施步骤

(1) 组织学生对基本知识进行学习；
(2) 组织学生分组，利用各种资源（维修手册、网络维修技术平台等）查询自动变速器性能检测标准，制订性能检测工作计划；
(3) 学生小组汇报工作计划；
(4) 教师对学生工作计划进行点评；
(5) 组织学生对自动变速器性能进行检测，教师对不正确的操作给予指导；
(6) 填写实训工单；
(7) 教师接收学生完成的实训工单，利用考核单进行考核，对该实训任务进行总结，包括教师答疑、学生总结、教师总结。

自动变速器性能检测 实训工单

学生姓名：_____ 班级：_____ 实训日期：_____

序号	实训项目	完成状况及检测结果
1	工具准备	
2	维修手册准备	
3	ATF 油质的检查	
4	选挡杆位置的检查和调整	
5	发动机怠速检查	
6	升挡检查	
7	升挡车速的检查	
8	换挡质量的检查	
9	锁止离合器工作状况的检查	
10	发动机制动作用的检查	
11	故障自诊断	
12	失速试验	
13	油压试验	
14	换挡延时试验	
实训总结	实训结论	实训收获与反思

自动变速器性能检测 考核单

学生姓名：　　　　　　考核项目：　　　　　　考核成绩：

序号	项目	分值	扣分标准	得分
1	实训准备工作	5	每缺少1项扣1分	
2	工具正确使用	5	每错误1次扣1分	
3	量具正确使用	5	每错误1次扣1分	
4	维修手册正确使用	5	每错误1次扣1分	
5	操作规范性	60	每错误1次扣1分	
6	实训工单填写	10	未填写扣10分	
7	5S	10	每缺少1项扣2分	
8	是否出现危险行为		出现人身危险总成绩0分；出现车辆危险扣20分；出现工具设备危险扣10分	
	合计	100		
	教师评语			

考核教师：

　　　　年　　月　　日

（1）电控液力变速器由液力变矩器、机械变速器、液压控制系统、电子控制系统和冷却滤油装置组成。

（2）液力变矩器主要由泵轮、涡轮、导轮、变矩器壳等组成，为提高汽车的传动效率、减少燃油消耗，现代很多轿车的自动变速器采用一种带锁止离合器的综合式液力变矩器。

（3）单排行星齿轮机构运动规律的特性方程式：

$$n_1+\alpha n_2-(1+\alpha)n_3=0$$

双排行星齿轮机构运动规律的特性方程式：

$$n_1-\alpha n_2+(\alpha-1)n_3=0$$

式中，太阳轮转速为 n_1，齿数为 z_1；齿圈转速为 n_2，齿数为 z_2；行星齿轮架转速为 n_3；α 为齿圈齿数 z_2 与太阳轮齿数 z_1 之比，即 $\alpha=z_2/z_1$。

（4）电控液力变速器执行机构主要由离合器、制动器和单向离合器三种执行元件组成，离合器和制动器是以液压方式控制行星齿轮机构元件的旋转的，而单向离合器则是以机械方式对行星齿轮机构的元件进行锁止的。

（5）平行轴式自动变速器又称为定轴式自动变速器，现主要应用在本田车系及大众车系部分装有 DSG 直接换挡变速器的车辆上，主要由平行轴式齿轮变速传动机构、液压控制系统和电子控制系统三大部分组成。

（6）自动变速器液压控制系统由动力源、执行机构和控制机构组成。电子控制系统由信号输入装置、执行器和电控单元组成。

（7）自动变速器的电子控制系统包括信号输入装置、电子控制单元（ECU）和执行器三部分。

一、填空题

1. 液力变矩器主要由_____、_____和_____等组成，为了提高燃油经济性，绝大多数液力变矩器还装有_____。

2. 单排行星齿轮机构的三个基本元件是_____、_____和_____。

3. 行星齿轮变速器的换挡执行元件包括_____、_____和_____。

二、判断题

1. 当行星齿轮机构中太阳齿轮、齿圈或行星齿轮架都不被锁止时，则会形成空挡。（　　）
2. 在自动变速器的齿轮机构中，拉维娜式比辛普森式的紧凑。（　　）
3. 自动挡车辆挡位位于 P 或 D 时，车辆才能起动。（　　）
4. 变速器主要根据车速和节气门开度两个信号来换挡。（　　）
5. 锁止离合器的作用是提高液力变矩器在高传动比工况下的传动效率。（　　）

三、选择题

1. 自动变速器的英文缩写是（　　）。

A. MT　　　　　　B. AT　　　　　　C. AF　　　　　　D. ATF

2. 图示楔块式单向离合器,若外座圈固定,以下说法正确的是（　　）。

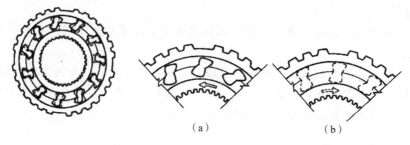

(a)　　　　　(b)

A. (a) 自由转动,(b) 锁止　　　　B. (a) 锁止,(b) 自由转动
C. (a)、(b) 自由转动　　　　　　D. (a)、(b) 锁止

3. 自动变速器中常见的制动器是（　　）制动器和（　　）制动器两种。
A. 带式,多片湿式　　　　　　　B. 带式,多片干式
C. 带式,单片湿式　　　　　　　D. 多片干式,多片湿式

4. 以下部件不属于行星齿轮变速装置的组成的是（　　）。
A. 减压阀　　　　　　　　　　　B. 太阳轮
C. 行星齿轮　　　　　　　　　　D. 内齿圈

5. 自动变速器电子控制系统中的主要传感器包括（　　）等。
A. 节气门位置传感器、发动机转速传感器、变速器油温传感器、输入轴转速传感器
B. 冷却液温度传感器、发动机转速传感器、氧传感器、变速器油温传感器、输入轴转速传感器
C. 节气门位置传感器、发动机转速传感器、爆燃传感器、输入轴转速传感器
D. 节气门位置传感器、发动机转速传感器、变速器油温传感器、氧传感器

6. 下列描述中不是电子控制单元主要功用的是（　　）。
A. 控制换挡时刻　　　　　　　　B. 控制锁止离合器
C. 检测节气门开度　　　　　　　D. 失效保护功能

7. 自动变速器的车在起动发动机时,控制起动继电器线圈电路,只有当变速杆位于（　　）时,发动机才能起动。
A. P 位或 N 位　　　　　　　　B. 任一挡位
C. D 位　　　　　　　　　　　　D. L 位

四、问答题

1. 电控液力自动变速器由哪几部分组成?
2. 电子控制系统由哪几部分组成?各部分的作用是什么?
3. 自动变速器的 ECU 有哪几项功能?

项目四

直接换挡（DSG）变速器检修

DSG（直接换挡）变速器是自动变速器的一种类型，占比30%以上，常见有干式和湿式两种类型，本项目通过对两个任务：0AM型7挡DSG变速器检修和02E型6挡DSG变速器检修的学习，使学生更好地掌握检修DSG（直接换挡）变速器的知识与技能，完成DSG（直接换挡）变速器的检修。

任务十三 0AM型7挡DSG变速器检修

1. 能说明直接换挡变速器的优点。
2. 能阐述0AM型7挡DSG变速器的结构。
3. 能说明0AM型7挡DSG变速器的工作原理。

1. 能对0AM型7挡DSG变速器进行基本设定。
2. 能进行0AM型7挡DSG变速器双离合器的更换与调整。
3. 能进行0AM型7挡DSG变速器机电控制单元的更换。

2013年的大众CC轿车，装备0AM型7挡DSG变速器，已行驶6 167 km，仪表出现变速器温度警报指示灯报警，车辆无法行驶的故障，请给出解决方案。

【基本知识】

一、DSG变速器概述

1. 什么是DSG变速器

DSG（Direct Shift Gearbox）中文意思为"直接换挡变速器"，它采用双离合器，又称为双离合器变速器。DSG有别于一般的半自动变速器系统，它基于手动变速器而不是自动变速器,因此,它也是 AMT(机械式自动变速器)的一员。

目前在中国市场上,迈腾 1.8TSI 和 2.0TSI 两款国产车型以及大众汽车 CC、R36、EOS、Scirocco、迈腾 3.2FSI 等进口车型都装备了 DSG。

2. DSG 变速器的类型

DSG 有两种形式,即"湿式"和"干式"。"湿式"是指双离合器安装于一个充满液压油的封闭油腔里,它具有更好的调节能力和优异的热容性,因此能够传递比较大的扭矩。"干式"双离合器结构简单,因而效率更高。但是"干式"离合器自身结构的固有特性使它能够承受的最大扭矩比"湿式"离合器要低。7 挡 DSG 可匹配最大扭矩 250 N·m 的"较小"的发动机。一般认为,"干式"较"湿式"更为先进。

简单概括二者的长处就是:"干式"双离合器结构简单,因而效率更高,更平稳,更经济。相对结构烦琐的"湿式"而言,故障率也较少。而"湿式"则显得动力更为强劲。虽然最基本的"双离合"原理是一样的,但整体的工作原理却相差甚远。

3. DSG 变速器的使用

换挡杆操作方法与自动变速器选挡杆相同,如图 4-1 所示。

图 4-1 DSG 换挡操纵机构

1) P—驻车挡

必须打开点火开关并踏下制动踏板才能将变速杆移出该挡位。同时还须按下换挡杆上的分离按钮。

2) R—倒挡

按下分离按钮方能挂入该挡位。

3) N—空挡

该位置下变速器空转。在换挡杆较长时间处于 N 位时,如需脱离 N 位置,必须踏下制动踏板。

4) D—行驶挡

该挡位下变速器自动选择前进挡。

5）S—运动挡

该挡位下变速器利用储存在控制单元里的"运动"换挡程序自动选挡。

6）"+"和"-"

将换挡杆移入右侧换挡板或用方向盘上的换挡杆即可进行手动换挡（Tiptronic）。

4. DSG 变速器的优缺点

1）优点

DSG 变速器将手动变速器和自动变速器的优点结合在一起，采用双多片式离合器及不同的自动换挡程序，可满足对舒适性的高要求；可直接换挡且换挡极为迅速又无冲击，提高了驾驶乐趣；同时，燃油消耗率却与配备手动变速器的经济型汽车相当。

2）DSG 变速器的不足之处

首先，与传统的自动变速器相比，由于没有液力扭矩，又没有 MT 的半联动，对于小排量的发动机与 DSG 的组合，有时会出现低速扭矩不足的现象，表现为起步时轻微的抖动。

目前大众集团 DSG 主要有 02E 型 6 挡湿式双离合变速器和 0AM 型 7 挡干式双离合变速器两种，可根据发动机的动力匹配变速器。

二、0AM 型 7 挡 DSG 变速器

7 挡 DSG（直接换挡）变速器型号为 0AM，内部代码为 DQ200，是大众集团应用较为普遍的 DSG 变速器。变速器设计用于扭矩在 250 N·m 以下的 Polo、Golf、Sagitar、Passat 和 Touran 等车型。

1. 7 挡 DSG 变速器的特点

（1）变速器结构模块化。离合器、机械电子单元和变速器分别构成一个单元，在结构上相对独立。

（2）采用干式双离合器。采用与手动变速器类似的干式离合器，有效地提高了传动的效率。

（3）机械电子单元和机械变速器具有单独的机油系统，一次性加注，无须更换。

（4）变速器机械部分有 2 个输入轴和 3 个输出轴，形成 7 个前进挡和 1 个倒挡。

（5）按需驱动的油泵。变速器的油泵采用电动机驱动，按照需要由电脑控制油泵的动作。

（6）无油/水热交换器。由于变速器机械电子单元和机械变速器的机油加注量较少，故没有传统自动变速器的油/水热交换器。

2. 变速器基本原理

双离合器变速器主要由两个相互独立的子变速器组成（如图 4-2 所示），每个子变速器的功能结构都与手动变速器相同，都有一个离合器。两个离合器都是干式离合器。离合器由机械电子单元根据待挂挡位进行控制、接合和分离。通过离合器 K1 以及子变速器 1 和输出轴 1 换到一、三、五和七挡。离合器 K2 以及子变速器 2 和输出轴 2 和 3 控制二、四、六挡和倒挡。

在工作过程中，始终有一个子变速器传递动力，另一个子变速器已经能够换到下一挡，因为该挡的离合器仍处于分离状态。

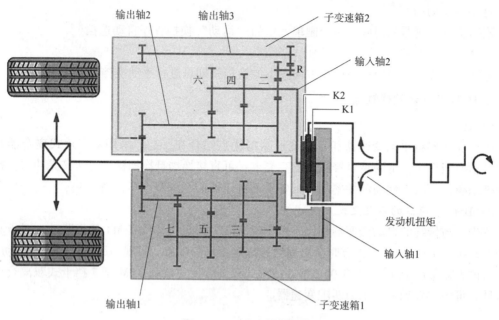

图 4-2　DSG 变速器原理

3. 变速器组成

7 挡 DSG 变速器由双离合器、机械变速器、液压系统及电子控制系统四部分组成，如图 4-3 所示。

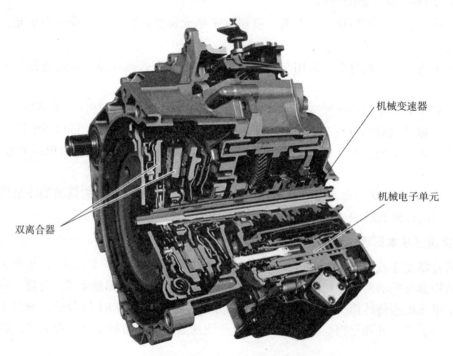

图 4-3　7 挡 DSG 变速器的组成

三、0AM 型 7 挡 DSG 离合器

1. 双离合器的结构

双离合器总成位于变速器和发动机之间，负责将发动机的动力传递给变速器的输入轴。扭矩通过固定在曲轴上的双质量飞轮传输至双离合器，双质量飞轮中有内齿轮，与双离合器支承环上的外齿轮相互啮合，这样可以将扭矩继续传递到双离合器内部，如图 4-4 所示。双离合器外齿轮通过支承环传递到离合器的主动轮，双离合器的主动轮以浮动轮方式支承在输入轴 2 上，主动轮可以通过与两组离合器的结合，将动力传递给对应的输入轴。

双离合器由两个传统离合器结合在一起，包括一个主动轮（驱动盘）、两个离合器片、两个压盘、两个离合器操纵杆和两个接合轴承。离合器 K1 和 K2 位于主动轮（驱动盘）的两侧，离合器 K1 通过花键毂安装到变速器输入轴 1 上，离合器 K2 通过花键毂安装到变速器输入轴 2 上。

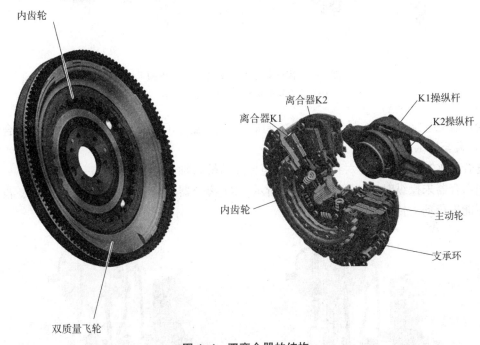

图 4-4 双离合器的结构

2. 离合器的工作原理

每组离合器都可以单独地实现分离和结合，与手动变速器使用的离合器工作状态相反，离合器属于常分离状态。在行驶状态时，机电控制单元按需要控制其中一个离合器的接合。

1）离合器 K1

离合器 K1 将一、三、五和七挡的扭矩传递给输入轴 1。

当离合器未操纵时，如图 4-5（a）所示，K1 离合器片与驱动盘之间存在间隙，没有摩擦力不能进行动力传输。

当离合器 K1 操纵时，如图 4-5（b）所示，接合杆将接合轴承压向蝶形弹簧，将离合器压盘拉向离合器从动盘以及主动轮，扭矩通过离合器驱动盘的从动盘传递给输入轴 1。

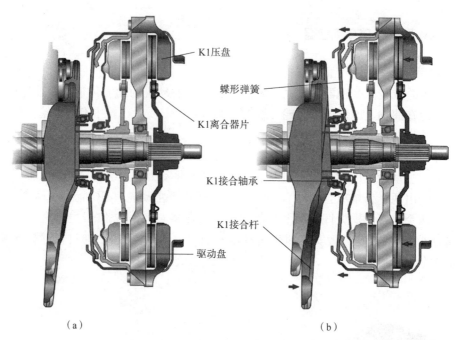

图 4-5 离合器 K1 的结构及工作原理
(a) 离合器未操纵;(b) 离合器接合

变速器机电控制单元控制电磁阀 N435 调整 K1 离合器液压缸压力,推动离合器 K1 接合杆。

2) 离合器 K2

离合器 K2 将二、四、六和 R 挡的扭矩传递给输入轴 2。

当离合器未操纵时,如图 4-6 (a) 所示,K1 离合器片与驱动盘之间存在间隙,没有摩擦力不能进行动力传输。

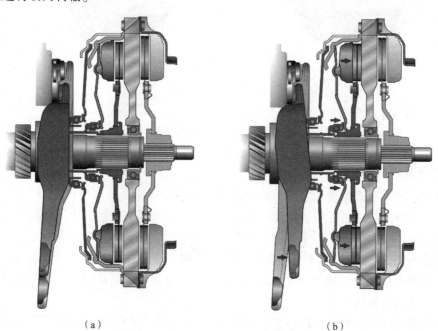

图 4-6 离合器 K2 的结构及工作原理
(a) 离合器未操纵;(b) 离合器接合

当操纵离合器接合杆时，接合轴承压向离合器压盘的盘形弹簧。由于盘形弹簧支撑在离合器壳体上，因此离合器压盘压向主动轮，扭矩传递给输入轴2。

变速器机电控制单元控制电磁阀 N439 调整 K2 离合器液压缸的压力，推动离合器 K2 接合杆。

四、0AM 型 7 挡 DSG 机械变速器

0AM 型 7 挡 DSG 机械变速器的主要作用与手动变速器齿轮变速机构功能相同，即实现变速、变向，实现空挡，而且 DSG 变速器的机械变速器结构与手动变速器齿轮变速机构结构相似，都是采用的普通圆柱齿轮，如图 4-7 所示。

0AM 型 7 挡 DSG 机械变速器由 5 个平行的齿轮轴及轴上相互啮合的多对圆柱斜齿轮组成，其中有 2 个输入轴和 3 个输出轴，结构展开如图 4-8 所示。输入轴 1 通过花键与离合器 K1 连接，输入轴 2 通过花键与离合器 K2 连接。输出轴 1、输出轴 2、输出轴 3 都是通过输出齿轮与差速器上的主减速器从动齿轮啮合。变速器输出轴上设有换挡同步器，可实现换挡。

图 4-7　0AM 型 7 挡 DSG 机械变速器结构

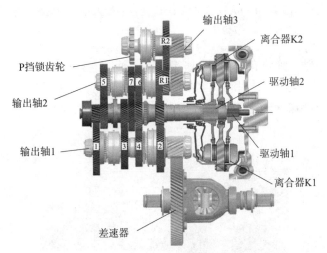

图 4-8　0AM 型 7 挡 DSG 机械变速器结构展开

1. 0AM 型 7 挡 DSG 机械变速器结构

1）输入轴

变速器的输入轴 1 和输入轴 2 为同轴布置，输入轴 2 为中空轴，输入轴 1 穿过中空的输入轴 2，如图 4-9 所示。每个轴上都有一个将输入轴支承在变速器壳体内的球轴承。

（1）输入轴 1。

输入轴 1 通过花键与离合器 K1 连接。输入轴 1 上有一、三、五和七挡的主动齿轮和变

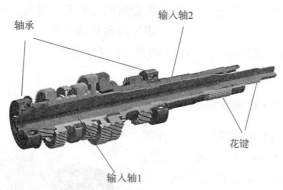

图 4-9　0AM 型 7 挡 DSG 输入轴

速器输入转速传感器 1 G632 的磁性脉冲信号轮，磁性脉冲信号轮用于获取变速器输入转速，如图 4-10 所示。

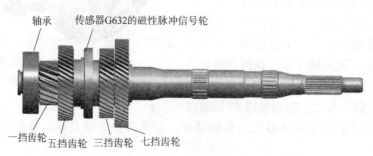

图 4-10　0AM 型 7 挡 DSG 变速器输入轴 1 的结构

（2）输入轴 2。

输入轴 2 为空心轴，通过花键与 K2 连接。输入轴 2 上只有 2 个圆柱齿轮，可以作为二、四、六和 R 挡的主动齿轮，二挡和 R 挡共用一个主动齿轮，四挡和六挡共用一个主动齿轮。输入轴 2 上还有变速器输入转速传感器 2 G612 的齿轮脉冲信号轮，用于获取变速器输入转速，如图 4-11 所示。

图 4-11　0AM 型 7 挡 DSG 变速器输入轴 2 的结构

2）输出轴

（1）输出轴 1。

输出轴 1 上有一、二、三、四挡从动齿轮、一/三挡同步器、二/四挡同步器和输出齿轮，如图 4-12 所示。输出轴 1 上的一、三挡从动齿轮与输入轴 1 上的一、三挡主动齿轮常啮合，输出轴 1 上的二、四挡从动齿轮与输入轴 2 上的二、四挡主动齿轮常啮合，输出齿轮作为主减速器的主动齿轮与差速器上的主减速器从动齿轮啮合。

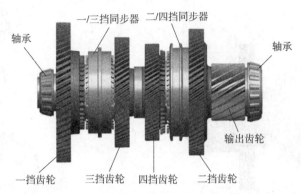

图 4-12　0AM 型 7 挡 DSG 输出轴 1 的结构

（2）输出轴 2。

输出轴 2 上有五挡、六挡、七挡从动齿轮、R 挡中间齿轮 1、R 挡中间齿轮 2、五/七挡同步器、六/R 挡同步器和输出齿轮，如图 4-13 所示。输出轴 2 上五挡、七挡从动齿轮与输入轴 1 上的五挡、七挡主动齿轮啮合，输出轴 2 上的六挡齿轮、R 挡中间齿轮 1 与输入轴 2 上的六挡、R 挡主动齿轮啮合，R 挡中间齿轮 2 与输出轴 3 上的 R 挡齿轮啮合，输出齿轮作为主减速器的主动齿轮与差速器上的主减速器从动齿轮啮合。五挡、六挡、七挡、R 挡中间齿轮 1 和 R 挡中间齿轮 2 空套安装于输出轴 2 上，R 挡中间齿轮 1 和 R 挡中间齿轮 2 为刚性一体。

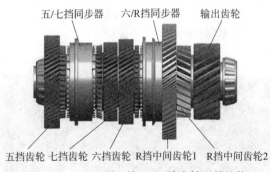

图 4-13　0AM 型 7 挡 DSG 输出轴 2 的结构

（3）输出轴 3。

输出轴 3 上有 R 挡齿轮、R 挡同步器、P 挡锁止机构齿轮和输出齿轮，如图 4-14 所示。

3）同步器

0AM 型 7 挡 DSG 变速器采用同步器换挡，换挡同步器采用锁环式换挡同步器，其结构与手动变速器锁环式换挡同步器一致。该变速器一、二、三挡同步器采用三锥面同步器，如图 4-15 所示，四挡同步器为二锥面同步器，五、六、七和 R 挡同步器为单锥面同步器。

图 4-14 0AM 型 7 挡 DSG 输出轴 3 的结构

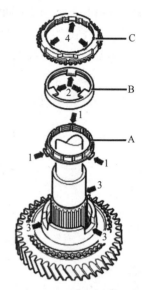

图 4-15 三锥面换挡同步器

三锥面换挡同步器有 3 个同步环 A、B、C，同步环 B 位于同步环 A 和 C 之间，增加了摩擦面积以便于快速同步。同步环 A 通过外凸台 1 与同步环 C 内凹槽 4 连接，同步环 B 通过内凸台 2 与齿轮上的凹槽 3 连接。同步环 A 与 C 相对静止，与同步环 B 可以相对转动。

换挡同步器由换挡拨叉控制，0AM 型 7 挡 DSG 变速器共有 5 个换挡同步器、4 个换挡拨叉轴，R 挡同步器和六/R 挡同步器共用 1 个换挡拨叉轴，如图 4-16 所示。

图 4-16 0AM 型 7 挡 DSG 变速器结构及换挡拨叉

换挡机构的换挡拨叉和活塞相连。为实现挡位的变换，油压被供应到换挡机构的活塞上，推动活塞移动。当活塞移动时，换挡拨叉和滑动齿套也随之移动，滑动齿套使同步器齿接合形成挡位。通过永久磁铁和换挡机构位移传感器，变速器控制单元能够准确获得换挡机构的当前位置，如图 4-17 所示。

2. 0AM 型 7 挡 DSG 变速器挡位及动力传递路线

1）一挡

一/三挡同步器挂入一挡，离合器 K1 接合，动力依次经过发动机曲轴、双质量飞轮、离合器 K1、输入轴 1 的一挡主动齿轮、输出轴 1 的一挡从动齿轮、输出轴 1 的输出齿轮、差速器主减速齿轮。

2）二挡

二/四挡同步器挂入二挡，离合器 K2 接合，动力依次经过发动机曲轴、双质量飞轮、离合器 K2、输入轴 2 的二挡主动齿轮、输出轴 1 的二挡从动齿轮、输出轴 1 的输出齿轮、差速器主减速齿轮。

图 4-17 换挡拨叉的控制

3）三挡

一/三挡同步器挂入三挡，离合器 K1 接合，动力依次经过发动机曲轴、双质量飞轮、离合器 K1、输入轴 1 的三挡主动齿轮、输出轴 1 的三挡从动齿轮、输出轴 1 的输出齿轮、差速器主减速齿轮。

4）四挡

二/四挡同步器挂入四挡，离合器 K2 接合，动力依次经过发动机曲轴、双质量飞轮、离合器 K2、输入轴 2 的四挡主动齿轮、输出轴 1 的四挡从动齿轮、输出轴 1 的输出齿轮、差速器主减速齿轮。

5）五挡

五/七挡同步器挂入五挡，离合器 K1 接合，动力依次经过发动机曲轴、双质量飞轮、离合器 K1、输入轴 1 的五挡主动齿轮、输出轴 2 的五挡从动齿轮、输出轴 2 的输出齿轮、差速器主减速齿轮。

6）六挡

六/R 挡同步器挂入六挡，离合器 K2 接合，动力依次经过发动机曲轴、双质量飞轮、离合器 K2、输入轴 2 的六挡主动齿轮、输出轴 2 的六挡从动齿轮、输出轴 2 的输出齿轮、差速器主减速齿轮。

7）七挡

五/七挡同步器挂入七挡，离合器 K1 接合，动力依次经过发动机曲轴、双质量飞轮、离合器 K1、输入轴 1 的七挡主动齿轮、输出轴 2 的七挡从动齿轮、输出轴 2 的输出齿轮、差速器主减速齿轮。

8）R 挡

R 挡同步器挂入 R 挡，离合器 K2 接合，动力依次经过发动机曲轴、双质量飞轮、离合器 K2、输入轴 2 的 R 挡主动齿轮、输出轴 2 的 R 挡中间齿轮 1、R 挡中间齿轮 2、输出轴 3 的 R 挡从动齿轮、输出轴 3 的输出齿轮、差速器主减速齿轮。

3. 换挡控制过程

0AM 型 7 挡 DSG 变速器换挡过程包括离合器的切换和挡位切换，控制顺序为先进行挡位切换，然后控制离合器。由于变速器结构的设计，当变速器处于一个挡位行驶时，变速器机电控制单元会提前将下一个挡位的同步器接合，在换挡的时刻，只进行离合器的切换。两组离合器则同时进行分离或接合的控制，因此换挡过程中没有动力完全被切断的过程，这能够保证换挡平顺性及良好动力性，如图 4-18 所示。

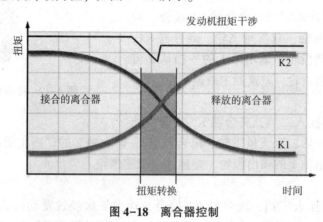

图 4-18　离合器控制

五、0AM 型 7 挡 DSG 变速器的控制系统

0AM 型 7 挡 DSG 变速器的控制系统由电子控制单元和电液控制单元两部分组成，该变速器将这两部分集成为一个机械电子模块，安装在变速器上。

电子控制单元中汇集了所有传感器信号和其他控制单元的信号，电子控制单元引导和监控所有部件的运行。电子控制单元中集成了 11 个传感器，只有变速器输入转速传感器 G182 位于该控制单元外。电子控制单元以液压方式控制和调节 8 个电磁阀，用以切换 7 个挡位和操纵离合器。

电子控制单元学习（适应）离合器位置和当前挡位时的挡位调节器位置，并在这些部件的后续工作中参考学到的信息。

机械电子模块有独立于机械变速器的机油循环回路，这种独立紧凑型单元具有以下优点：

(1) 除了一个传感器外，所有传感器和执行机构都位于机械电子单元内。
(2) 液压油专门针对机械电子单元的需求定制。
(3) 由于采用单独的机油系统，故机械变速器的磨屑不会进入机械电子单元内。
(4) 低温特性良好，因为无须满足变速器的黏度特性要求。

1. 液压系统

0AM 型 7 挡 DSG 变速器有两个彼此独立的液压油循环回路，使用不同的液压油工作，如图 4-19 所示。

机械变速器使用齿轮油，通过飞溅方式对机械变速器的齿轮、轴及轴承润滑，机械变速器内油容量为 1.7 L。

机械电子模块使用液压油，油泵输送规定压力的液压油，以实现挡位变化和促动离合器，机械电子模块内的油容量为 1.1 L。

图4-19 0AM型7挡DSG变速器液压系统

0AM型7挡DSG变速器液压控制系统由蓄压器、双齿轮油泵、油泵驱动电动机、变速器压力调节电磁阀、挡位调节器电磁阀、离合器调节器电磁阀以及限压阀、单向阀、G270压力传感器等组成，如图4-20所示。

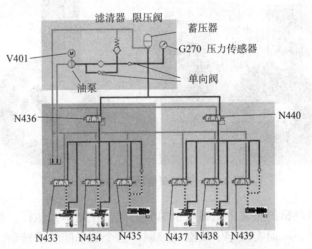

图4-20 0AM型7挡DSG变速器液压控制系统

1）液压泵单元

液压泵单元安装在机械电子模块内，由一个液压泵和一个电动机组成。液压泵电动机是无电刷式直流电动机。电动机由机械电子单元的电子控制单元根据压力需求控制。电动机通过插接式联轴器驱动液压泵，如图4-21（a）所示。

（1）液压泵。

液压泵按齿轮泵原理工作，如图 4-21（b）所示。液压泵抽吸液压油，然后以大约 70 bar[①] 的压力将液压油压入油循环回路。液压油在泵壳壁与齿隙之间从抽吸侧输送至压力侧。

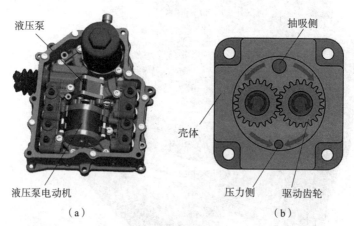

图 4-21　0AM 型 7 挡 DSG 变速器液压泵
(a) 液压泵实物；(b) 液压泵工作原理

（2）液压泵电动机 V401。

液压泵电动机为无电刷式直流电动机，由定子和转子组成，转子由 6 对永久磁铁构成，定子由 6 对电磁铁构成，如图 4-22 所示。

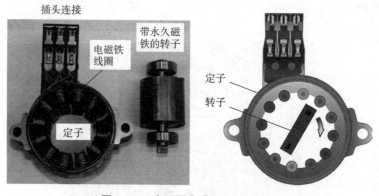

图 4-22　液压泵电动机 V401 结构

无电刷式直流电动机的整流由机械电子单元的电子控制单元执行，是非接触式的。定子线圈中产生旋转磁场，从而实现定子线圈的控制，这个磁场随转子转动。由于采用非接触式整流，因此除轴承磨损外，直流电动机完全不存在磨损情况。

当系统压力达到 60 bar 时，电动机停止工作，依靠蓄压器维持压力；当压力降到 40 bar 时，电动机恢复工作。

如果电动机不能被激活，则系统油液压力下降，并且离合器在压力盘弹簧的作用下断开。

---

① 1 bar = 10^5 Pa。

2) 压力传感器 G270 和限压阀

液压泵将液压油压过滤清器压向限压阀、蓄压器和液压压力传感器方向。限压阀和液压压力传感器上的液压油压力达到大约 70 bar 时,控制单元关闭电动机和液压泵。

旁通阀能够保证滤清器通道堵塞时的系统功能。

3) 蓄压器

蓄压器是按照气压存储器形式设计的,在液压泵关闭时为液压系统提供油压,其存储容量为 0.2 L。

4) 变速器压力调节电磁阀 N436/N440

变速器压力调节电磁阀调节子变速器 1 和 2 的油压。如图 4-20 所示,电磁阀 N436 调节离合器 K1 和换挡操纵机构一/三、五/七的压力;N440 调节离合器 K2 和换挡操纵机构二/四、六/R 的压力。

如果识别出某个子变速器出现故障,压力调节电磁阀可以关闭相应的子变速器。

5) 挡位调节器电磁阀 N433/N434/N437/N438

挡位调节器集成在机械电子单元内,如图 4-23 所示,挡位调节器活塞与换挡拨叉连接。换挡时,换挡拨叉活塞在油压作用下移动,带动换挡拨叉和接合套挂入挡位。

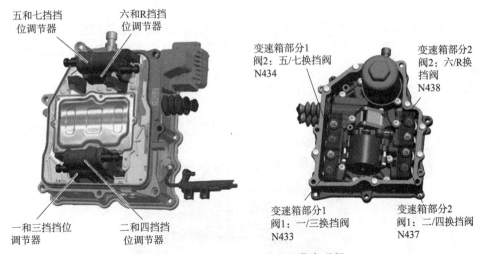

图 4-23 挡位调节器和挡位调节电磁阀

挡位调节器电磁阀调节挡位调节器的油量,每个挡位调节器都可以换到两个挡位。如果未换挡,则油压使挡位调节器保持在空挡。选挡杆置于位置"P"且点火开关关闭时,则挂入一挡和 R 挡。

工作原理(以换一挡为例):

初始位置状态时,电磁阀 N433 控制油压,使换挡活塞处于 N 位置,不挂任何挡位,如图 4-24(a)所示。

换挡时,挡位选择电磁阀 N433 提升左侧活塞腔的油压,挡位选择活塞被推向右侧,与活塞连接的换挡拨叉和换挡滑套随换挡活塞一同向右侧移动,滑动齿套移动到一挡位置,齿轮接合,形成挡位,如图 4-24(b)所示。

6) 离合器操纵机构

离合器 K1 和 K2 的操纵以液压方式实现,在机械电子单元中有两个离合器调节器。

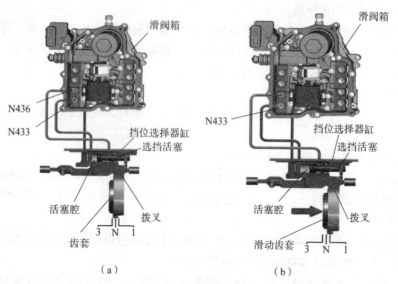

图 4-24 换挡控制过程
(a);不挂挡位;(b) 形成挡位

离合器操纵机构由离合器工作缸和离合器活塞组成。离合器活塞操纵离合器的接合杆。离合器调节器活塞上有一个永久磁铁,离合器行程传感器识别活塞位置时需要这个磁铁,如图 4-25 所示。

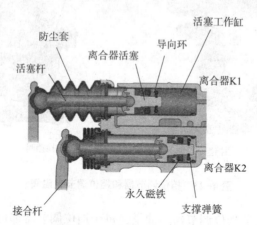

图 4-25 离合器操纵机构

7) 离合器电磁阀 N435/N439

N435 控制离合器 K1,N439 控制离合器 K2。

电磁阀 N435 打开,在回油方向,来自电磁阀 N43 的压力油流入滑阀单元的油底壳,离合器触动活塞在空闲位置。

如果离合器 K1 需要接合,电磁阀 N435 由电子控制单元激活,当其被激活时,接通了到离合器触动器的油道,油压在离合器触动活塞的后方被建立,离合器触动活塞移动并推动离合器接合杆,离合器 K1 接合。

控制单元根据离合器行程传感器的精确位置信号控制离合器电磁阀。

断电时,电磁阀打开且离合器分离。

2. 0AM 型 7 挡 DSG 电子控制系统

0AM 型 7 挡 DSG 电子控制系统如图 4-26 所示。根据输入信号，实现换挡控制、离合器控制、驱动油泵、系统压力调节和安全保护等功能。

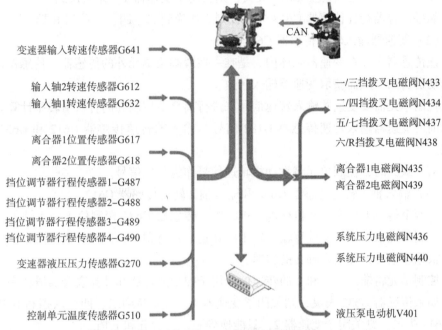

图 4-26　0AM 型 7 挡 DSG 电子控制系统

1）传感器

电子控制单元中集成了 11 个传感器，只有变速器输入转速传感器 G182 位于该控制单元外，如图 4-27 所示。

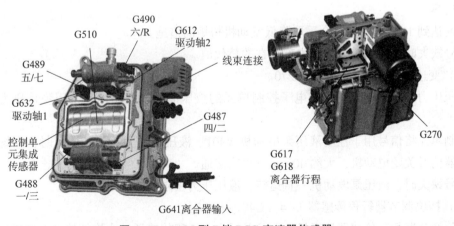

图 4-27　0AM 型 7 挡 DSG 变速器传感器

（1）离合器行程传感器 G617/G618。

离合器行程传感器位于机械电子单元内离合器调节器上方。控制双离合器需要可靠精确地获知离合器的当前操纵状态。

非接触式传感器获取离合器行程。非接触式获取位置信息能够提高传感器功能的可靠性，并能够避免磨损和振动造成的测量误差。

控制单元根据该传感器信号来控制离合器的触动装置。

如果离合器行程传感器 G617 失灵，则关闭子变速器 1，无法换到一、三、五和七挡。

如果离合器行程传感器 G618 失灵，则无法换到二、四、六挡和 R 挡。

（2）变速器输入转速传感器 G641。

该传感器安装在变速器壳体内，是唯一在滑阀箱单元外的传感器。传感器以电子方式探测起动机齿圈，从而获取变速器输入转速。

控制单元需要变速器输入转速信号来进行离合器控制和离合器滑转率计算。为此，将离合器前的变速器输入转速传感器 G182 信号与输入轴转速传感器 G612 和 G632 的信号进行对比。

信号缺失时，控制单元将发动机转速信号作为替代信号。

（3）输入轴 1 转速传感器 G632 和输入轴 2 转速传感器 G612。

这两个传感器均安装在机械电子单元内。传感器 G632 探测位于输入轴 1 上的脉冲信号轮，控制单元根据该信号计算输入轴 1 的转速。传感器 G612 探测输入轴 2 上的齿轮，控制单元根据该信号计算输入轴 2 的转速。

控制单元将输入轴 1 和 2 的转速信号用于控制离合器和计算离合器滑转率。

如果传感器 G632 失灵，则关闭子变速器 1，只能换到二、四、六挡和 R 挡。如果传感器 G612 失灵，则关闭子变速器 2，只能换到一、三、五和七挡。

（4）控制单元温度传感器 G510。

该温度传感器直接安装在机械电子单元的电子控制单元内，用以检查滑阀箱单元的温度。热的液压油不断流向控制单元，因而持续加热控制单元，过多的热量可能降低电子元件的功能。传感器直接测量元件的临界温度，所以可使降低油温的方法能够尽早地介入，以避免产生过热。

温度达到 139 ℃ 以上时会采取降低发动机扭矩的措施。

信号缺失时，控制单元采用内部存在的替代值。

（5）变速器液压压力传感器 G270。

液压压力传感器集成在机械电子控制单元的液压油循环回路内，采用膜片压力传感器结构。

控制单元将信号用于控制液压泵电动机 V401，液压油压力约为 60 bar 时，系统根据压力传感器信号关闭电动机，大约 40 bar 时再次接通。

信号缺失时，液压泵电动机一直运转，液压压力由限压阀决定。

（6）挡位调节器行程传感器 1~4（G487~G490）。

挡位调节器行程传感器位于机械电子单元内，行程传感器结合换挡拨叉上的磁铁产生信号，控制单元根据该信号识别挡位调节器的准确位置。

控制单元需要挡位调节器的准确位置，来控制挡位调节器以进行换挡。

行程传感器失灵时，控制单元无法识别相应挡位调节器的位置，因此控制单元无法识别是否通过挡位调节器和换挡拨叉换到了某一挡位。为了避免造成变速器损坏，在这种情况下会关闭失灵行程传感器对应的子变速器。

(7) 选挡杆 E313。

选挡杆中集成了选挡杆传感器系统和选挡杆锁电磁铁控制系统，如图 4-28 所示。选挡杆位置由集成在选挡杆传感器系统内的霍尔传感器识别。选挡杆位置信号和 Tiptronic 信号通过 CAN 总线发送给机械电子单元和组合仪表控制单元。

控制单元根据信号识别选挡杆位置，并利用这些信号实现驾驶员意图 D-R-S 或 Tiptronic 功能以及控制起动机。

如果控制单元无法识别选挡杆位置，则使两个离合器分离。

2) 执行器

变速器执行器有液压泵电动机 V401、系统压力电磁阀 N436、系统压力电磁阀 N440、离合器 1 电磁阀 N435、离合器 1 电磁阀 N435、一/三挡拨叉电磁阀 N433、二/四挡拨叉电磁阀 N434、五/七挡拨叉电磁阀 N437、六/R 挡拨叉电磁阀 N438 等，主要执行油泵驱动、压力调节、离合器控制（见图 4-29）和换挡等功能。

图 4-28　变速器选挡杆

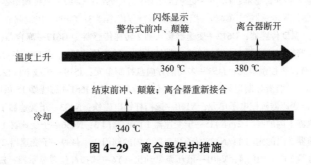

图 4-29　离合器保护措施

3) 功能保护策略

为了防止离合器损坏，当车辆由于频繁换挡及长时间大负荷运转造成离合器温度过高达到 360℃ 时，车辆会出现仪表挡位闪烁，车辆有警告式前冲、颠簸，以提醒驾驶员降低车速或停车，以降低离合器温度。若温度持续上升到 380℃，变速器控制单元则会切断离合器，出现车辆失去动力的现象。

若温度降低至 340℃ 以下，车辆会结束前冲、颠簸或者重新接合离合器。因此，未将挡位置于 P 位置或发动机熄火的车辆，将会出现即使未踩油门也会重新加速的现象。

4) 系统电路图

0AM-7DSG 变速器系统电路图如图 4-30 所示。

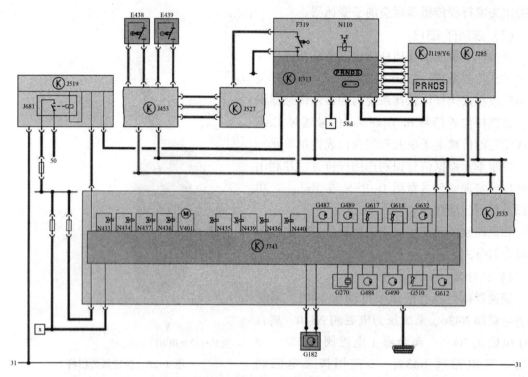

图 4-30 0AM-7DSG 变速器系统电路图

E438—方向盘上的 Tiptronic 换高挡开关；E439—方向盘上的 Tiptronic 换低挡开关；F319—选挡杆 P 挡锁止开关；G182—变速器输入转速传感器；G270—变速器液压压力传感器；G487—挡位调节器行程传感器 1；G488—挡位调节器行程传感器 2；G489—挡位调节器行程传感器 3；G490—挡位调节器行程传感器 4；G510—控制单元温度传感器；G612—变速器输入轴 2 转速传感器；G617—离合器行程传感器 1；G618—离合器行程传感器 2；G632—变速器输入轴 1 转速传感器 1；J119—多功能显示屏；J285—组合仪表控制单元；J453—多功能方向盘控制单元；J519—车载电位控制单元；J527—转向柱电子装置控制单元；J533—数据总线诊断接口；J681—总线端 15 供电继电器 2；J743—双离合器变速器机械电子单元；N110—选挡杆锁电磁铁；N433—子变速器 1 内的阀门 1；N434—子变速器 1 内的阀门 2；N435—子变速器 1 内的阀门 3；N436—子变速器 1 内的阀门 4；N437—子变速器 2 内的阀门 1；N438—子变速器 2 内的阀门 2；N439—子变速器 2 内的阀门 3；N440—子变速器 2 内的阀门 4；V401—液压泵电动机；Y6—选挡杆位置显示器；E313—选挡杆

【任务实施】

一、任务实施准备

（1）场地：理论实训一体化多媒体实训室；

（2）设备：举升机、液压千斤顶；

（3）工具：通用 54 件组合扳手、卡簧钳、橡胶锤、一字螺丝刀、拆装专用工具（查维修手册）等；

（4）量具：故障阅读器、游标卡尺、钢板尺、塞尺、百分表、磁力表座等；

（5）装备 0AM 型 7 挡 DSG 变速器的车辆；

（6）备品：接油盆、洗油盆、毛刷、ATF 油、抹布或吸油纸；

（7）车辆维修手册；

（8）实训工单。

二、任务实施步骤

（1）组织学生对基本知识进行学习；

（2）组织学生分组利用各种资源（维修手册、网络维修技术平台等）查询实训 0AM 型 7 挡 DSG 变速器的拆装检测标准，制订 0AM 型 7 挡 DSG 变速器的拆装检测的工作计划；

（3）学生小组汇报工作计划；

（4）教师对学生工作计划进行点评；

（5）组织学生对 0AM 型 7 挡 DSG 变速器进行拆装检测，教师对不正确的操作给予指导；

（6）填写实训工单；

（7）教师接收学生完成的实训工单，利用考核单进行考核，对该实训任务进行总结，包括教师答疑、学生总结、教师总结。

注意：

（1）排出的 ATF 油要集中收集，统一处理，不可随意丢弃；

（2）废弃零部件要分类收集，统一处理，不可随意丢弃。

0AM 变速器检修　实训工单

学生姓名：_____　　班级：_____　　实训日期：_____

序号	实训项目	完成状况及检测结果
1	工量具准备	
2	维修手册准备	
3	拆卸双离合器	
4	拆卸机电控制单元	
5	拆卸齿轮变速器	
6	检查齿轮变速器	
7	检查双离合器	
8	选择调整垫片	
9	安装齿轮变速器	
10	安装机电控制单元	
11	安装双离合器	
12	整车故障自诊断	
13	读取故障码	
14	读取数据流	

实训总结	实训结论	实训收获与反思

0AM 变速器检修 考核单

学生姓名：　　　　　　考核项目：　　　　　　考核成绩：

序号	项目	分值	扣分标准	得分
1	实训准备工作	5	每缺少1项扣1分	
2	工具正确使用	5	每错误1次扣1分	
3	量具正确使用	5	每错误1次扣1分	
4	维修手册正确使用	5	每错误1次扣1分	
5	操作规范性	60	每错误1次扣1分	
6	实训工单填写	10	未填写扣10分	
7	5S	10	每缺少1项扣2分	
8	是否出现危险行为		出现人身危险总成绩0分；出现车辆危险扣20分；出现工具设备危险扣10分	
	合计	100		
	教师评语			

考核教师：

＿＿＿＿年＿＿月＿＿日

任务十四　02E 型 6 挡 DSG 变速器检修

1. 能阐述 02E 型 6 挡 DSG 变速器的结构。
2. 能说明 02E 型 6 挡 DSG 变速器的工作原理。
3. 能对 02E 型 6 挡 DSG 变速器的控制系统进行分析。

1. 能对 02E 型 6 挡 DSG 变速器进行基本设定。
2. 能进行 02E 型 6 挡 DSG 变速器双离合器的更换与调整。
3. 能进行 02E 型 6 挡 DSG 变速器机电控制单元更换。

现有一辆行驶里程约 15.3 万 km、配置 CBL 2.0TSI 发动机、02E 型 6 挡 DSG 变速器的 2009 年大众迈腾轿车。客户反映，该车行驶中偶尔出现挡位显示异常、动力中断现象。原地试车发现换挡杆在 N-D 位置切换时，有多次冲击并伴有异响，行驶过程中无明显异常。试对其进行故障分析及检修。

【基本知识】

02E 型 6 挡 DSG 变速器采用两组湿式多片式离合器，具有 6 个前进挡和一个倒挡，该变速器最大能够传递 350 N·m 的转矩，目前与大众排量 2.0 L 以及 3.0 L 的发动机匹配。

02E 型 6 挡 DSG 变速器主要由多片式离合器、机械电子装置、液压系统、机油冷却器和齿轮变速器等组成，如图 4-31 所示。

一、湿式双离合器

发动机扭矩通过曲轴传递给双质量飞轮，双离合器输入轴毂上的双质量飞轮花键将扭矩传到多片式离合器主动盘，主动盘通过离合器 K1 的外盘支架与离合器主毂连接，离合器 K2 的外盘支架也连接在主毂上，如图 4-32 所示。

扭矩经外盘支架传递到相应的离合器，离合器接合时扭矩被继续传递到内盘支架，最后传递到相应的输入轴，在此过程中始终有一个多片式离合器在传递动力。

1. 多片式离合器 K1

离合器 K1 是一个多片式离合器，它是外离合器，可将扭矩传递到一、三、五和倒挡的输入轴 1 上。将机油压入离合器 K1 的机油压力腔，该离合器即接合。于是活塞 1 沿轴向移动，将 K1 的离合器片组压靠在一起，扭矩经内盘支架的片组传递到输入轴 1。离合器分离时，碟形弹簧将活塞 1 压回初始位置，见图 4-33。

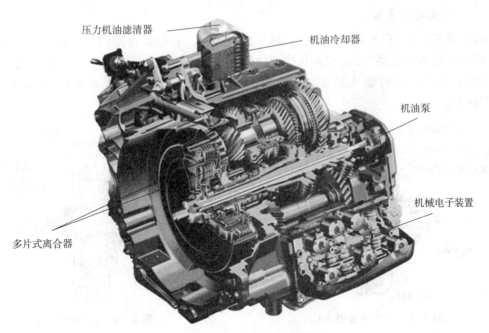

图 4-31　02E 型 6 挡 DSG 变速器

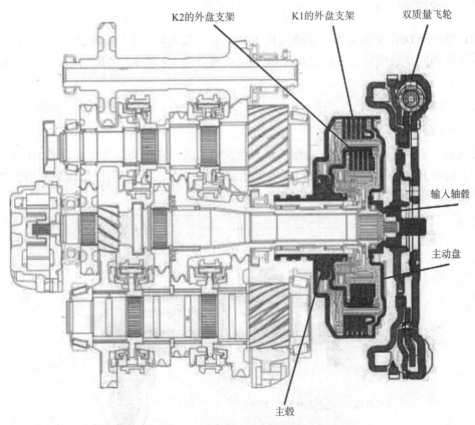

图 4-32　双离合器与双质量飞轮

2. 多片式离合器 K2

离合器 K2 也是多片式离合器，它属于内离合器，将扭矩传递到二、四、六挡的输入轴。将机油压入离合器 K2 的机油压力腔内即可使离合器 K2 接合。然后活塞 2 通过离合器片组将动力传递到输入轴 2。离合器分离时，螺旋弹簧将活塞 2 压回初始位置，见图 4-34。

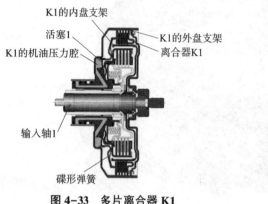

图 4-33 多片离合器 K1

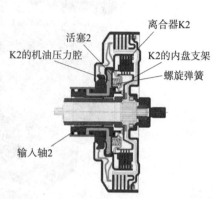

图 4-34 多片离合器 K2

二、齿轮变速机构

02E 型 6 挡 DSG 变速器齿轮变速机构主要由 2 个输入轴、2 个输出轴、1 个倒挡齿轮轴以及 4 个换挡同步器组成。发动机扭矩经多片式离合器 K1 和 K2 传递到输入轴 1 和输入轴 2 上。

1. 变速器结构

1）输入轴 1

输入轴 1（见图 4-35）在空心输入轴 2 内旋转，通过花键与多片式离合器 K1 相连。输入轴 1 上装有五挡齿轮、一挡和倒挡共用齿轮和三挡齿轮。在一/倒挡齿轮和三挡齿轮之间装有一靶轮，该靶轮用于输入轴 1 的转速传感器 G501。

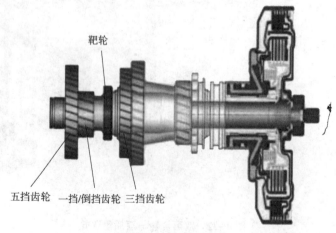

图 4-35 输入轴 1

2）输入轴2

输入轴2（见图4-36）为空心轴，通过花键与多片式离合器K2连接在一起。输入轴2上装有六、四、二挡斜齿轮，六挡和四挡共用一个齿轮。该轴的二挡齿轮旁装有一个靶轮，该靶轮用于输入轴2的转速传感器G502。

由于一挡/倒挡共用一个齿轮，四/六挡也共用一个齿轮，因此缩短了变速器的长度。

3）输出轴1

输出轴1（见图4-37）上共有一、二、三、四挡四个齿轮，两个换挡同步器以及输出轴齿轮。其中一挡和三挡共用一个同步器，二挡和四挡共用一个同步器。输出轴齿轮与差速器中的主减速齿轮啮合。

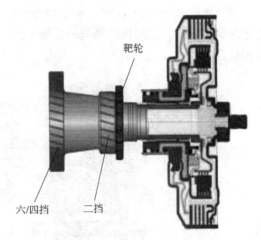

图4-36 输入轴2

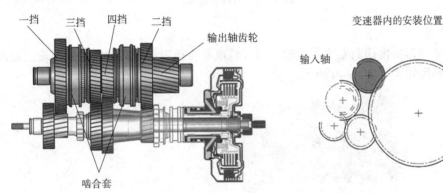

图4-37 输出轴1

4）输出轴2

输出轴2（见图4-38）上有测量变速器输出转速的靶轮和五、六、倒挡的滑动齿轮。输出轴齿轮用于与差速器接合。

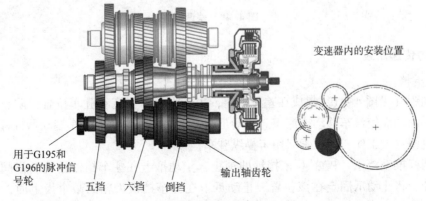

图4-38 输出轴2

5）倒挡齿轮轴

倒挡齿轮轴（见图4-39）用于改变输出轴2的旋转方向，随之也改变了差速器主减速齿轮的旋转方向。倒挡齿轮轴与输出轴1的一挡/倒挡共用齿轮，与输出轴2的倒挡滑动齿轮相接合。

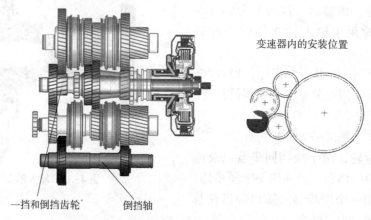

图 4-39　倒挡齿轮轴

6）差速器

两输出轴将扭矩传递到差速器的输入轴。差速器将扭矩经传动轴传递到车轮。差速器内集成有驻车锁齿轮，如图4-40所示。

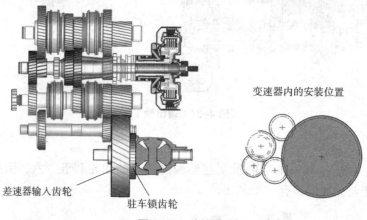

图 4-40　差速器

2. 动力传递路线

1）驻车挡

驻车挡锁（见图4-41）集成在差速器内，用于将汽车稳定在驻车位置，防止因一时疏忽未施加手制动而使汽车移动或溜车。止动爪通过选挡杆和变速器驻车制动器杠杆之间的拉索——纯机械方式工作。该拉索只用于操纵驻车挡锁。

将选挡杆推至挡位"P"，驻车挡锁即锁止，止动爪卡在驻车挡锁齿轮的齿间。定位弹簧卡入杠杆，将止动爪固定在该位置。止动爪卡在驻车挡锁齿轮的某个齿上时，弹簧1张紧。一旦汽车开始移动，弹簧1松开，将止动爪压入驻车挡锁齿轮的下一个齿隙。将选挡杆移出挡位"P"时，驻车挡锁松开，将滑板向右推回到初始位置，弹簧2将止动爪从驻车挡锁齿轮的齿隙中推出。车辆若无意间向前或向后移动，车辆即可靠地保持在驻车位置。

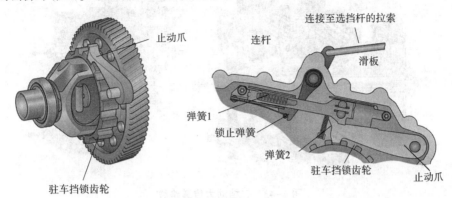

图 4-41 驻车挡锁

2）一挡

见图4-42，离合器K1接合，动力依次经过输入轴1的一挡主动齿轮、输出轴1的一挡从动齿轮、一/三挡同步器、输出轴1和差速器。

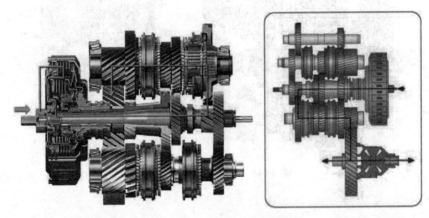

图 4-42 一挡动力传递路线

3）二挡

见图4-43，离合器K2接合，动力依次经过输入轴2上的二挡齿轮、输出轴1上的二挡齿轮、二/四挡同步器、输出轴1和差速器。

4）三挡

见图4-44，离合器K1接合，动力依次经过输入轴1上的三挡齿轮、输出轴1上的三挡齿轮、一/三挡同步器、输出轴3和差速器。

5）四挡

见图4-45，离合器K2接合，动力依次经过输入轴2上的四挡齿轮、输出轴1上的四挡齿轮、二/四挡同步器、输出轴1和差速器。

6）五挡

见图4-46，离合器K1接合，动力依次经过输入轴1上的五挡齿轮、输出轴2上的五挡齿轮、五挡同步器、输出轴2和差速器。

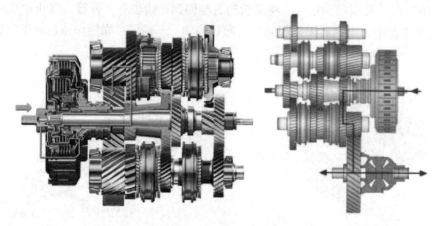

图 4-43 二挡动力传递路线

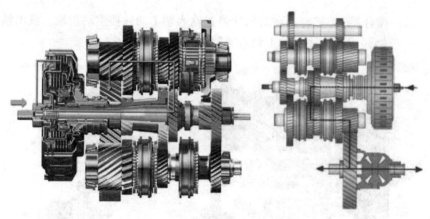

图 4-44 三挡动力传递路线

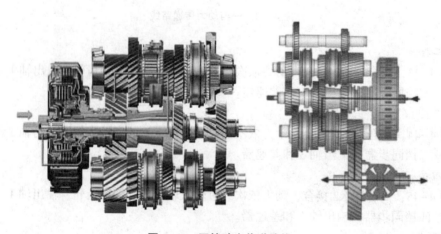

图 4-45 四挡动力传递路线

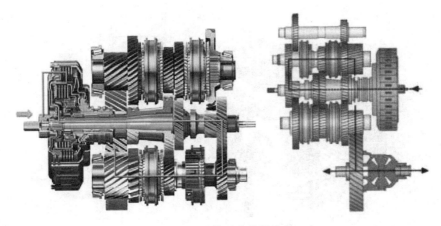

图 4-46　五挡动力传递路线

7) 六挡

见图 4-47，离合器 K2 接合，动力依次经过输入轴 2 上的六挡齿轮、输出轴 2 上的六挡齿轮、六/倒挡同步器、输出轴 2 和差速器。

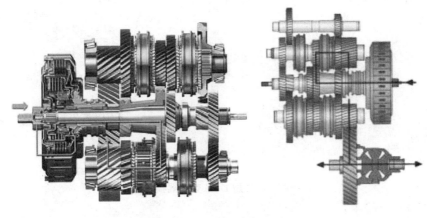

图 4-47　六挡动力传递路线

8) 倒挡

见图 4-48，离合器 K1 接合，动力依次经过输入轴 1 上的一/倒挡齿轮、倒挡齿轮轴、输出轴 2 上的 R 挡齿轮、六/倒挡同步器、输出轴 2 和差速器。

三、换挡操纵机构

直接换挡变速器的拨叉采用液压方式驱动，而不像常规手动变速器那样通过换挡杆驱动换挡拨叉。换挡拨叉装在油缸里的滚珠轴承上。换挡时机械电子装置将机油引入右侧油缸，由于右侧油缸内无压力，换挡拨叉移动，带动滑套，从而挂入挡位。

一旦挂入挡位，换挡拨叉即移至"无压力"位，通过换挡齿轮的倒角和换挡拨叉上的锁止机构，挡位保持在该位置。换挡拨叉未被驱动时，换挡拨叉被一锁止机构固定在变速器壳体里。

图 4-48 倒挡动力传递路线

每个换挡拨叉上都配有一永久磁铁，机械电子装置内的位移传感器通过磁铁判别各换挡拨叉的准确位置，见图 4-49。

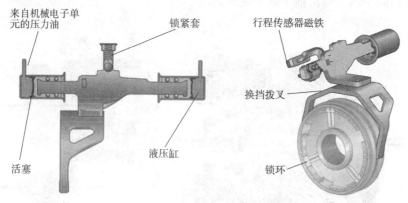

图 4-49 02E 型 DSG 变速器换挡控制

四、控制系统

02E 型 DSG 变速器控制系统由电子控制单元和液压控制单元两部分构成，这两部分集成在一起。这两部分连同阀体都位于滑阀箱内，浸于 DSG 变速器油中，见图 4-50。

图 4-50 02E 型 DSG 变速器电子控制单元

机械电子装置是变速器的中央控制单元,所有传感器信号和来自其他控制单元的信号均汇集到这里并由这里执行和监控,该装置结构紧凑,装有 12 个传感器,仅有两个传感器布置在机械电子装置外面。机械电子装置以液压方式通过 6 个压力调节阀和 5 个换挡阀来控制和调节 8 个挡位调节器,同时还控制两个离合器的冷却机油压力和流量;机械电子装置控制单元会学习(匹配)离合器的位置、挂挡时挡位调节器的位置以及主压力;控制单元还需完成换挡点选择、与其他控制单元交换信息、激活应急模式及自诊断等功能。

紧凑机构的优点:大部分传感器都集成在其内部;电动执行元件直接装在机械电子装置上;通过一个中央插头连接整车电气系统。因此,减少了插头和导线的数量,提高了电气系统的效率并减轻了质量。但这也意味着控制单元将承受较高的热负荷和很大的振动,因此要求 $-40 \sim +150$ ℃的温度以及高达 $33g$ 的机械振动不影响车辆的行驶。

1. 电动液压控制单元

电动液压控制单元集成在机械电子模块内。电动液压控制单元内装有所有电磁阀、压力调节阀以及液压滑阀和多路转换器。另外,在液压模块内还有一个卸压阀,用于防止压力过高而损坏液压滑阀,见图 4-51 及表 4-1。

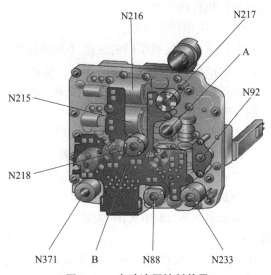

图 4-51 电动液压控制单元

表 4-1 电动液压控制单元电磁阀的功能

编号	名称	功能	性质	阻值/Ω
N88	电磁阀 1	挡位调节阀,调节一挡和五挡的选挡油压	开/关阀	7.2
N89	电磁阀 2	挡位调节阀,调节三挡和空挡的选挡油	开/关阀	7.2
N90	电磁阀 3	挡位调节阀,调节二挡和六挡的选挡油压	开/关阀	7.2
N91	电磁阀 4	挡位调节阀,调节四挡和倒挡的选挡油压	开/关阀	7.2
N92	电磁阀 5	多路转换阀	开/关阀	16
N215	压力调节阀 1	用于调节多片离合器 K1 的压力	调节阀	4.9
N216	压力调节阀 2	挡位调节阀,调节三挡和空挡的选挡油压	调节阀	4.9
N217	压力调节阀 3	主压力阀	调节阀	4.5
N218	压力调节阀 4	冷却机油阀	调节阀	4.5
N233	压力调节阀 5	安全阀 1	调节阀	4.5
N237	压力调节阀 6	安全阀 2	调节阀	4.5
A	卸压阀			
B	印刷电路板			

根据功能，阀具有不同的特性，电动液压、控制单元配有下列两种阀：开/关电磁阀和调节阀。

1) 开/关电磁阀

(1) 开/关电磁阀 N88、N89、N90 和 N91（换挡执行机构阀）。

四个电磁阀都位于机械电子单元的电液控制单元内，这些阀是开/关阀。阀门通过多路转换器滑阀控制至所有换挡执行机构的油压，未通电时电磁阀处于闭合位置，因此压力油无法到达换挡执行机构处。

(2) 开/关电磁阀 N92。

控制液压部分接通不同的油道（多路控制器），当该电磁阀未动作时，接通一、三、六和倒挡供油油路；当该电磁阀动作时，接通二、四、五和空挡供油油路。电磁阀处于空闲位置，无法被油压激活，会出现换挡错误，甚至车辆有熄火的危险。

2) 调节阀

压力调节阀 N215 用于控制多片式离合器 K1 的压力，离合器压力控制的基础是发动机扭矩，控制单元根据摩擦片的可变摩擦系数来对压力进行控制。

压力调节阀 N216 用于控制多片式离合器 K2 的压力，离合器压力控制的基础是发动机扭矩，控制单元根据摩擦片的可变摩擦系数来对压力进行控制。

压力调节阀 N215 和 N216 失效后，相应的变速器挡位无法实现，组合仪表上会显示有故障。

压力调节阀 N217 用于控制整个液压系统内的压力，其最重要的任务是根据发动机扭矩来控制离合器油压，其调节参数为发动机扭矩及变速器温度。控制单元根据当前的工作情况连续地调节主油压。若主油压调节阀 N217 失效，系统以最大油压工作，油耗上升，换挡噪声大。

离合器冷却压力调节阀 N218，通过滑阀控制冷却油的流量。控制单元通过采集 G509（离合器机油温度传感器）的信号来控制该阀。若该阀出现故障，以最大流量对多片式离合器进行冷却；当气温较低或车辆刚起动时，则会出现换挡困难、油耗增加的现象。

安全阀使变速器的两个部分相互分离，N233（安全阀1）控制变速器部分一；N371（安全阀2）控制变速器部分二。安全阀控制电子阀失效后，相应变速器部分挡位无法实现，N233 失效，变速器只能以二挡行驶；N371 失效，变速器只能以一挡和三挡行驶。

2. 液压控制系统

02E 型 6 挡直接换挡变速器的所有单元共用一个机油循环系统。02E 直接换挡变速器机油具有下列作用：润滑/冷却双离合器、齿轮、轴、轴承和同步器部件；驱动双离合器和挡位调节活塞。变速器油必须满足下述要求：保证离合器调节和液压控制；在整个工作温度范围内黏度稳定；能承受高机械负荷；不起泡沫。

机油冷却器通过发动机冷却液将机油温度保持在 135 ℃ 以下。

02E 直接换挡变速器液压控制系统的组成见图 4-52。

1) 油泵

油泵（见图 4-53）为月牙形齿轮泵，该泵最大供油量为 100 L/min，主压力为 20 bar。该泵为下列装置供应机油：多片式离合器；离合器冷却环路；换挡液压机构和齿轮润滑环路。

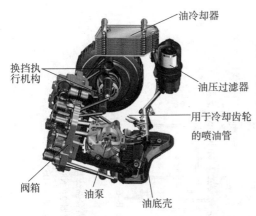

图 4-52 02E 直接换挡变速器液压控制系统的组成

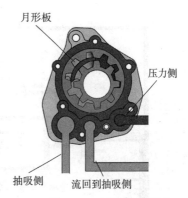

图 4-53 月牙形齿轮泵

油泵由油泵轴驱动,以发动机转速运转,油泵轴位于输入轴 1 和输入轴 2 的内部,为第三根轴,见图 4-54。

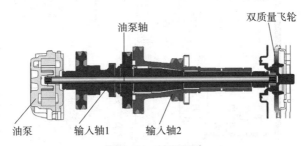

图 4-54 油泵驱动

2) 02E 直接换挡变速器液压系统

02E 直接换挡变速器油路循环见图 4-55。机油泵经吸滤器从机油槽中吸入机油,并将机油加压输送到主压力滑阀。主压力滑阀由压力调节阀 3（主压力阀）控制。主压力阀调节直接换挡变速器的工作压力。主压力滑阀下有一油道,机油通过该油道回流至机油泵吸油侧。另一油道分为两个分支：一个分支将机油输送至机油冷却器,再经压力滤清器流回机油槽；另一个分支将机油输送至离合器冷却机油滑阀。变速器利用经压力调节阀 3 调节的工作压力驱动多片式离合器并换挡。机油冷却器装在发动机的冷却系统环路里。卸压阀用于保证机油压力不超过 32 bar。机油喷油管将机油直接喷到齿轮上。

3) 离合器冷却机油系统

多片式离合器内部机械摩擦将导致双离合器温度升高。为防止离合器过热,必须对离合器进行冷却。为冷却离合器,机油循环管路中还设有一单独的离合器冷却机油回路。冷却机油回路包括冷却机油滑阀和压力调节阀 4——N218（离合器冷却机油阀）。

离合器冷却控制见图 4-56。多片式离合器机油温度传感器 G509 测量多片式离合器机油出口处的机油温度,根据测得的温度,控制单元激活压力调节阀,压力调节阀提高或降低作用在离合器冷却机油滑阀上的机油压力。冷却机油滑阀根据机油压力关闭或打开通向多片式离合器的机油通道。冷却机油最大供油量为 20 L/min,最大压力为 2 bar。

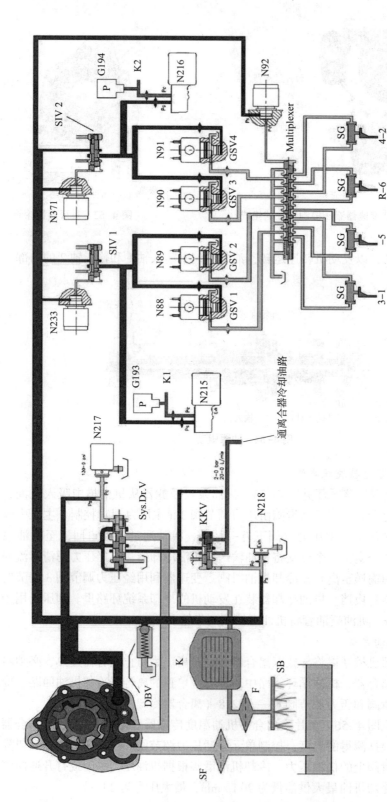

图 4-55 02E 直接换挡变速器油路循环

DBV—过压保护阀；F—压力滤清器；GSV—挡位选择阀；K—ATF 热交换器；K1—离合器 1；K2—离合器 2；KKV—离合器冷却阀；SB—飞溅油管；SF—吸入滤清器；Sys.Dr.V—系统压力控制阀；G193—压力传感器 1；G194—压力传感器 2；N88～N92—电磁阀 1～5；SG—换挡拨叉；N215～N218—电子压力调节阀；N233—电子压力调节阀（EDS）1～4；N371—电子压力调节阀（EDS）5；N218—电子压力调节阀（EDS）5；N371—电子压力调节阀（EDS）6

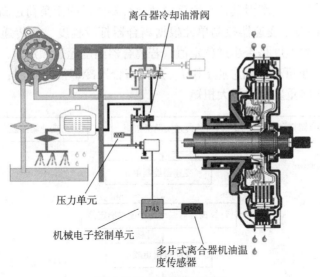

图 4-56 离合器冷却控制

4) 离合器保护系统

为了防止离合器烧蚀或离合器油液温度过高，离合器保护系统具有离合器安全切断和过载保护功能。

当离合器压力油过高时，实施安全切断，见图 4-57。离合器安全切断主要由 N233 以及 N371 两个调节阀控制。G193 和 G194 离合器压力传感器将数据传给变速器控制单元，当离合器实际压力确实高于离合器目标压力（涉及安全故障）时，电脑将电磁阀断电，此时将主油压与离合器控制油压和换挡控制油压切断，离合器无法传递动力。但在应急状态下，可能会在相关局限条件下继续运行：如在传输组件 1 时，应急状态下一、三挡可以工作；在传输组件 2 时，应急状态下二挡可以工作；在任何一种情况下，倒挡都无法获得。

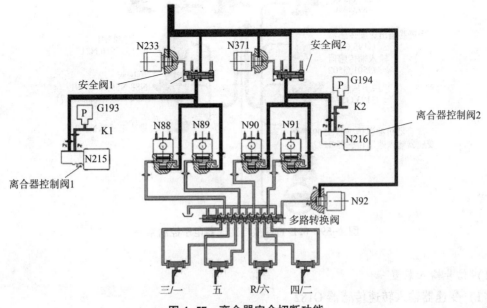

图 4-57 离合器安全切断功能

由于频繁起车、制动或牵引其他车辆而导致离合器传递扭矩负荷过高时,系统将激活过载保护功能,见图4-58。变速器控制单元根据离合器打滑程度、待传递发动机扭矩以及变速器油温计算出离合器温度是否超过额定值,若离合器温度超过额定值,则首先减小发动机扭矩(发动机扭矩最小可减小到怠速上限),加强离合器冷却使之降温;当离合器的温度低于额定值后,发动机将重新提供最大扭矩。

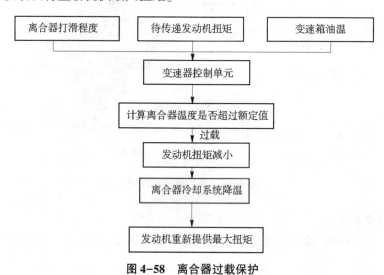

图 4-58　离合器过载保护

3. 电子控制系统

02E型直接换挡变速器电子控制系统主要由信号输入装置、控制单元和执行器组成,见图4-59。

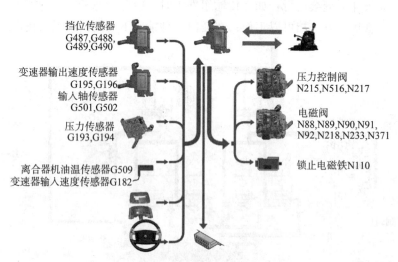

图 4-59　02E 直接换挡变速器电子控制系统

1) 信号输入装置

(1) 变速器输入转速传感器 G182。

变速器输入转速传感器(见图4-60)插在变速器壳体内,该传感器利用霍尔传感器原理扫描双离合器的外边并采集变速器输入转速，用于计算离合器的打滑率。为实现该功能，控制单元还必须采集 G501 和 G502 的信号，根据离合器的打滑情况，控制单元可以进一步精确地打开或关闭离合器。

该传感器壳体内还装有传感器 G509，G182 和 G509 两传感器通过导线与机械电子装置相连。

信号中断时，控制单元利用来自 CAN 总线的发动机转速作为替代信号。

（2）输入轴转速传感器 G501 和输入轴转速传感器 G502。

两传感器都装在机械电子装置内（见图 4-61）。转速传感器 G501 采集输入轴 1 的转速，转速传感器 G502 采集输入轴 2 的转速，两传感器都是霍尔传感器。为测定转速，每个传感器会扫描其轴上的靶轮。靶轮是个金属板件，该板件上有一层橡胶—金属层。沿橡胶—金属层圆周分布有多个南北极小磁铁，磁铁之间均有气隙。

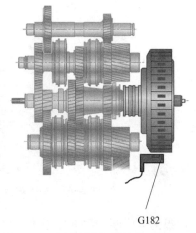

图 4-60　变速器输入转速传感器 G182

图 4-61　输入轴转速传感器 G501 和输入轴转速传感器 G502

控制单元利用上述两信号和变速器输入转速信号计算多片式离合器 K1 和 K2 的输出转速，从而判断离合器是否打滑。根据打滑量，控制单元可识别离合器分离/接合状况。另外，该信号还用于控制所切换的挡位。控制单元利用上述两信号及变速器输出转速传感信号可判定是否已挂入正确挡位。

如果信号中断，那么相应的变速器部分将被切断。如果传感器 G501 损坏，那么汽车只能以二挡行驶；如果传感器 G502 损坏，那么汽车只能以一挡和三挡行驶。

（3）输出轴转速传感器 G195 和输出轴转速传感器 G196。

两传感器都在机械电子装置上，并与控制单元始终连接在一起。与该变速器上所有转速传感器一样，两传感器也是霍尔传感器。两传感器扫描输出轴 2 上的同一靶轮。两传感器彼此错开安装在一个壳体里，因而产生两个彼此错开的信号。如果传感器 G195 的信号为"高"，那么传感器 G196 的信号就为"低"，见图 4-62。

控制单元借助输入信号可测定车速和行驶方向。如果行驶方向发生变化，那么两信号将以相反顺序输入控制单元。

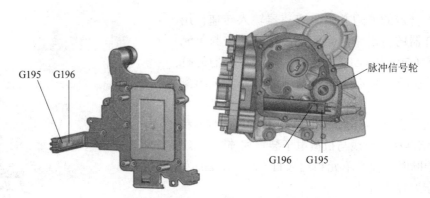

图 4-62 输出轴转速传感器 G195 和输出轴转速传感器 G196

如果信号中断,那么控制单元将利用来自 ABS 控制单元的车速信号和行驶方向信号作为替代信号。

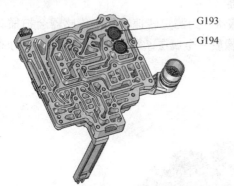

图 4-63 液压压力传感器 G193 和传感器 G194

(4) 液压压力传感器 G193 和传感器 G194。

两个传感器都位于机械电子单元的电液控制单元内,见图 4-63。传感器 G193 承受的压力与多片离合器 K1 相同,传感器 G194 测量来自多片离合器 K2 的压力。

机械电子装置的电子控制单元(ECU)借助两信号测定作用在相应多片式离合器上的液压压力,控制单元需用精确的液压压力值来调节多片式离合器。

压力传感器(见图 4-64)由一对层状结构的导电极板组成。上部极板附在陶瓷隔膜上,压力变化时该隔膜弯曲变形;另一个极板强力黏结在陶瓷衬底上,对压力变化无反应。只要压力发生变化,上部隔膜就会弯曲变形,两极板之间的距离就会改变从而根据油压产生一个可靠的信号。

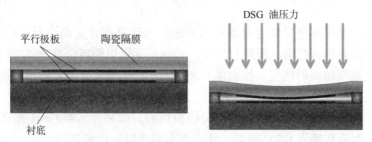

图 4-64 压力传感器

如果压力信号中断或未能建立起压力,那么相应变速器部分将被切断,汽车只能以一挡和三挡或以二挡行驶。

(5) 多片式离合器机油温度传感器 G509。

传感器 G509 装在变速器输入转速传感器 G182 的壳体里。该传感器测量多片式离合器出口处的 DSG 机油温度。由于多片式离合器里的机油承受的热负荷较高,因此此处的变速器机油的温度最高。该传感器可快速准确地测量机油温度。传感器工作温度范围为 -55~+180℃。

控制单元利用 G509 的信号调节离合器的冷却机油的流量,并执行其他的变速器保护措施。信号中断时,控制单元利用传感器 G93 和 G150 的信号作为替代信号。

(6) 变速器机油温度传感器 G93 和控制单元温度传感器 G510。

两传感器直接布置在机械电子装置里。机械电子装置永久浸泡在机油里,并由机油加热。如温度过高,则可能影响电子装置的功能。两传感器直接测量危险部件的温度,从而可及时采取相应措施降低机油温度,避免机械电子装置过热。

两传感器信号用于检查机械电子装置的温度。另外,还可用传感器信号启动预热程序及两传感器互检是否存在故障。

变速器机油温度超过 138 ℃时,机械电子装置将采取措施降低发动机扭矩。温度超过 145 ℃时,将不再向多片式离合器供应机油,离合器保持分离状态。

(7) 挡位调节位移传感器 1~4 (G487、G488、G489、G490)。

所有位移传感器都在机械电子装置内,为霍尔传感器。传感器与换挡拨叉上的磁铁一起产生一信号,控制单元根据该信号判定挡位调节器的位置,见图 4-65。

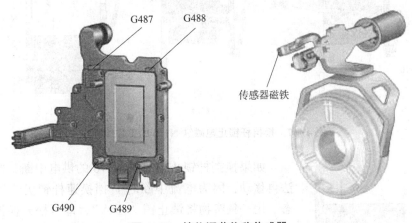

图 4-65 挡位调节位移传感器

每个位移传感器监控一个挡位调节器/换挡拨叉,用于两个挡位之间的切换。G487 用于一/三挡;G488 用于二/四挡;G489 用于六/R 挡;G490 用于五/N 挡。

控制单元根据精确的位置将机油压力作用到需换挡的挡位调节器上。如果某个位移传感器不再发送信号,那么对应变速器部分将被切断,受影响的挡位将不能再啮合。

(8) 换挡杆传感器控制单元 J587。

换挡杆传感器控制单元集成在换挡杆上,J587 既是控制单元也是传感器。作为控制单元,可控制换挡杆锁止电磁铁。换挡杆照明灯也集成在其内。同时,该控制单元上还集成有用于识别换挡杆位置的霍尔传感器和用于识别 Tiptronic 的霍尔传感器,见图 4-66。

换挡杆位置信号和 Tiptronic 信号通过 CAN 总

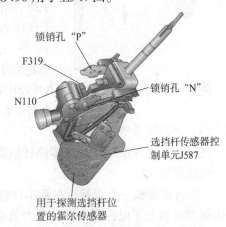

图 4-66 换挡杆传感器控制单元 J587

线被传送到机械电子装置和组合仪表控制单元内。

2）执行器

（1）换挡杆锁止电磁铁 N110。

该电磁铁可将换挡杆锁止在挡位"P"和"N"处，电磁铁受换挡杆传感器控制单元 J587 控制。如果换挡杆位于 P 位置，控制单元不向电磁铁供电，则锁销被弹簧锁止在左侧的锁孔内，见图 4-67（a）；在接通点火开关并踏下制动踏板后，换挡杆传感器控制单元 J587 即向锁止电磁铁 N110 供电，将锁止销从 P 挡锁止销孔中拔出，此时方可将换挡杆移入前进挡位置，见图 4-67（b）；如果选挡杆位于 N 位置的时间超过 2 s，控制单元将向电磁铁供电，即可将锁销推入右侧锁孔内。选挡杆无法在无意间移动到其他位置，踩下制动踏板时锁销自动松开，见图 4-67（c）。

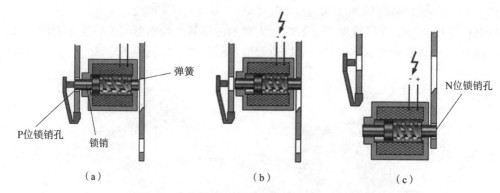

图 4-67 换挡杆锁止电磁铁 N110 的工作原理

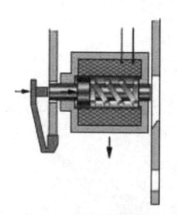

图 4-68 换挡杆应急释放

如果换挡杆锁止电磁铁 N110 的供电中断，换挡杆将无法再移动，因为电流中断时 P 挡换速杆锁仍然保持激活状态。用一狭窄物将锁止销"压入"，即可松开换挡杆锁，此时可将换挡杆应急移出挡位 N，见图 4-68。

（2）主压力阀 N217。

主压力阀 N217 由电子控制单元来控制，该阀用于控制主压力滑阀，这样就可以调节直接换挡变速器中液压系统的工作压力了。

主压力阀可以控制以下油流：经机油冷却器、压力滤清器、喷油管回流到机油泵的机油。主压力用于操纵两个离合器阀 N215 和 N216 来使离合器 K1 和 K2 脱开或接合，还用于操纵四个挡位电磁阀 N88、N89、N90、N91，以便挂入某一挡位。

（3）多路转换阀 N92。

多路转换阀 N92 用于操纵多路转换器（倍增器），多路转换器只用四个电磁阀就可控制八个挡位调节油缸。

多路转换器被一个弹簧压在基本位置，在基本位置可换入一、三、六和倒挡。如果多路转换阀 N92 通上了电，那么机油压力就会到达多路转换器，于是机油的压力就将多路转换器逆着弹簧力的方向压到工作位置。这时就可换入二、四、五和空挡。

图 4-69 所示为 02E 型 6 挡 DSG 电路图（Touran）。

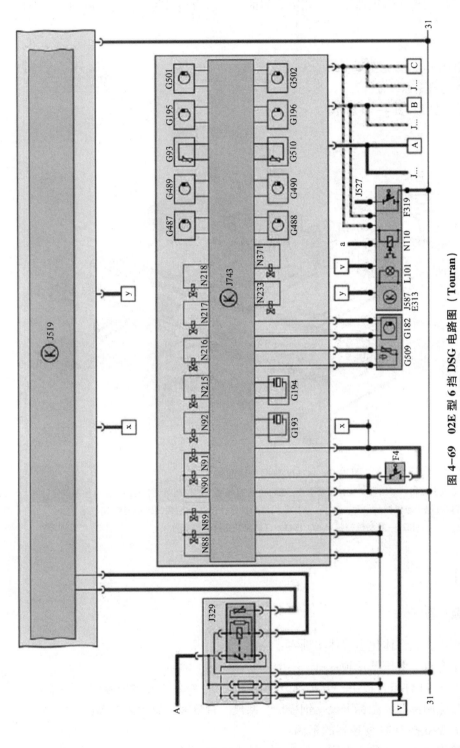

图4-69 02E型6挡DSG电路图（Touran）

A—蓄电池；E313—换挡杆；F4—倒车灯开关；F319—换挡锁止P挡开关；G93—变速器输出转速传感器；G182—变速器输入转速传感器；G193—液压力传感器1；G194—液压力传感器2；G195—变速器输出转速传感器1；G196—变速器输出转速传感器2；G487—挡位调节器的位移传感器1；G488—挡位调节器的位移传感器2；G489—挡位调节器的位移传感器3；G490—挡位调节器的位移传感器4；G501—输入轴转速传感器1；G502—输入轴转速传感器2；G509—多片式离合器机油温度传感器；G510—控制单元传感器温度传感器；J329—15号接线柱供电继电器；J519—供电控制单元；J527—转向柱电子装置控制单元；J587—换挡杆传感器控制单元；J743—直接换挡变速器控制单元；N88—电磁阀1；N89—电磁阀2；N90—电磁阀3；N91—电磁阀4；N92—电磁阀5；N110—换挡杆锁止电磁铁；N215—自动变速器压力调节阀1；N216—自动变速器压力调节阀2；N217—自动变速器压力调节阀3；N218—自动变速器压力调节阀4；N233—自动变速器压力调节阀5；N371—自动变速器压力调节阀6

项目四 直接换挡（DSG）变速器检修

(4) 安全阀。

两个离合器各有一个安全阀，K1 对应的安全阀是 N233，K2 对应的安全阀是 N371，安全阀的作用是使相应的离合器迅速脱开。当离合器的实际压力超过规定值时，必须让离合器脱开。

3) 电路图

02E 型 6 挡 DSG 电路图见图 4-69。

4) CAN 数据总线通信

CAN 数据总线通信如图 4-70 所示。

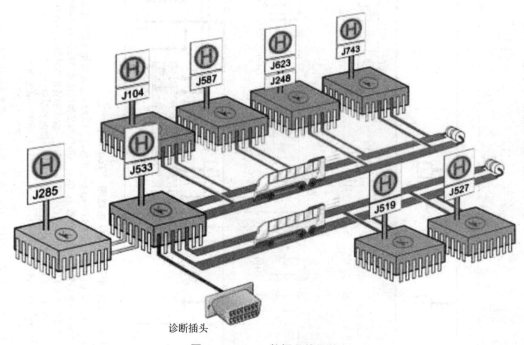

图 4-70　CAN 数据总线通信

J104—ABS 控制单元；J248—柴油直喷装置控制单元；J285—带有显示屏的控制单元；J519—供电控制单元；J527—转向柱电子装置控制单元；J533—数据总线诊断接口；J587—换挡杆传感器控制单元；J623—发动机控制单元；J743—直接换挡变速器控制单元

【任务实施】

一、任务实施准备

(1) 场地：理论实训一体化多媒体实训室；

(2) 设备：举升机、液压千斤顶；

(3) 工具：通用 54 件组合扳手、卡簧钳、橡胶锤、一字螺丝刀和拆装专用工具等；

(4) 量具：故障阅读器、游标卡尺、钢板尺、塞尺、百分表、磁力表座等；

(5) 装备 02E 型 6 挡 DSG 变速器的车辆；

(6) 备品：接油盆、洗油盆、毛刷、ATF 油、抹布或吸油纸；

(7) 车辆维修手册；

（8）实训工单。

二、任务实施步骤

（1）组织学生对基本知识进行学习；

（2）组织学生分组利用各种资源（维修手册、网络维修技术平台等）查询实训 02E 型 6 挡 DSG 变速器的拆装检测标准，制订 02E 型 6 挡 DSG 变速器的拆装检测的工作计划；

（3）学生小组汇报工作计划；

（4）教师对学生工作计划进行点评；

（5）组织学生对 02E 型 6 挡 DSG 变速器进行拆装检测，教师对不正确的操作给予指导；

（6）填写实训工单；

（7）教师接收学生完成的实训工单，利用考核单进行考核，对该实训任务进行总结，包括教师答疑、学生总结、教师总结。

注意：

（1）排出的 ATF 油要集中收集，统一处理，不可随意丢弃；

（2）废弃零部件要分类收集，统一处理，不可随意丢弃。

02E 变速器检修 实训工单

学生姓名：_____ 班级：_____ 实训日期：_____

序号	实训项目	完成状况及检测结果
1	工量具准备	
2	维修手册准备	
3	拆卸双离合器	
4	拆卸机电控制单元	
5	拆卸齿轮变速器	
6	检查齿轮变速器	
7	检查双离合器	
8	选择调整垫片	
9	安装齿轮变速器	
10	安装机电控制单元	
11	安装双离合器	
12	整车故障自诊断	
13	读取故障码	
14	读取数据流	
实训总结	实训结论	实训收获与反思

02E 变速器检修 考核单

学生姓名：　　　　　考核项目：　　　　　考核成绩：

序号	项目	分值	扣分标准	得分
1	实训准备工作	5	每缺少1项扣1分	
2	工具正确使用	5	每错误1次扣1分	
3	量具正确使用	5	每错误1次扣1分	
4	维修手册正确使用	5	每错误1次扣1分	
5	操作规范性	60	每错误1次扣1分	
6	实训工单填写	10	未填写扣10分	
7	5S	10	每缺少1项扣2分	
8	是否出现危险行为		出现人身危险总成绩0分； 出现车辆危险扣20分； 出现工具设备危险扣10分	
	合计	100		

教师评语

考核教师：

　　　年　　月　　日

项目小结

（1）DSG 变速器是 Direct Shift Gearbox 的缩写，译为直接换挡变速器。

（2）DSG 变速器有 02E 和 0AM 两种类型。

（3）DSG 变速器换挡采用预挂挡控制，预先挂入下一挡位，换挡时刻切换离合器。

（4）0AM 型 7 挡直接换挡变速器有 2 组干式离合器、2 个输入轴、3 个输出轴、5 个换挡同步器和 4 个换挡拨叉，形成 7 个前进挡。

（5）02E 型 6 挡直接换挡变速器有 2 组湿式离合器、2 个输入轴、2 个输出轴、4 个换挡同步器和 4 个换挡拨叉，形成 6 个前进挡。

（6）0AM 型 7 挡直接换挡变速器油泵由无刷直流电动机驱动。

（7）0AM 型 7 挡直接换挡机械变速器与机电控制单元采用相互独立的两套油路循环。

（8）变速器温度传感器过高时，变速器控制单元会降低传递转矩直至切断动力传输，以保护变速器；若离合器温度重新降低至规定值，则离合器重新接合。

自测练习

一、选择题

1. 02E 双离合器变速器可以使得（　　）。
A. 车辆在不中断牵引力的情况下顺畅换挡（不耸车）
B. 驾驶员像驾驶自动变速器那样驾车
C. 所传递的扭矩增倍

2. 机油循环的任务是（　　）。
A. 润滑齿轮　　　　　　B. 驱动离合器　　　　　　C. 冷却多片式离合器

3. 02E 双离合器变速器通过多片式离合器 K1 可啮合（　　）。
A. 一、三、五和倒挡　　B. 二、四和六挡　　　　　C. 所有挡位

4. 02E 双离合器变速器输出轴 1 将扭矩传递到（　　）上。
A. 差速器　　　　　　　B. 输出轴 2　　　　　　　C. 机油泵

5. 滑套由哪些部件来操纵去完成换挡？（　　）
A. 换挡杆　　　　　　　B. 换挡拨叉　　　　　　　C. 换挡拉索

6. 02E 双离合器变速器哪些挡位配备有三联同步器？（　　）
A. 四挡　　　　　　　　B. 一、二和三挡　　　　　C. 倒挡

7. 换挡杆拉索有哪些作用？（　　）
A. 将换挡杆位置通知控制单元
B. 驱动驻车锁
C. 直接换挡变速器无须换挡杆拉索

8. 02E 直接换挡变速器上装有几个温度传感器？（　　）
A. 一个　　　　　　　　B. 两个　　　　　　　　　C. 三个

9. 对于 02E 双离合器变速器，若挡位调节器的位移传感器 G488 损坏，会有哪些影响？（　　）
A. 用于二、四和六挡的变速器部分被切断

B. 汽车只能以一挡和三挡行驶

C. 对换挡无影响

10. 02E 直接换挡变速器的机械电子装置安装在哪里？（　　）

A. 流水槽内　　　　　　B. 副驾驶脚坑处　　　　　　C. 集成在变速器内

11. 02E 双离合器变速器如果变速器分部 1 被切断，汽车还能以哪些挡位行驶？（　　）

A. 一挡　　　　　　　　B. 二挡　　　　　　　　　　C. 三挡

12. 02E 直接换挡变速器传感器 G195 和 G196 向机械电子装置提供哪些信息？（　　）

A. 行驶方向　　　　　　B. 输入转速　　　　　　　　C. 车速

13. 02E 双离合器变速器机油泵是由什么驱动的？（　　）

A. 自身泵轴　　　　　　B. 输入轴 1　　　　　　　　C. 电动机

14. 以下哪些说法适用于双离合器变速器 0AM？（　　）

A. 变速器装配有一个双离合器

B. 变速器有 7 个前进挡和一个倒挡

C. 机械电子单元和机械变速器分别具有独立的机油系统

D. 系统按需驱动油泵

15. 离合器 K1 将发动机扭矩传到哪个轴上？（　　）

A. 输出轴 2 上

B. 输出轴 1 上

C. 输入轴 1 上

D. 输入轴 2 上

16. 0AM 直接换挡变速器通过子变速器 1 内的阀门 2 N434 能够（　　）。

A. 换到一挡和三挡

B. 换到四挡和二挡

C. 换到七挡和五挡

17. 有关 0AM 直接换挡变速器机械电子单元的说法正确的是（　　）。

A. 机械电子单元是变速器的中央控制单元

B. 它由一个结合了电子控制单元和电液控制单元的结构单元构成

C. 机械电子单元有独立的油循环回路

D. 机械电子单元连接在机械变速器的油循环回路上

18. 下列有关 0AM 直接换挡变速器的说法中，哪个说法是正确的？（　　）

A. 液压泵电动机是无电刷式直流电动机

B. 无电刷式直流电动机由发动机控制单元控制

C. 电动机通过插接式联轴器驱动液压泵

19. 0AM 直接换挡变速器子变速器 2 内的阀门 4 N440（　　）。

A. 是一个子变速器压力调节阀

B. 调节子变速器 2 的油压

C. 可以关闭子变速器 1

20. 0AM 直接换挡变速器离合器行程传感器由（　　）组成。

A. 一个初级线圈缠绕的铁芯

B. 一个霍尔传感器

C. 两个次级线圈

D. 一个永久磁铁

E. 传感器电子系统

21. 0AM 直接换挡变速器机械电子单元温度超过约 140℃时，变速器电子控制单元会采取哪些措施？（　　）

A. 关闭一个子变速器

B. 立即换至下一较高挡位

C. 采取降低发动机扭矩

22. 0AM 直接换挡变速器离合器调节器电磁阀失灵时，系统采取的措施是（　　）。

A. 关闭相关离合器对应的子变速器

B. 不再控制相关离合器

C. 另一个离合器的调节器电磁阀附带控制该离合器控制

23. 液压泵电动机失灵时会产生哪些影响？（　　）

A. 液压压力下降

B. 离合器自动分离

C. 液压泵电动机失灵不会产生任何影响，因为液压泵仍在工作

二、填空题

1. 根据 0AM 直接换挡变速器的结构，请补充完整下文。

双离合器中有_____个独立的_____离合器，这些离合器分别将发动机扭矩传递给_____个子变速器。

发动机停机时，_____个离合器_____。

行驶状态时，离合器中始终只有_____个离合器_____。

变速器输入转速传感器 G182 插在_____上。

该传感器以电子方式探测起动机齿圈，从而获取_____。

控制单元需要通过变速器输入转速信号来进行离合器_____和离合器_____。

信号缺失时，控制单元将_____信号作为替代信号。

2. 填写以下部件名称。

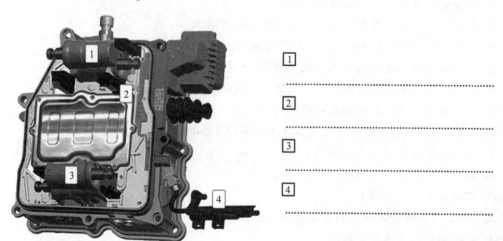

1 _____

2 _____

3 _____

4 _____

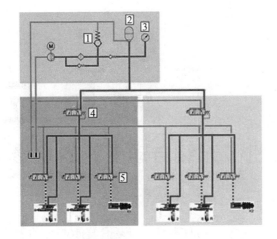

① ……………………………………………
② ……………………………………………
③ ……………………………………………
④ ……………………………………………
⑤ ……………………………………………

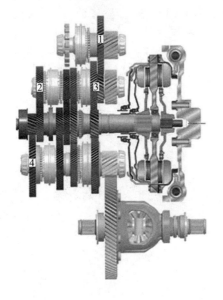

① ……………………………………………
② ……………………………………………
③ ……………………………………………
④ ……………………………………………

项目五

电控机械无级自动变速器检修

电控机械无级自动变速器（CVT）是自动变速器的一种类型，市场占比10%左右，常见有链传动式和带传动式两种类型。本项目通过对01J型CVT变速器检修的学习，使学生能够更好地掌握检修电控机械无级自动变速器（CVT）的知识与技能，完成电控机械无级自动变速器（CVT）的检修。

✿ 任务十五　01J型CVT变速器检修

1. 能说明电控机械无级自动变速器的优点。
2. 能阐述电控机械无级自动变速器的结构。
3. 能说出电控机械无级自动变速器的工作原理。
4. 能说明电控机械无级自动变速器的控制逻辑。

1. 能认识电控机械无级自动变速器部件。
2. 能对电控机械无级自动变速器进行保养。
3. 能排除电控机械无级自动变速器故障。
4. 能更换并调整电控机械无级自动变速器离合器片。

奥迪A6L 2020款，装备0AW型无级自动变速器，已行驶里程878 km，车辆仪表板上变速箱警告灯亮起并提示"变速箱过热，请调整驾驶方式"，且车辆挂入前进挡起步缓慢，请排除故障。

【基本知识】

一、电控机械无级自动变速器概述

1. 电控机械无级自动变速器的优点

CVT技术真正应用在汽车上不过十几年的时间，但它相对于传统的手动和自动变速器

的优势却是显而易见的。

（1）结构简单，体积小，大批量生产的成本低于当前液力自动变速器的成本。

（2）工作速比范围宽，容易与发动机形成理想的匹配，从而改善燃烧过程，降低油耗和排放。

（3）具有较高的传动效率，功率损失少，经济性高。

2. 无级变速原理

核心部件是由传动链轮实现无级变速的，如图5-1所示。它可允许传动比在最小和最大传动比之间无级调节，以提供一个合适的传动比，使发动机总是工作在最佳转速范围内，进而使汽车动力性或燃油经济性最优。无级自动变速器由两个带锥面的盘体主链轮装置（链轮装置1）和副链轮装置（链轮装置2）以及工作于两个锥形链轮组之间V形槽内的专用传动链组成。链轮装置1是由发动机驱动的，发动机转矩通过传动链传递到链轮装置2，并由此传给主减速器。每个链轮装置中的一个链轮可沿轴向移动，用于调整传动链的跨度尺寸和改变传动比。两组链轮装置必须同时进行调整，以保证传动链始终处于张紧状态和有足够的盘接触传动压力。

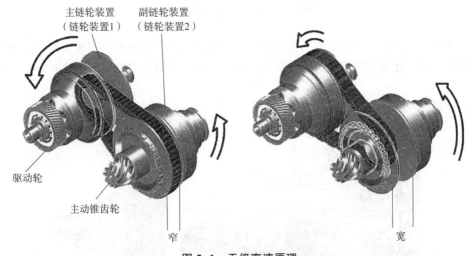

图5-1　无级变速原理

二、电控机械无级自动变速器结构及工作原理

以01J变速器为例，如图5-2所示，其主要由行星齿轮系统（包括双排行星齿轮行星排、前进挡离合器和倒挡制动器）、辅助减速齿轮组、链传动装置（包括主链轮装置、副链轮装置和传动链）、液压控制系统、电子控制系统、主传动装置等六部分组成。

根据发动机的输出功率，发动机扭矩通过飞轮减振装置或双质量飞轮传递给行星齿轮系统，前进挡和倒挡各有一组"湿式"钢片离合器通过行星齿轮系统改变旋转方向，发动机扭矩通过辅助减速齿轮挡传递到变速器，并由此传到主减速器。

电子液压控制单元和变速器控制单元集成为一体，位于变速器壳体内。

1. 行星齿轮系统

01J无级自动变速器采用两组湿式多片式离合器，以实现前进挡和倒挡控制，如图5-3所

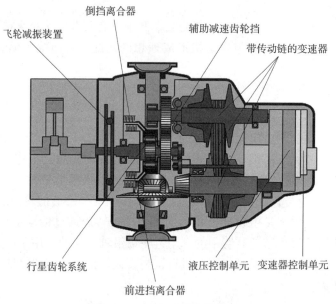

图 5-2　01J 变速器结构示意

示。电子液压单元控制钢片离合器与变扭器相比有如下优点：质量轻，安装空间小，使起动特性适应驾驶状态，使爬坡扭矩适应驾驶状态，在过载或非正常使用的情况下具有保护功能。

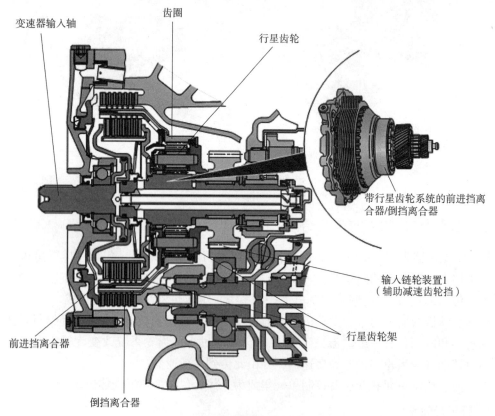

图 5-3　前进挡离合器和倒挡离合器

1) 行星齿轮系统结构

行星齿轮系统是一组双排行星齿轮行星排，如图 5-4 所示，功能是倒挡时改变变速器输出轴旋转方向。倒挡时，行星齿轮系统的变速比为 1∶1。

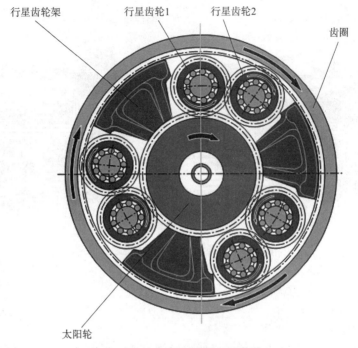

图 5-4　行星齿轮系统

太阳轮与变速器输入轴和前进挡离合器钢片连接，行星齿轮架（输出）与辅助变速齿轮挡主动齿轮和倒挡离合器钢片连接，齿圈与行星齿轮和倒挡离合器钢片连接，如图 5-5 所示。

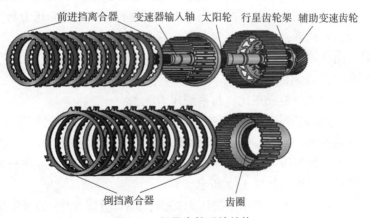

图 5-5　行星齿轮系统结构

前进挡时，前进挡离合器钢片与太阳轮连接，摩擦片与行星齿轮架连接。当前进挡离合器动作（啮合）时，变速器输入轴与行星齿轮架（输出）连接，行星齿轮系统被锁死，并与发动机转向相同，扭矩传动率为 1∶1，如图 5-6（a）所示。

倒挡时，倒挡离合器摩擦片与齿圈相连接，钢片与变速箱壳体相连接。当倒挡离合器动作（啮合）时，齿圈被固定，起动时，齿圈与壳体固定在一起不能转动。扭矩被传递到行星齿轮架，行星齿轮架开始以与发动机相反的方向运转，车辆向后行驶，如图5-6（b）所示。

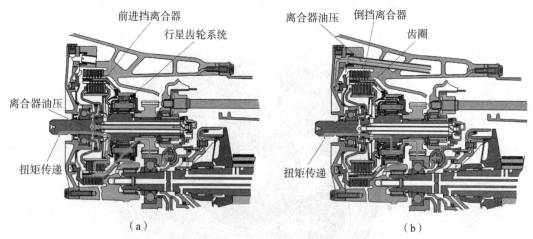

图 5-6　行星齿轮系统动力传递路线
(a) 前进挡；(b) 倒挡

2）离合器的控制

（1）离合器的电子控制部分。

变速器控制单元通过发动机转速、变速器输入转速、加速踏板位置、发动机扭矩、制动力、变速器油温等参数计算出离合器额定压力，并且确定压力调节阀 N215 的控制电流，因此，离合器压力、离合器传递的发动机扭矩也相应随控制电流变化而变化。

液压传感器 G193 用于检测液压控制部分中的离合器压力（实际离合器压力），并将实际离合器压力与变速器控制单元计算的额定压力不断进行比较。实际压力与额定压力通过模糊理论被持续监控。若两者差值超过一定范围，便会进行修正。

为防止过热，离合器被冷却，离合器温度由变速器控制单元监控。

（2）离合器的液压控制部分。

离合器压力与发动机扭矩成正比，与系统压力无关。

压力调节阀 N215 和输导压力阀（VSTV）可提供一个约为 5 bar 的常压。根据变速器控制单元计算的控制电流值，N215 产生一个控制压力，该压力控制离合器控制阀（KSV）的位置。控制电流越大，控制压力越高，离合器控制阀（KSV）用于控制离合器压力，同时也可调整待传递的发动机扭矩，如图 5-7 所示。

离合器控制阀（KSV）的压力由系统压力提供，KSV 根据 N215 的触发信号产生离合器控制压力。高控制压力产生高离合器压力。

离合器压力通过安全阀（SIV）传到手动换挡阀（HS），手动换挡阀将扭矩传到前进挡离合器（位置 D）或传递到倒挡离合器（位置 R）。根据换挡杆位置使前进挡离合器或倒挡离合器与油底壳相通。

换挡杆位置位于 N 和 P 时，手动换挡阀切断供油，两组离合器都与油底壳相通。

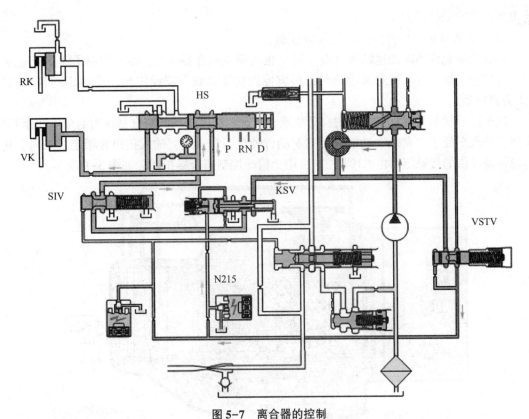

图 5-7 离合器的控制

3）安全切断。

若实际离合器压力明显高于离合器额定压力,则会进入安全紧急故障状态。此情况下,不论手动换挡阀处于何位置以及它的系统状态如何,离合器压力都要卸掉。安全切断由安全控制阀(SIV)来实现,确保离合器快速分离。SIV 由电磁阀 N88 激活。当控制压力上升到 4 bar 时,到离合器控制阀(KSV)的供油被切断,油底壳与手动换挡阀连接通道打开,如图 5-8 所示。

(4) 过载保护。

利用模型计算出变速器控制单元离合器打滑温度、待传递的发动机扭矩以及变速器油温。若测得的离合器温度因离合器过载而超出标定界限,发动机扭矩将减小。发动机扭矩被减小到发动机怠速转速上限时,短时间内,发动机对加速踏板信号可能无反应,由离合器冷却系统确保短时间内降温,此后又迅速

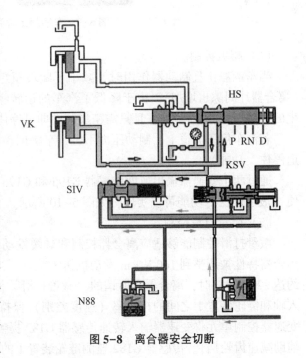

图 5-8 离合器安全切断

地重新提供发动机最大扭矩。

(5) 车辆静止时离合器控制（爬坡控制）。

爬坡控制允许不踩加速踏板（驻车时）也可调节离合器扭矩，因此增强了驾驶舒适性。

选择前进挡，发动机怠速运转时，爬坡控制功能将离合器设定到一个额定的打滑扭矩（离合器扭矩）。

汽车运行状态与带有变扭器的自动变速器汽车相同。选择的离合器压力与输入扭矩互相协调，使汽车处于"爬坡"功能。根据车辆行驶状态和车速，输入扭矩在额定范围内变化。链轮锥面提供的接触压力由 G194 控制，用于精确控制离合器扭矩，如图 5-9 所示。

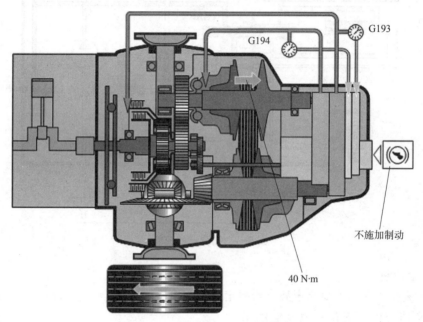

图 5-9 车辆静止时离合器控制

(6) 爬坡控制。

当车辆静止且制动器作用时，减小了爬坡扭矩，于是，发动机不必产生如此大的扭矩（离合器片间隙也增加）。由于降低了汽车的运转噪声（车辆静止时，发动机怠速运转时产生的"嗡""嗡"声），并且只需稍加制动即可停住汽车，因而改善了燃油经济性和舒适性。

若汽车停于坡道上，制动压力不足，车辆回溜，离合器压力将增大，使汽车停住（"坡道停住"功能）。

通过两个变速器输出速度传感器 G195 和 G196 可以区分汽车是向前行驶还是向后行驶，使"坡道停住"功能可以实现，如图 5-10 所示。

(7) 微量打滑控制。

微量打滑控制能够适应离合器控制和减缓发动机产生的扭矩振动。在部分负荷状态下，离合器特性被调整到 160 N·m 发动机扭矩状态。当发动机转速上升到约 1 800 r/min，扭矩约达 220 N·m 时，离合器在所谓的"微量打滑"模式下工作。在此工作模式下，变速器输入轴和链轮装置 1 之间的打滑率（速度差别）保持在 5~20 r/min，如图 5-11 所示。为此，变速器控制单元将变速器输入转速传感器 G182 提供的信号与发动机转速信号相比较（考虑辅助减速齿轮挡）。传感器 G182 监测链轮装置 1 的转速。

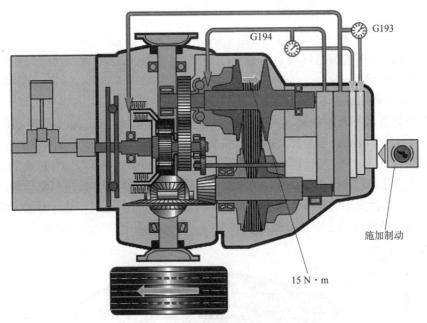

图 5-10 爬坡控制

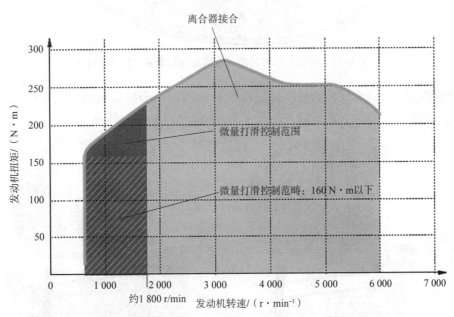

图 5-11 微量打滑控制

(8) 离合器控制匹配。

为了能在任何工作状态下和其寿命内使离合器控制舒适性能不变，控制电流及离合器扭矩之间的关系必须不断优化。

离合器的摩擦系数会随着变速器油（质量、老化、损耗）、变速器油温、离合器温度和离合器打滑等因素变化。

为补偿这些影响和优化离合器控制，在爬坡控制模式和部分负荷状态下，控制电流和离合器扭矩要相匹配。

爬坡模式下匹配（施加制动）：

在爬坡模式中有一额定的离合器扭矩，变速器控制单元检测控制电流（来自N215）和来自压力传感器G194的数据（接触压力）间的关系，并且将这些数据存储起来。实际数据用于计算新的特性参数。

3）离合器冷却系统

为了保护离合器不暴露在高温之下，离合器由单独的油流来冷却（特别是在苛刻条件下行驶时）。为减少因离合器冷却时的动力损失，集成在阀体上的冷却油控制单元在需要时接通。冷却油量可通过吸气喷射泵（吸气泵）来增加而不必对油泵容量有过高的要求。

为优化离合器冷却性能，冷却油仅传递到动力传递离合器装置。前进挡离合器的冷却油和压力油通过变速器输入轴的孔道流通。两油路由钢管彼此分开，此钢管被称为"内部件"。

变速器输入轴出油口上安装有润滑油分配器，将润滑油引导到前进挡离合器或倒挡离合器中，如图5-12所示。

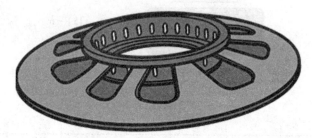

图5-12 带膜片弹簧的润滑油分配器和带开口的止推环

若前进挡离合器接合，离合器缸筒（压盘）将润滑油分配器压回。在此位置，冷却油流经润滑油分配器前端面，流过前进挡离合器，如图5-13（a）所示。

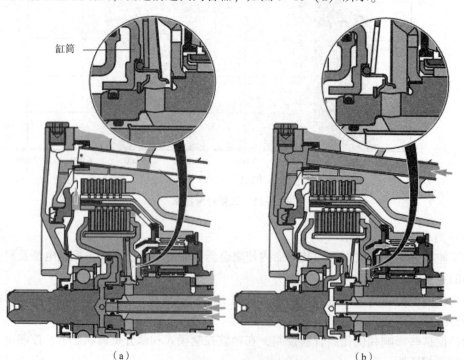

（a）　　　　　　　　　　　（b）

图5-13 离合器的冷却系统

若前进挡离合器不工作（发动机怠速运转或倒挡离合器工作时），润滑油分配器回到其初始位置。这种情况下，冷却油流到润滑油分配器，然后通过分配盘流回到倒挡离合器，如图 5-13（b）所示。分配器带轮油道内的部分润滑油流到行星齿轮系统，提供必要的润滑。

液压离合器冷却控制：

在离合器控制单元动作的同时，离合器冷却系统接通。变速器控制单元向电磁阀 N88 提供一额定电流，该电流产生一控制压力控制离合器冷却阀（KKV），将压力油从冷却油回油管输送到吸气喷射泵（吸气泵），并从油底壳吸取用于冷却的自动变速器油，如图 5-14 所示。

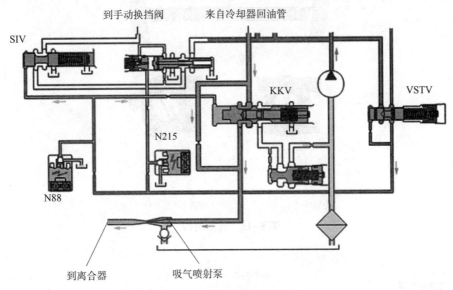

图 5-14 离合器的冷却控制

2. 链传动装置及其控制

1）链传动装置的结构

变速器链传动装置由链轮装置 1 和链轮装置 2 及链条组成，每一组链轮装置都有一个可以轴向移动的锥面轮。

（1）链条。

链条相邻传动链链节通过转动压块连成一排（每个销子连接 2 个链节）。转动压块在变速器锥面链轮间"跳动"，即锥面链轮互相挤压。扭矩只靠转动压块正面和锥面链轮接触面间的摩擦力来传递。

每个转动压块永久性连接到一排连接轨上，通过这种方式，转动压块不可扭曲，两个转动压块组成一个转动节。转动压块相互滚动，当其在锥面链轮跨度半径范围内"驱动"传动链时，几乎没有摩擦，如图 5-15 所示。这种情况下，尽管扭矩高、弯曲角度大，动力损失和磨损却降到最小，使其寿命延长并且提高了效率。

为防止共振并减小运动噪声，链条使用不同长度的链节。

（2）锥形轮。

变速器工作模式基于双活塞原理，链轮装置 1 和 2 上有一个将锥面链轮压回位的分离缸（压力缸）和一个用于调整变速比的分离缸（变速器分离缸），如图 5-16 所示。

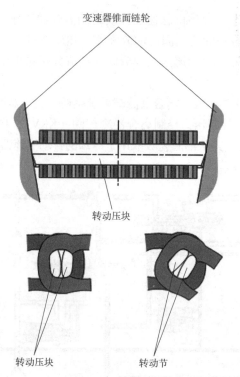

图 5-15 链条结构

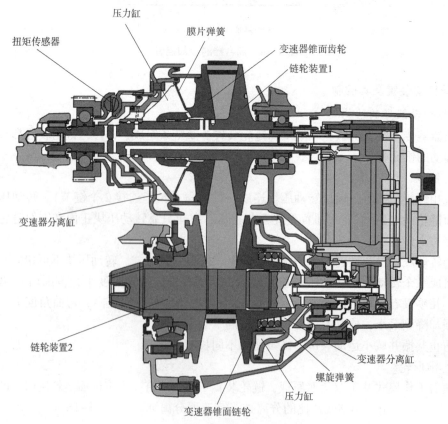

图 5-16 变速机构的结构

双活塞原理是利用少量压力油就可以很快地进行换挡,这可保证在相对低压时,锥面链轮有足够的接触压力。

由于调整动态特性的要求,供给的压力油必须合适。为减少油量,分离缸的表面要比压力缸小,因此调整所需油量相对较少。尽管油泵供油率低,但仍然可获得很高的调整动力特性和效率。

液压系统卸压时,链轮1的膜片弹簧和链轮2的螺旋弹簧产生一额定的传动链条基础张紧力(接触压力)。在卸压状态下,变速器起动扭矩传动比由链轮2的螺旋弹簧的弹力调整。

为了传递发动机产生的扭矩,锥面链轮和传动链之间需要很高的接触压力。接触压力通过调节压力缸内的油压产生。根据液压原理,压力(接触压力)因压强和有效面积不同而不同。压力缸表面积很大,能够在低压油时提供所需的接触压力,相对低的油压对效率也有积极影响。

2)换挡控制

(1)电子控制部分。

为了在每个驾驶状态下获得最佳齿轮传动比,变速器控制单元可根据驾驶员输入信息和车辆工作状态计算出变速器额定输入转速。传感器G182监测链轮1处的变速器实际输入转速。变速器控制单元根据实际值与设定值间的比较,计算出压力调节阀N216的控制电流。N216产生液压换挡阀的控制压力,该压力与控制电流几乎成正比。

通过检查来自G182(变速器输入转速传感器)和G195(变速器输出转速传感器)及发动机转速信号来实现对换挡的监控。

(2)液力换挡控制。

输导控制阀(VSTV)向压力调节阀N216提供一个约5 bar的常压。N216根据变速器控制单元计算的控制电流产生控制压力,该压力影响减压阀(ÜV)的位置。控制电流越大,控制压力越高。根据控制压力,减压阀(ÜV)将调节压力传递到链轮1或2的分离缸,如图5-17所示。

控制压力在1.8~2.2 bar时,阀关闭。控制压力低于1.8 bar时,调整压力传递到链轮1的分离缸。同时,链轮2的分离缸与油底壳相通。变速器朝"超速"变速比方向换挡。

若控制压力大于2.2 bar,调整压力传递到链轮2的分离缸2,同时链轮1的分离缸与油底壳相通,变速器朝"起动扭矩"传动比方向换挡。

3)扭矩传感器控制

扭矩传感器的作用是根据要求建立起尽可能精确、安全的接触压力,因为压力缸中合适的油压最终产生锥面链轮接触压力,若接触压力过低,传动链会打滑,这将损坏传动链和链轮;相反,若接触压力过高,会降低效率。

液力—机械式扭矩传感器集成于链轮1内,静态和动态高精确度的监控传递到压力缸的实际扭矩并建立压力缸的正确油压。

(1)扭矩传感器的结构和功能。

扭矩传感器主要部件为2个滑轨架,每个支架有7个滑轨,滑轨中装有滚子,滑轨架1装于链轮装置1的输出齿轮(辅助变速齿轮挡输出齿轮)中。滑轨架2通过花键与链轮1连

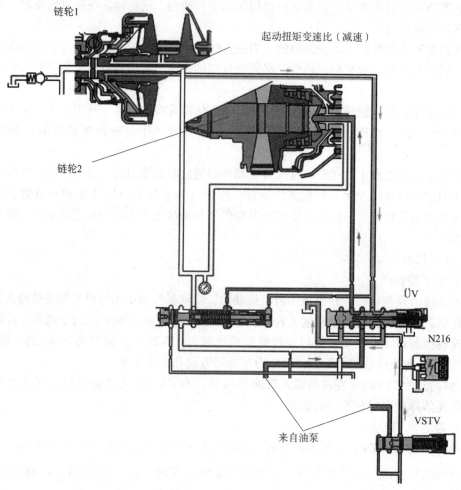

图 5-17 变速器的换挡控制

接，可以轴向移动并由扭矩传感器活塞支撑。扭矩传感器活塞调整接触压力并形成扭矩传感器腔 1 和 2，如图 5-18 所示。

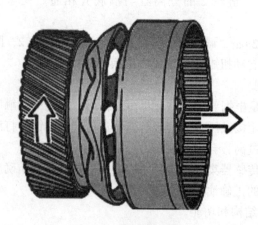

图 5-18 扭矩感应器

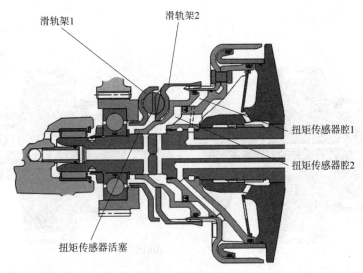

图 5-18 扭矩感应器（续）

支架彼此间可径向旋转，将扭矩转化为轴向力（因滚子和滑轨几何关系），此轴向力施加于滑轨架 2 并移动扭矩传感器活塞，活塞与支架接触。扭矩传感器活塞控制凸缘关闭或打开扭矩传感器腔输出端。

扭矩传感器腔 1 直接与压力缸相通。按系统设计，发动机扭矩产生的轴向力与压力缸内的压力达到平衡。

汽车稳定运行的情况下，出油孔只部分关闭，打开排油孔（扭矩传感器）后压力下降，可用于调节压力缸内的压力，如图 5-19（a）所示。若输入扭矩提高，控制凸缘进一步关闭出油孔，压力缸内的压力升高，直至建立起新的平衡，如图 5-19（b）所示。若输入扭矩下降，出油孔进一步打开，压力缸内的压力降低，直至恢复力平衡。扭矩达到峰值时，控制凸缘完全关闭出油孔，若扭矩传感器进一步移动，将会起到油泵作用，此时被排挤的油使压力缸内的压力迅速上升，这样就可以毫无延迟地调整接触压力，如图 5-19（c）所示。

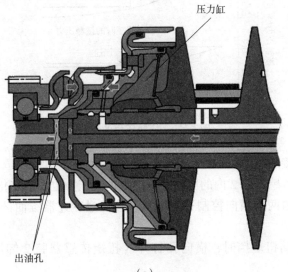

（a）

图 5-19 扭矩传感器的压力调节

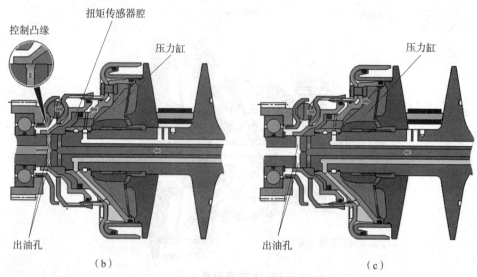

图 5-19 扭矩传感器的压力调节（续）

（2）与变速比有关的接触压力调节。

锥面链轮产生的接触压力不仅取决于输入扭矩，还取决于传动链跨度半径，此二者确定了变速器的实际传动比。

如图 5-20 所示，起动挡要求最大接触压力，链轮 1 的传动链跨度半径最小，为传递动力，尽管输入扭矩高，却只有少量的摩擦片衬片啮合，因此链轮产生了很高的接触压力，直至超过额定传动比（1∶1）。

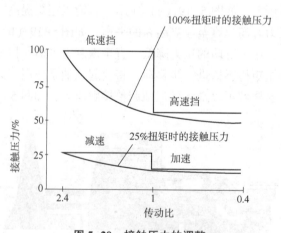

图 5-20 接触压力的调整

与传动比有关的接触压力在扭矩传感器腔 2 内被调整。

提高或降低扭矩传感器腔 2 内的压力，压力缸内的压力也发生变化。扭矩传感器腔 2 内的压力受链轮 1 轴上的两个横向控制孔影响，该孔通过变速器锥面链轮的轴向位移关闭或打开。

当变速器位于起动扭矩挡时，横向孔打开（扭矩传感器腔 2 卸压），如图 5-21（a）所示。

变速器换到"高转速"挡时，横向孔立即关闭，若为一标定的转速比，左侧横向孔打开，此时通过相关的可变锥面链轮孔，该孔与压力缸相通。此时油压从压力缸传入扭矩传感器腔2，该压力克服扭矩传感器的轴向力并将扭矩传感器活塞向左移动。控制凸缘进一步打开出油孔，以减小压力缸内的油压，如图5-21（b）所示。

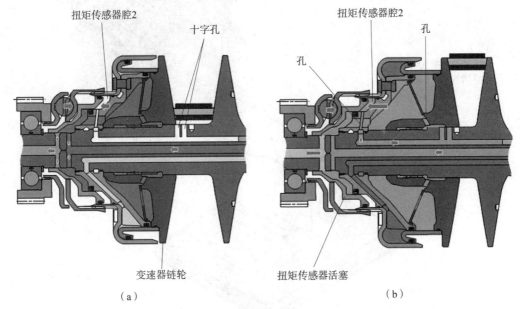

图 5-21　与传动比有关的接触压力调节

双级压力适配的主要优点：中间挡位范围可利用低接触压力提高效率。

3. 液压控制系统

液压控制系统需要为变速器提供足够量的压力油和润滑油，以实现变速器离合器控制、变速器控制、动力传递、冷却及润滑等作用，液压控制系统主要由油泵、液压部分组成。

1）油泵

油泵直接安装在液压控制单元上，以免不必要的连接。油泵和控制单元形成一个整体，减少了压力损失并节约了成本。Multitronic装有高效率的月牙形泵。尽管该泵所需的润滑油量相对较少，但却可产生需要的压力。

吸气式喷射泵（吸气泵）还要额外供给离合器冷却所需的低压油，月牙形叶片泵作为一个小部件集成在液压控制单元上并直接由输入轴通过直齿轮和泵轮驱动，如图5-22所示。

2）吸气喷射泵

为了保证充分冷却两离合器，对润滑油量有一定要求，特别是被牵引时（因打滑产生很高温度），润滑油量超出了内齿轮泵容量。吸气喷射泵集成在离合器冷却系统中，以供应冷却离合器所需的润滑油量。吸气喷射泵（吸气泵）为塑料结构，并且凹向油底壳深处。

吸气喷射泵（吸气泵）根据文丘里孔原理工作，当离合器需要冷却时，冷却油（压力油）由油泵出来，通过吸气喷射泵（吸气泵）进行导流并形成动力喷射流，润滑油流经泵的真空部分产生一定真空，将油从油底壳吸出，并与动力喷射流一起形成一股大量的、几乎卸压的油流，如图5-23所示。在不增加油泵容量的情况下，冷却油油量几乎加倍。

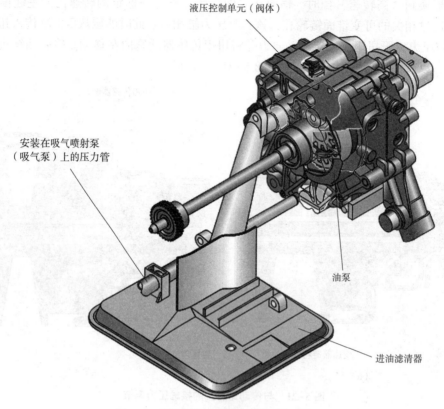

图 5-22 液压控制系统油泵及吸气喷射泵

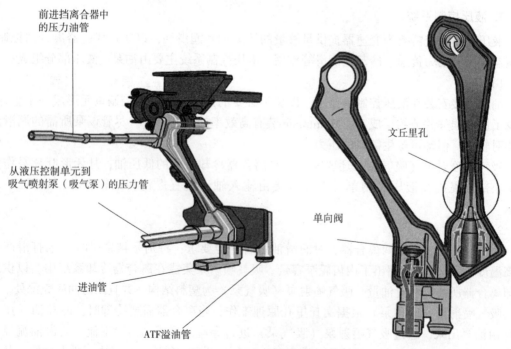

图 5-23 吸气喷射泵结构

单向阀阻止吸气喷射泵（吸气泵）空运转，并且有助于对冷却油供应做出迅速的反应。

3）电子液压控制

变速器的油泵、液压控制单元（阀体）和变速器控制单元集成为一个小型的不可分单元。液压控制单元由手动换挡阀、9个液压阀和3个电磁压力控制阀组成。液压控制单元和变速器控制单元直接插在一起。

液压控制单元完成下述功能：前进挡/倒挡离合器控制，调节离合器压力，冷却离合器，为接触压力控制提供压力，传动控制，为飞溅润滑油罩盖供油。

液压控制单元通过"旋入螺钉"的零件直接与链轮装置1或链轮装置2相连。

如图5-24所示，为保护部件，限压阀DBV1将最高压力限制在82 bar；通过VSTV，向压力控制阀提供了一个恒定的5 bar输导控制压力。MDV最小压力阀防止起动时油泵吸入发动机进气。当油泵输出功率较高时，MDV最小压力阀打开，允许润滑油从回油管流到油泵吸入侧，提高油泵效率。

VSPV施压阀控制系统压力，在特定功能下，始终提供足够油压（应用接触压力或调节压力）。

N88（电磁阀1）有两个功能：控制离合器冷却阀（KKV）和安全阀（SIV）。电磁阀N215（自动变速器压力调节阀1）激活离合器控制阀（KSV），电磁阀N216（自动变速器压力调节阀2）激活减压阀（ÜV）。

4）ATF冷却系统

ATF冷却器集成在发动机冷却器中，热量与发动机冷却循环（油-冷却液热交换器）中的冷却液进行热交换，如图5-25所示。

DDV1差压阀防止ATF冷却器压力过高（ATF温度低）。当ATF温度低时，供油管和回油管建立起的压力有很大的不同。当达到标定压差时，DDV1打开，供油管与回油管直接接通，ATF油温度迅速升高。

当ATF滤清器的流动阻力过高时（如滤芯脏了），DDV2差压阀打开，阻止DDV1打开，ATF冷却系统因有背压而无法工作。

4. 电子控制系统

O1J自动变速器的电子控制系统主要由控制单元、传感器和执行机构等组成。

1）控制单元

控制单元J217集成在变速器内，直接用螺栓紧固在液压控制单元上。3个压力调节阀与控制单元间直接通过坚固的插接插头连接（S形接头），而没有连接线，用一个25针的小型插头与汽车线束相连，如图5-26所示。J217的底座为一个坚硬的铝板壳，此铝板壳起到了隔热作用。该壳体容纳了全部的传感器，因此不再需要线束和插头，因而没有单独线束。线束与发动机线束集成在一起，这种结构使J217的可靠性大大地提高了。

2）传感器

因为集成单元控制在变速器中，所以传感器信号不能再用传统的设备来测量，检测只能用自诊断检测和信息系统在"读取故障"和"读取数据块"中完成。

（1）变速器输入转速传感器G182和变速器输出转速传感器G195和G196。

如图5-27所示，传感器G182监测链轮1的转速，提供实际的变速器输入转速。

变速器输入转速与发动机转速一起用于离合器控制，作为变速控制的输入变化参考量。

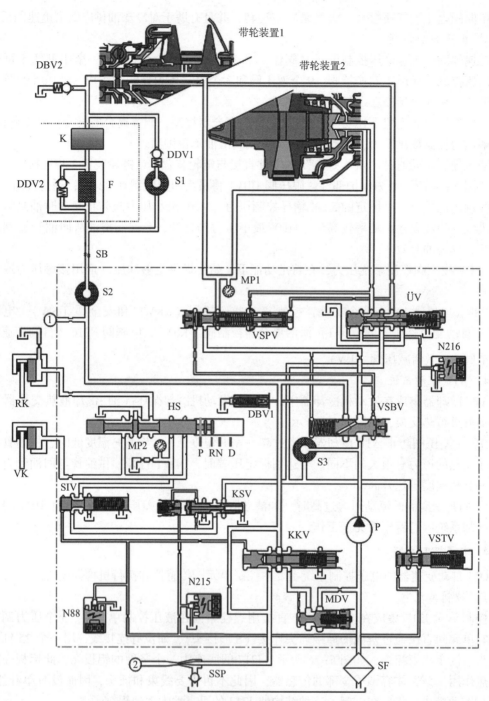

图 5-24 液压控制系统油路

DBV1—限压阀 1；DBV1—限压阀 2；DDV1—差压阀 1；DDV2—差压阀 2；F—ATF 滤清器；HS—手动换挡阀；K—ATF 冷却器；KKV—离合器冷却阀；KSV—离合器控制阀；MDV—最小压力阀；MP1—接触压力测试点（由 G194 监测）；MP2—离合器压力测试点（由 G193 监测）；N88—电磁阀 1（离合器冷却/安全切断阀）；N215—自动变速器调节阀 1（离合器）；N216—自动变速器调节阀 2（变速比）；P—油泵；P，R，N，D—换挡杆位置；RK—倒挡离合器；S1—ATF 过滤器 1；S2—ATF 过滤器 2；S3—ATF 过滤器 3；SB—链轮润滑/冷却 4 喷孔；SF—ATF 进油过滤器；SIV—安全阀；SSP—吸气喷射泵（吸气泵）；ÜV—减压阀；VK—前进挡离合器；VSBV—体积改变率限制阀；VSPV—施压阀；VSTV—输导压力阀

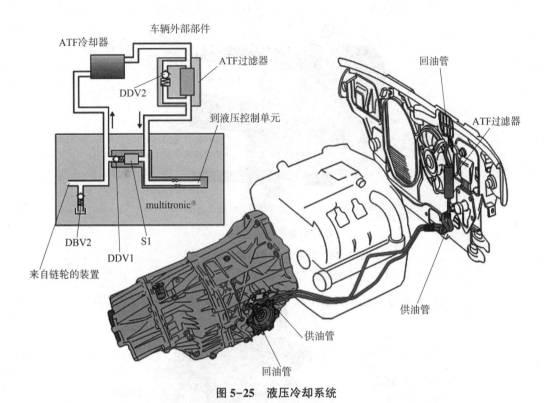

图 5-25 液压冷却系统

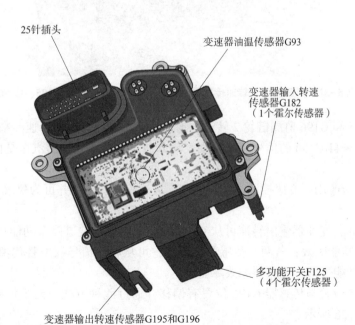

图 5-26 变速器电子控制单元

图5-26 变速器电子控制单元（续）

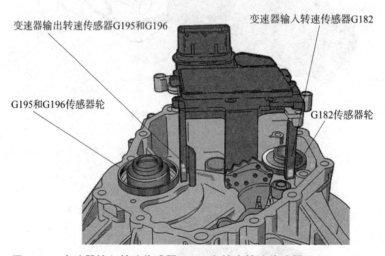

图5-27 变速器输入转速传感器G182和输出转速传感器G195、G196

传感器G195和G196监测链轮2转速，通过它识别变速器输出转速。来自G195的信号用于监测转速。来自G196的信号用来区别旋转方向，因此可区别出汽车是向前行驶还是向后行驶。

变速器输出转速用于变速控制、爬坡控制、坡道停车功能，并可为仪表板组件提供车速信号。

若G195损坏，变速器输出转速可从G196的信号取得，坡道停车功能也失效；若G196损坏，坡道停车功能失效；若两个传感器都损坏，可从轮速信号获取替代值（通过CAN总线），坡道停车功能失效，变速器无故障显示。

传感器G195位置与传感器G196位置有偏移，通过此种方式，两个传感器间的相位角差25%，如图5-28所示。

当来自传感器G195的信号为下降沿时，传感器G196位置为"Low"，当来自传感器G196的信号为下降沿时，传感器G195的位置为"High"。变速器控制单元将这种模式理解为前进挡，如图5-29（a）所示。

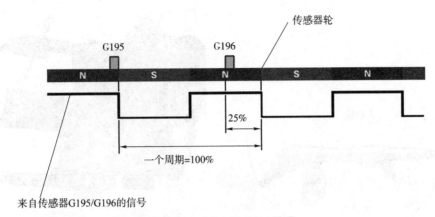

图 5-28　G195 与 G196 信号

当来自传感器 G195 的信号为下降沿时，传感器 G196 位置为"High"，当来自传感器 G196 的信号为下降沿时，传感器 G195 的位置为"Low"。变速器控制单元将此模式理解为倒挡，如图 5-29（b）所示。

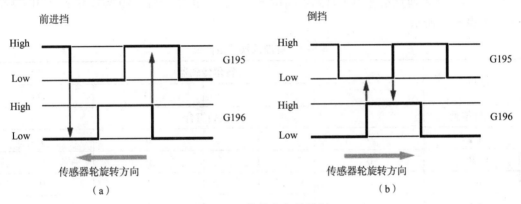

图 5-29　旋转方向的识别

（2）自动变速器液压传感器 G193。

传感器 G193 监测前进挡和倒挡离合器压力，用来监控离合器功能。离合器压力监控有高的优先权，因此多数情况下，G193 失效都会使安全阀被激活。

故障显示：闪烁。

（3）自动变速器液压传感器 G194。

传感器 G194 监测接触压力，此压力由扭矩传感器调节。因接触压力总是与实际变速器输入扭矩成比例，故利用 G194 的信号可十分准确地计算出变速器输入扭矩。G194 的信号用于离合器控制（爬坡功能控制和匹配）。

若 G194 信号不正确，则爬坡控制匹配功能失效，爬坡扭矩由存储值来控制。

故障显示：无。

（4）多功能开关 F125。

多功能开关 F125（见图 5-30）由 4 个霍尔传感器组成，霍尔传感器由换挡轴上的电磁通道控制。来自霍尔传感器的信号阐述与手动式开关位置相同。

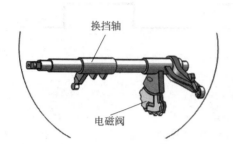
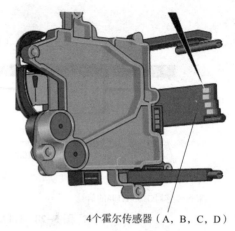

图 5-30 多功能开关 F125

高位置时开关关闭（1），低位置时开关打开（0），因此，1 个开关可产生 2 个信号 "1" 和 "0"，4 个 "开关" 能产生 16 种不同的换挡组合。4 种换挡组合用于识别换挡位置 P、R、N、D，2 种换挡组合用于监测中间位置（P-R、R-N-D），10 种换挡组合用于故障分析，如表 5-1 所示。

表 5-1 变速器换挡组合表

项目	霍尔传感器			
	A	B	C	D
换挡杆位置	换挡组合			
P	0	1	0	1
P-R	0	1	0	0
R	0	1	1	0
R-N	0	0	1	0
N	0	0	1	1
N-D	0	0	1	0
D	1	0	1	0
故障	0	0	0	0
故障	0	0	0	1
故障	0	1	1	1
故障	1	0	0	0
故障	1	0	0	1
故障	1	0	1	1
故障	1	1	0	0
故障	1	1	0	1
故障	1	1	1	0
故障	1	1	1	1

换挡杆进入换挡位置"N",若霍尔传感器"C"损坏,换挡组合为"0001",变速器控制单元将不再能识别换挡杆位置"N"。控制单元识别出此换挡组合为故障状态,并使用合适的替代程序进行替代。

变速器控制单元需要换挡位置信息以完成以下功能:起动机锁止控制;倒车灯控制P/N;内部锁控制;车辆运行状态信息用于离合器控制(前进/倒车/空挡);倒车时,锁止传动比。

F125 的故障很难显示出来,在某些情况下,车辆将不能行驶。

故障显示:闪烁。

(5) 变速器油(ATF)温度传感器 G93。

传感器 G93 集成在变速器控制单元电子器件中,用于记录变速器控制单元铝制壳体的温度,即相应的变速器油温度。变速器油温会影响离合器控制和变速器输入转速控制。因此,其在控制和匹配功能中发挥着重要作用。

若 G93 损坏,发动机温度被用来计算出一个替代值,匹配功能和某些控制功能失效。

故障显示:倒置。

为保护变速器部件,若变速器油温超过约 145 ℃,发动机输出功率将下降;若变速器油温继续上升,发动机输出功率逐渐减小。

故障显示:闪烁。

(6)"制动动作"信号。

"制动动作"信号用于:换挡杆锁止功能;爬坡控制;动态控制程序(DCP)。

无级自动变速器控制单元并不直接与制动灯开关连接,"制动动作"信号由发动机控制单元 CAN 总线提供,如图 5-31 所示。

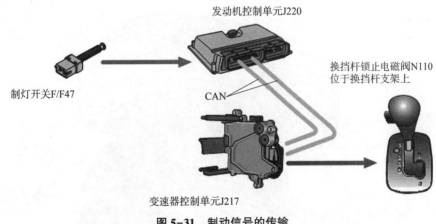

图 5-31 制动信号的传输

(7)"强制减挡"信号。

如图 5-32 所示,强制减挡信号不须单独的开关,可通过位于加速踏板组件上的簧载压力元件产生一个"阻尼点",将"强制减挡感觉"传给驾驶员。

当驾驶员激活强制减挡功能时,传感器 G79 和 G185(加速踏板组件)的电压值将超过节气门全开时电压值。当与强制低速挡点相对应的电压值被超过时,发动机控制单元通过 CAN 总线向变速器控制单元发送一个强制减挡信号。

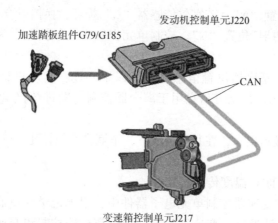

图 5-32 强制减挡信号

在自动模式下,当强制减挡功能被激活时,最大加速的最大动力控制参数被选择。强制减挡功能不能被连续激活。当强制减挡被激活一次后,加速踏板只需要保持在节气门全开位置。

(8) Tiptronic 开关 F189。

Tiptronic 开关 F189 集成在齿轮变换机构的鱼鳞板中,由 3 个霍尔传感器(A—减挡传感器;B—Tiptronic 识别传感器;C—升挡传感器)组成,霍尔传感器由位于鱼鳞板上的电磁阀激活,如图 5-33 所示。

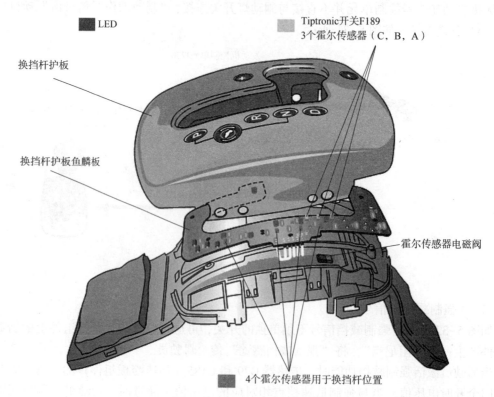

图 5-33 Tiptronic 开关 F189

鱼鳞板上有7个LED指示，4个用于换挡杆位置显示，1个用于"制动动作"信号，其余2个用于Tiptronic护板上的"+"和"-"信号。

每个换挡杆位置LED都由单独的霍尔传感器控制。当被激活时，F189开关将变速器控制单元接地。若有故障，Tiptronic功能不能执行。

故障显示：倒置。

3）电路图

01J无级自动变速器电路如图5-34所示。

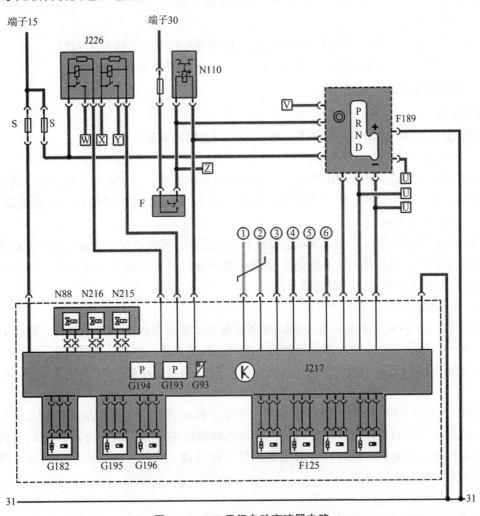

图 5-34　01J无级自动变速器电路

F—制动灯开关；F125—多功能开关；F189—Tiptronic开关；G93—变速器油温传感器；G182—变速器输入转速传感器；G193—自动变速箱液压传感器1（离合器压力）；G194—自动变速器液压传感器2（接触压力）；G195—变速器输出转速传感器；G196—变速器输出转速传感器2；N88—电磁阀1（离合器冷却/安全切断阀）；N110—换挡杆锁止电磁阀；N215—自动变速器压力控制阀1（离合器控制）；N216—自动变速器压力控制阀2（变速控制）；J217—Multitronic控制单元；J226—起动锁止和倒车灯继电器；S—熔断丝；U—到Tiptronic方向盘（选装）；V—来自接线柱58d；W—到倒车灯；X—自点火开关到接线柱50；Y—到起动机接线柱50；Z—到制动灯；①—传动系统CAN总线，低；②—传动系统CAN总线，高；③—换挡指示信号；④—车速信号；⑤—发动机转速信号；⑥—诊断插头

三、无级自动变速器的检修

1. 维修工作注意事项

（1）发动机运转时，对车辆进行维修工作前务必将选挡杆挂入 P 位，并拉紧驻车制动器，谨防发生事故。

（2）车辆静止时，挂入 D 位后切勿因一时疏忽打开节气门（例如在发动机舱内作业时不慎用手碰开节气门），若发生此种情况，乘用车将立即起步行驶，即使拉紧驻车制动器也无法阻止乘用车移动。

（3）不允许用超声波清洗装置来清洁液压控制单元和电子控制单元 J217。

（4）当挡盖已取下或未加 ATF 时，绝不可起动发动机或拖动车辆。

2. 维修基本步骤

1）问诊

问诊主要是询问故障信息的来源、确认故障发生时间和故障症状等。

2）基本检查

基本检查主要是一些外围的检查，包括发动机怠速检查、ATF 液面高度检查、油质检查以及利用专用检测仪器的诊断（无级自动变速器系统、发动机控制系统和 ABS 系统等）。

3）维修前的路试

维修前的路试是进一步确认故障信息最有效的途径，同时可验证是否与客户所描述的故障信息完全吻合。当然有必要采取随车诊断功能（通过专用检测仪器读取汽车行驶时的动态数据），为下一步维修提供有效的帮助。

4）电子液压控制系统的检修

大多数 CVT 的液压系统是通过油压传感器来反映变速器内部工作油压的，因此必须使用专用检测仪器，通过读取汽车运行状态下的动态数据来进一步确认故障信息。

对于液压控制元件（阀）和液压执行元件（离合器或制动器）可进行液压测试和解体检查。

对于 CVT 电子控制系统的故障检修与当今电子控制自动变速器的故障检修几乎是一样的，可通过专用检测仪器做故障码的分析、动态数据流的分析、波形分析、ECU 电路以及对网络数据通信的分析。同时，可对电子元件（传感器、开关、电磁阀）进行元件测试和对比试验等来进行故障排除。

5）机械元件的检修

对于 CVT 机械元件的检修，只能做解体检查或故障部位的修理和更换。

3. 维护工作

1）维护说明

（1）日常维护时需目测检查 CVT 有无渗漏。

（2）乘用车每行驶 6 万 km 需要检查 CVT 及主减速器润滑油油位，必要时添加润滑油。

（3）乘用车每行驶 6 万 km 或 4 年需更换 CVT 的 ATF。

2）ATF 的检查、更换

（1）检测的前提条件。

①变速器不允许处于紧急运转状态。
②车辆必须处于水平位置。
③连接车辆诊断、测量和信息系统,然后选择车辆自诊断系统。
④发动机必须处于怠速运转状态。
⑤必须关掉空调和暖风。
⑥开始检查前,ATF 的温度不允许超过 30 ℃,必要时先冷却变速器。

(2) ATF 加注条件。

在车辆诊断、测量和信息系统上读取 ATF 温度,变速器温度在 30~35 ℃时进行操作。

①发动机处于怠速运转。
②车辆必须处于水平位置。
③踩下制动器,在所有挡位(P、R、N、D)上停留一遍,并且在每一个位置上发动机怠速运转约 2 s。
④最后将选挡杆置于 P 位,当 ATF 从加注孔(油面高度检查孔)溢出即可。

(3) 更换 ATF。

①打开变速器底部放油螺塞将旧的 ATF 排除。
②将变速器底部的 ATF 加注螺塞打开,利用专用 ATF 加注器将新的 ATF 加入变速器内部。
③油面高度的检查方法同 01M 型自动变速器一样。

【任务实施】

一、任务实施准备

(1) 场地:理论实训一体化多媒体实训室;
(2) 设备:举升机、液压千斤顶;
(3) 工具:通用 54 件组合扳手、卡簧钳、橡胶锤、一字螺丝刀、拆装专用工具等;
(4) 量具:故障阅读器、游标卡尺、钢板尺、塞尺、百分表、磁力表座等;
(5) 车辆:装备 01J 变速器(或 0AW 变速器)的车辆;
(6) 备品:接油盆、洗油盆、毛刷、ATF 油、抹布或吸油纸;
(7) 车辆维修手册;
(8) 实训工单。

二、任务实施步骤

(1) 组织学生对基本知识进行学习;
(2) 组织学生分组利用各种资源(维修手册、网络维修技术平台等)查询实训 01J 变速器(或 0AW 变速器)的拆装检测标准,制订 01J 变速器(或 0AW 变速器)的拆装检测的工作计划;
(3) 学生小组汇报工作计划;
(4) 教师对学生工作计划进行点评;

（5）组织学生对01J变速器（或0AW变速器）进行拆装检测，教师对不正确的操作给予指导；

（6）填写实训工单；

（7）教师接收学生完成的实训工单，利用考核单进行考核，对该实训任务进行总结，包括教师答疑、学生总结、教师总结。

注意：

（1）排出的ATF油要集中收集，统一处理，不可随意丢弃。

（2）废弃零部件要分类收集，统一处理，不可随意丢弃。

01J 变速器检修 实训工单

学生姓名：_____ 班级：_____ 实训日期：_____

序号	实训项目	完成状况及检测结果
1	工量具准备	
2	维修手册准备	
3	拆卸行星齿轮系统	
4	拆卸机电控制单元	
5	拆卸链传动装置	
6	检查链传动装置	
7	检查离合器	
8	选择调整垫片	
9	安装链传动装置	
10	安装机电控制单元	
11	安装行星齿轮系统	
12	整车故障自诊断	
13	读取故障码	
14	读取数据流	
实训总结	实训结论	实训收获与反思

01J 变速器检修　考核单

学生姓名：　　　　　考核项目：　　　　　考核成绩：

序号	项目	分值	扣分标准	得分
1	实训准备工作	5	每缺少1项扣1分	
2	工具正确使用	5	每错误1次扣1分	
3	量具正确使用	5	每错误1次扣1分	
4	维修手册正确使用	5	每错误1次扣10分	
5	操作规范性	60	每错误1次扣1分	
6	实训工单填写	10	未填写扣10分	
7	5S	10	每缺少1项扣2分	
8	是否出现危险行为		出现人身危险总成绩0分；出现车辆危险扣20分；出现工具设备危险扣10分	
	合计	100		

教师评语

考核教师：

＿＿＿＿＿年＿＿月＿＿日

（1）相对于有级变速器，无级变速器的优点是驾驶平顺性更好、动力性更好、经济性更好。

（2）无级变速器通过链轮装置进行挡位（传动比）变换。

（3）无级变速器采用双活塞控制，通过分离缸实现变速控制，通过压力缸调整钢带的保持压力。

（4）无级变速器通过行星齿轮组实现前进挡和倒挡，由两组湿式多片式离合器进行控制。

（5）系统需要根据发动机转速、变速器输入转速、加速踏板位置、发动机扭矩、制动力、变速器油温等参数，调整离合器的压紧压力。

（6）无级变速器只对参加动力传输的离合器进行冷却，冷却油由油泵和吸气喷射泵共同提供。

（7）锥形轮钢带的保持压力由控制单元、扭矩感应器以及锥形轮的位置共同调整。

（8）无级变速器的电子控制单元、液压控制单元及油泵集成在变速器内部，且电子控制单元上集成了所有的传感器。

1. 根据前进挡和倒挡传递路线，将下图补充完整。

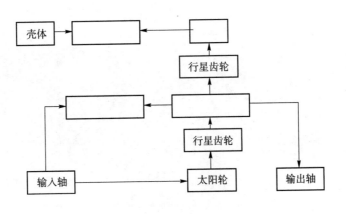

2. 根据无级变速器变速控制特点，将下图补充完整。

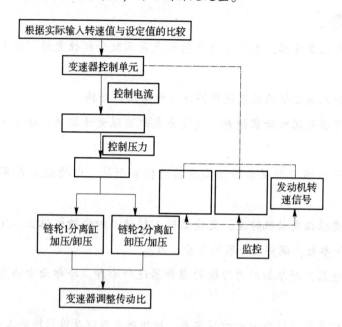

3. 无级变速器变速机构是如何调整钢带的保持压力的？
4. 请简述当无级变速器油温过高时，控制单元的控制措施。

参 考 文 献

[1] 韩东. 汽车传动系统检修 [M]. 北京：北京理工大学出版社，2016.
[2] 韩东. 汽车维护与保养 [M]. 北京：高等教育出版社，2018.

参考文献